U0051321

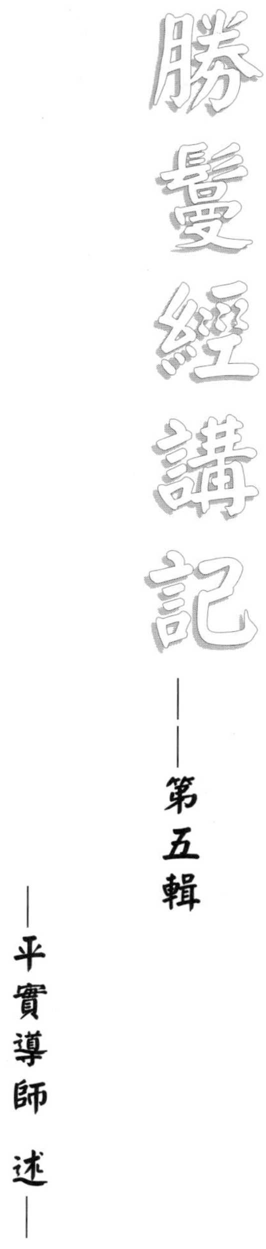

ISBN:978-986-6431-02-9

所有修學佛法者，都有一種普遍存在的感想：「佛法浩瀚無邊，當從何處入門？三藏十二分教，隱晦難解，如何正確入理？」產生如是感受的原因，皆因不知佛法粗分五乘之理所致。**人乘**者謂五戒十善：受持五戒、不犯眾生。**天乘**者謂五戒之上加以孝順父母，慈濟眾生，行於十善，得生欲界天中；或進而增修四禪八定，得生色界天乃至無色界中。**小乘**者謂解脫道：斷除我見、我執及我所執，以四聖諦為主旨，四念處為觀行之法，八正道為實行之道，可得阿羅漢果而出三界生死。**中乘**者謂緣覺道：依佛之教而修學十因緣觀，然後及於十二因緣觀，成辟支佛；或於無佛之世自修此二種因緣觀，自成辟支佛而出三界生死苦。**大乘**者謂：參禪實證第八識，了知此識是名色之本，亦是涅槃之本際，故知法界實相而生般若智慧，成三賢位實義菩薩僧；若能進修一切種智而成就道種智，即成諸地聖位實義菩薩僧；若道種智修證圓滿時即是佛地一切種智，其第八識改名無垢識——佛地眞如。知乎此，則有最初抉擇分，能善選法門及眞正善知識，不被假名善知識之大名聲所惑，則於佛法之實修，知所進道矣！

——正智出版社——

大乘佛法之入門，號稱八萬四千法門，但門門所入者皆同一第八識如來藏之本有自在性、本有自性性、本來清淨性、本來涅槃性。凡已親證如來藏者即能現觀如是四性，因之而生實相般若，成第七住位不退菩薩，名爲**實義菩薩**，已非單受菩薩戒而未證實相之**名義菩薩**。此時實相般若在胸，已能粗知般若諸經中的法義，不待人教。然而如此階段之智慧，實仍未足以了知諸地智慧，以未了知成佛之道次第及內涵故，以尚未通達實相般若故。若欲通達實相般若而速進初地者，悟後必須深入了知一念無明與無始無明之異同，以了知二者間之關聯，然後知所進道；如實而修，則欲入地者亦得速達。《勝鬘經》所說者，即是此二種無明也；凡欲釐清佛道與二乘道之異同所在者，皆應深入理解此經義理；於此已有實質上之理解者，不論對於選擇三乘菩提，或對於選擇大乘入道之善知識及道場，皆已胸有成竹，則有能力自己選擇**眞正善知識**及**眞能助己實證佛法之道場**。然後次第入道，終不久修佛法而一生唐捐其功也！由是可知此經之重要。然此《勝鬘經》義理深邃難知，古來少有能作深入淺出而完全正確之解釋者；今此講記中，確有如是功德，能令讀者深入理解而建立正知見；對於久修佛法而深覺茫無所趣之老參，誠屬難得一見之講述實記，允宜熟讀而助入道。

—正智出版社—

目次

第一輯：

第五輯：

第六輯：

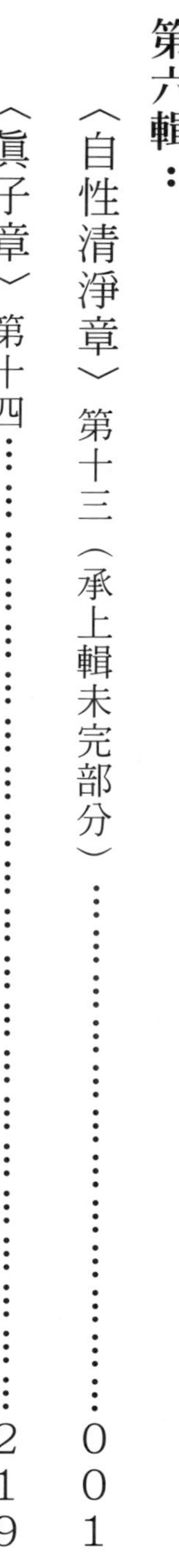

自　序

所謂原始佛法，必須函蓋前後三轉法輪的成佛之道全部佛法；因爲，只有這樣具足函蓋三乘菩提以後，才能顯示　釋迦佛已經圓滿化緣了——四阿含諸經並不曾說到成佛之道，只說到成就羅漢解脫於分段生死之道的法義；也因爲前後三轉法輪的法義全部都是　釋迦佛親口所說，才能具足了成佛之道，而非如同四阿含諸經一樣地嚴重欠缺成佛之道的原理與實行之法道。但印順法師不瞭解前後三轉法輪諸經的意涵，連聲聞羅漢們所結集出來的四阿含諸經的意涵，都嚴重地誤會了，當然更無法如實理解大乘諸經的意涵。印順又因爲信受部派佛教時期的聲聞凡夫論師們的六識論錯誤觀點，所以全面否定大乘法，認定大乘非佛說；並將大乘諸經的義理曲解爲同於二乘解脫道的法義，再以聲聞凡夫論師的六識論邪見，套用在原本爲八識論的二乘解脫道上面，於是連二乘解脫道本質的四阿含諸經中的義理，都嚴重地誤會了。立足於這種誤會解脫道及佛菩提道的前提下，只承認四阿含所說的解脫道爲原始佛法，認爲大乘諸經皆非佛說，故只將四阿含定義爲原始佛法，將第二、第三轉法輪諸大乘經排除於原始佛法之外，意謂大乘諸經都非　釋迦佛親口所說，這是嚴重扭曲佛教歷史之後所作的不正確定義。一開始學佛時若是信受了印順這樣偏差的觀點以後，將無可避免地落入六識論的邪見中，於是連斷我見都成爲奢談了，遑論實證大乘實相般若！

復次，大乘法之證悟，不許外於教門；若外於經典聖教開示，而言「所悟雖異於教門，然亦是宗門之悟」，當知即是錯悟，謂其所悟必定已經異於宗門之悟，經教所說法義正是說明宗門所悟內涵故；明得此理，始知宗門之悟，一向不得外於教門也。但若已經求證於大乘經典，印證自己確實證悟已，欲了知悟後進修之道，欲憑藉所悟如來藏而生起深妙般若智慧者，及欲快速進入初地者，皆應先行深入《勝鬘經》眞義，由此了知大乘道與二乘道之異同與關聯，然後對於自己應如何求得眞正之大乘般若開悟，以及悟後應如何含攝二乘道，進而快速進修般若別相正義而具備入地之資，即能自知而無所疑也！

二乘人所證智慧爲出離三界分段生死之智慧，只是聲聞法中的解脫道智慧，所斷者僅爲我所執、我見、我執，不曾及於法界實相之了知與親證，是故一切不迴心大乘之阿羅漢，不論爲慧解脫、俱解脫、三明六通大解脫，皆無法生起實相般若；此謂不迴心阿羅漢，雖知一切法界皆唯如來藏之所生，然唯是親聞 世尊如是聖教而未能實證，是故凡遇親證之菩薩時，皆無從開口共論般若。乃至諸菩薩與言無餘涅槃中之實際者，亦皆茫然無措而不能回應，唯有迴避不言一途。諸不迴心阿羅漢，之所以致此者，皆因未證名色本、名色因、名色習之如來藏心所致也！譬如阿含中佛語聖教分明：「解名色本，即得應眞。」謂名色之根本乃是如來藏心——十方三界一切有情之名色，皆從如來藏心中出生，並皆以如來藏爲本；是故，證或不證名色因、名色本之如來藏者，即成是否能入大乘別教而成實義菩薩之分野；惜乎今人能知此者極爲稀有，皆坐密宗應成派中觀六識論邪見所崇，致使當代諸大山頭大法師等，悉被釋印順六識論邪見所崇而盲目追隨，同聲否定大乘及阿含經教中所倡八識論正理，則彼諸大法師及其徒眾即失大乘見道因緣，兼亦成就謗菩薩藏之大惡業，成一闡提。

然而，已經實證如來藏之實義菩薩，雖已位階不退位之第七住已，是否即能了知成佛之道內涵？實猶未必！謂此時之第七住實義菩薩雖有般若實相智慧，亦唯有總相智爾，尙未具足別相智故。般若實相智慧之別相智者，其義廣繁，非如二乘解脫道之見惑、思惑意涵狹隘易知故；是故親證如來藏而發起實相般若智慧已，仍須親隨眞善知識修學，方能快速而深入理解三乘菩提之異同，方能快速現觀三乘菩提之關聯而了知二乘菩提之侷限，而能了知二乘菩提含攝在大乘菩提中之定位，然後深知無始無明含攝二乘菩提所斷一念無明之眞實義，則能了知三乘菩提之關聯與全貌，欲求通達實相般若之別相智，斯有期冀；則能將長劫入於短劫中，數世之中即得圓成三賢位第一大阿僧祇劫之實修，滅盡大乘見道應斷之廣闊異生性，樂意培植入地應有之大福德：爲人所不能爲，說人所不能說，行人所不願行，乃至喪身捨命亦在所不惜，要護正法、要救眾生及諸表相大師，乃至生起增上意樂而眞發十無盡願，入如來家、成眞佛子。凡此，皆要以親證如來藏爲先，確實理解無始無明爲次，實際救護廣被誤導之學人而進成大福德爲後，始有入地進修第二大阿僧祇劫道業之可能。一切求欲實證佛法者，於此皆應了知。

凡欲深入了知如是正理者，於《勝鬘經》皆必須深入研讀，並將其中法義實際現觀，實證勝鬘夫人所說法義，即能印證自己所悟是否確實契合法界實相，亦能藉此而建立三賢位所應通達之智慧，然後付諸實行而快速圓成第一大阿僧祇劫之道業。若屬尚未實證如來藏而未發起實相般若者，不論已斷、未斷三縛結，皆可依講記而了別三乘菩提之異同，則能自行抉擇而入道：或依《識蘊眞義、阿含正義》而深入理解、實際觀行，實證二乘菩提；或依《眞假開悟、心經密意、宗門正眼、宗門密意、眞實如來藏、楞伽經詳解、悟前與悟後、宗通與說通……》等書，依大乘正理多聞熏習乃至實修；若得實證如來藏已，即入菩薩數中，成眞菩薩，名菩薩僧，位階不退菩薩位中，庶免受生一世而唐修佛法也。《勝鬘經》雖然文義深邃難解，今余已將此經法義深入詳說，整理成文而爲講記，付梓流通以利大乘學人及諸方大師，若願反覆細讀此書而詳加思惟理解者，無不受益。今以出版之時將屆，合述緣起，即以爲序。

佛子 **平實** 謹序

公元二〇〇八年大暑 於竹桂山居

《勝鬘師子吼一乘大方便方廣經》

〈一諦章〉第十

【「世尊！此四聖諦，三是無常，一是常；何以故？三諦入有爲相，入有爲相者是無常，無常者是虛妄法，虛妄法者非諦、非常、非依，是故苦諦、集諦、道諦非第一義諦，非常非依。」】

講記：〈一諦章〉是告訴你：四聖諦其實也是只有一個法，分說爲四種聖諦，也就是方便說。爲什麼說四聖諦中的三諦是無常、一諦是常？這當然要爲大家作說明，所以勝鬘夫人就在 佛前向大家開示說：「世尊！這個四聖諦，有三諦是無常法，其中一諦是常法。爲什麼這樣說呢？因爲有三個聖諦，是進入有爲相的，是有爲相中的法，當然就是無常的法。如果是無常的法，那就是虛妄法。虛妄法就不是眞實的道理，就不能稱爲諦，也不是眞實的常，也不是究竟的所依。由於這個緣故，說苦諦、集諦以及道諦，都不是第一義

諦，都不是常而永恆的，不是一切佛子的究竟皈依處。」

這段經文是說，四聖諦中的三個聖諦並不是第一義諦。四聖諦，一般都會認爲是二乘法，不是我們大乘法所說的。但是，四聖諦其實是遍及大、中、小三乘法的，它也是函蓋人天乘的，只是五乘的四諦各各不同。可是一般人不知道，看到二乘經中講四聖諦，大乘經裡面也講四聖諦，他心裡面就想：**「那麼大乘的四聖諦就是從二乘經中演繹出來的，所以大乘經非佛說。」**但事實上，四聖諦是很深的法，因爲四聖諦所說的每一諦，都是聯結所有法的。譬如說苦聖諦，二乘法中所說的苦聖諦，所說的只是蘊處界的苦，而蘊處界的苦，不外乎八苦、三苦。而八苦，其實就是五陰熾盛之苦：有五陰熾盛，而有前面的生、老、病、死、求不得、愛別離、怨憎會。如果不是五陰熾盛，哪來這七苦？可是爲什麼要把五陰熾盛另外單獨分離出來說？這就是要特別強調，前面那些苦的現象是由五陰來的，可是五陰熾盛之苦，比起前面那些苦還是有差別的；最主要的，就是執著於自我的存在；由於自我的存在而生起喜樂，就是五陰熾盛的根源。但是不管怎麼說，從八苦來說苦聖諦，或者從三苦來說苦聖諦，其實都是蘊處界中的法，沒有離開蘊處界，從來不曾涉及到本識，本識正是實相法界。

在大乘法中，除了說二乘法這個苦聖諦以外，還要談到變易生死的苦。難道變易生死不是苦嗎？當然也是苦。可是這個變易生死的苦，雖然透過現象界的蘊處界而顯示出來，卻不屬於二乘的苦聖諦所含攝。那麼你說：大乘與二乘的苦聖諦是不是相同呢？顯然是有同、有不同，所以不能輕易的說：**大乘也有四聖諦，二乘也有四聖諦；二乘有三十七道品，大乘也有三十七道品；既是一樣的法，何必分開成爲大乘、小乘？**其實是有許多不同的。所以不管是大乘或二乘，都有四聖諦，但是內含有相同的部分，也有不同的部分。這個不同的部分，就要到證悟如來藏以後才能開始次第瞭解，否則是無法瞭解的。

一般學人最先瞭解的是二乘的苦聖諦，只在蘊處界的苦、空、無我、無常上面來說。但是，大乘的苦聖諦是依本識來說蘊處界的苦、空、無我、無常，這是最基礎的認知；到了入地以後，他的苦聖諦又不同了。但是話說回來，不管是大乘或二乘所有的苦聖諦，都是無常法，因爲講的都是生滅法。二乘的苦聖諦是說蘊處界苦、空、無我、無常，因爲無常所以無我，無我所以是苦。可是大乘法中雖然也有二乘這個苦聖諦，卻又說本識中的無量無邊種子是變易無常的，變易無常所以無我，無我所以是苦、是空；因此要經由悟後的修道把這些種子轉變，使它成爲究竟清淨而不再變易了。種子不再變易就是常，常所以是樂，是常、是樂所以是眞實我，是常、是樂所以是究竟清淨，究竟清淨就是眞實我，所以叫作常、樂、我、淨，這樣就不是無常法了。所以，大乘的苦聖諦是要到達佛位果地才不是無常法，因爲已經究竟斷盡一切苦，不再有種子變易的生死苦了；不再有苦，所以就沒有苦聖諦可說，這才是第一義諦，所以第一義諦才是常。第一義諦是離有爲相，那就是下一章所說的，這裡先不說它。

苦聖諦如此，集聖諦亦復如是。二乘的集聖諦，叫作苦集，集什麼呢？集一切苦的種子，所以稱爲苦集。苦爲什麼會集？苦的集又有哪些現象？這就是二乘人所應當知道的。他們修四聖諦時，要觀察眾生會有苦：苦聖諦所現觀的種種苦的現象，爲什麼會有？是因爲集。集什麼？那就要去注意了。於一切法中有沒有苦集的現象存在？要去注意，那就是菩薩的事。至於二乘人，要注意什麼集？注意蘊處界怎麼集？爲什麼會有這一世的五蘊？把那一些集滅掉，那就是觀察苦集的目的所在。這與菩薩的觀察一切集，範圍大小的差別是很大的。

又如為何會有十八界而產生了苦？都是因為集。為何會有這一世十二處而附帶有種種苦？也是因為集。為什麼會有六入所以有種種苦？也是因為集。哪些狀況是集？都要去注意。二乘人為了斷除苦的集，所以斷了我見以後要修道，修道的目的就是為了斷這些集。可是怎麼樣才是滅？如果還不知道滅，就無法眞實的修道。所以他先要知道集，時時觀察每一個時刻是不是正在集？如果是正在集，就要趕快離開。所以二乘人才說要守意如城——不向外攀緣；也要藏六如龜——好像烏龜一樣把頭、尾巴、四隻腳都收進來，意思就是不使六根向外攀緣。所以「藏六如龜、防意如城」，目的就是不要有集。懂得不要集，時時注意遠離苦集，就是在修道。但是一定要觀察怎麼樣才是眞實的滅，色蘊的眞實滅是如何？識蘊的眞實滅是如何？受想行的眞實滅是如何？五蘊的如實滅都要知；如實知而沒有遺漏，才能眞正的知道什麼叫作滅。當他知道什麼叫作滅了，他就知道無餘涅槃的取證正是要滅掉自己全部，把自己全都滅除了就是無餘涅槃。這樣知道了滅，然後就付諸於實行，就是聲聞解脫道中的修道。可是這些二乘法的苦集滅道的實修，都是在蘊處界的範圍中，並沒有離開蘊處界的範圍，所以這種道諦仍然不是第一義諦，所以無法究竟滅盡一切苦，與種子生滅的苦與集無關。一切苦滅是諸佛的事，菩薩照這樣去修；二乘人卻不這樣修，他們修的是有餘苦的滅除。

在大乘法中的四聖諦，不同於二乘法，因爲還要照顧到如來藏中的習氣種子等煩惱有沒有清淨，究竟清淨了以後不再有種子的變異生滅，變易生死就度過了，變易生死苦就滅盡了；這個苦雖然也在現象界中顯示出來，但卻不完全屬於現象界，因爲是如來藏中的種子隨眠在如來藏中變異流注，是菩薩才會知道的，不是二乘聖人所知的，是煩惱障所攝習氣種子的變異生滅。而另外一種苦更不是二乘人所知，就是二乘聖人所末斷的塵沙惑；這個塵沙惑是要修學一切種智以後才會瞭解到，並不是二乘聖人所能知。由於這些惑仍然或多或少存在的緣故，所以成佛所應證法就不能具足證，就會有變易生死苦；但這種苦是很微細的苦，屬於無始無明變易法，不屬於蘊處界的煩惱。這兩種苦都斷盡了，才能稱爲斷盡一切苦，這都不是二乘聖人所知。這樣滅盡一切苦的方法，就是大乘法的苦滅之道。這種滅諦才是第一義諦，所以二乘法的滅諦不是第一義諦，因此說這種四聖諦講的是大乘法的四聖諦；而這四聖諦中的苦、集、道等三諦是無常，滅諦才是常。爲什麼會這麼說，可就要等下週再來說明了。

以上是略說，接著要再分說了。四聖諦中，三是無常、一是常，接著說：「三諦入有爲相，入有爲相者是無常，無常者是虛妄法，虛妄法者非諦、非常、非依，是故苦諦、集諦、道諦非第一義諦，非常非依。」「三諦入有爲相」，我們上一週已經講過了：四聖諦中，苦諦是依蘊處界而顯示的，是有爲法；苦諦一定是在有爲相上面，才能知道是苦。如果離開有爲相，你就看不到有苦了。苦是世間的聖諦，但不管是八苦或者三苦，都是有爲相，因此苦聖諦入有爲相，有爲相即是無常。

苦聖諦以後，接著就是集聖諦。苦種爲什麼會被集？我們也常常說苦集聖諦、苦滅聖諦、苦滅道聖諦。集諦會把苦種合在一起，那麼集是集什麼？是集藏後有苦的種子嘛！苦集的原因其實就是集自我、集吾我。四阿含中曾講到集我，但集我是什麼呢？就是集色蘊的我；以色蘊爲我，然後再以受想行識爲吾，即是集吾。由於這個緣故，所以就有許多苦種的集，都是從執著蘊我、處我或者界我，不肯放捨自己，堅定的認定爲自我是常住不壞的，不肯讓自己毀壞，所以就一定會不斷的在三界六道中去受生，不樂於使蘊處界自己斷滅。不斷受生的緣故就有六道蘊處界一世又一世存在，於是就有生老病死……等種種苦。

所以，「集」最主要的就是在自我執著的集上面，自我的集再衍生下去就變成我所的集。我所的集是屬於世間法的財色名食睡等，這些都屬於世間法的集。但是世間法的集屬於我所，都是由蘊處界的自我所擁有。想想看，世間人對於他所爭執的，都是在爭執什麼呢？都不是在法義上爭執，而是在我所上面爭執：**這是我的妻子，你把我妻子勾引了去，我就跟你拚命；這是我的老公，妳勾引了去，我當然要對妳不利。**因爲這是我的配偶，是我所有的，所以是我所的執著。接下來說，這是我的財產，你無理霸佔了，所以我就花錢僱請黑道人物來算計你；這也是我所的執著。

這些因爲我所而造的業，都是世間人所犯的；可是，有許多佛教界的人物也算世間人，所以假使我現在擁有大道場，擁有很多眷屬，你來挖我的眷屬去，我的法眷屬一直流失了，我就對你不客氣，所以我就指責說「你是邪魔外道」，這也是我所的執著。凡是落在我所上面的人，都只能說是世間人，他們都不是眞正在修學出世間法的人；所以世間人三字，不是單指穿著俗衣的人，有時候穿著黑衣而住在寺院中的人也是世間人。最具代表性的世間人就是穿著紅衣、袒露右肩的那些人，都是出了家還要貪在家法。他們是貪了出家法還要貪著在家法，兩邊都要。

出家了，就不要貪在家法；你若是在家，就不要貪出家法。如果出家以後穿起紅衣、袒露右肩，說他是在修學佛法、是出家人，卻不斷的貪在家法，財產與女色兩者都要，本質已是在家人；既是在家人，卻又要享受恭敬與供養，根本就不對。這樣的人，我們可以說他們是佛教中（其實他們根本不是佛教）的世間人。這一些錯誤的心態與行爲，正是在收集苦種；都會引生後世種種苦，因爲凡是在我所或者自我上面用心的人，全都免不了會一世又一世不斷的受生。不斷受生的緣故就一定會有八苦、三苦，永遠無法免除；所有的集，就是在這上面集。凡是對自我與我所的執著越來越增長的，不管是對身我或者「名」中的我執，凡是越來越增長的都是苦集。這種苦的集，都是在有爲法上，因爲都在我所以及自我上面執著，所以是有爲法。在有爲法上才能有集，所以說苦集諦也是有爲性的，一樣入有爲相中。

苦與苦集已經說過，滅諦就暫時跳過去，回頭再來說，先說道諦。苦集滅除的道叫作苦滅之道，苦滅之道就是修學四聖諦、修學八正道，去現觀蘊處界的虛妄、我所的虛妄。這個道諦，如果離開了有爲法的蘊處界，也是不可能存在的，所以苦滅的道仍然還是有爲性，不屬於無爲性，所以道諦仍然入有爲相中。無爲性不必修，那是大乘法中的事。所以苦、苦集、苦滅道，這三諦都屬於有爲性的法，都入有爲相中，而且是無常性的法。爲什麼說苦滅之道也是無常性的？因爲阿羅漢證得四果以後，苦滅之道已具足了知了，可是他捨報以後蘊處界都滅盡而不存在了——入無餘涅槃了，苦滅之道也就隨著他消失了，他的苦滅之道也不存在了，所以仍然是無常、是有爲；因爲都是依於無常有爲的蘊處界來修，才會有無常有爲的苦滅之道。

現在四聖諦只剩下最後一個苦滅諦了。苦滅聖諦，就不能夠說是有爲、無常了，因爲苦滅聖諦講的是我與我所全部滅盡了。當我與我所滅盡了以後，即是無餘涅槃。無餘涅槃中並不是斷滅境界，無餘涅槃也是始終存在著，所以不能說苦滅聖諦是無常、是有爲，不能這麼說。對於明心的人來說，苦滅聖諦非有爲、非無常，是很容易理解的，因爲苦滅的境界講的就是蘊處界都滅盡以後的涅槃本際；那時我與我所都不存在了，成爲無餘涅槃了，可是無餘涅槃中的本際還在，也就是如來藏獨自存在著，不再生起蘊處界了，這當然不是斷滅空。所以對明心的人來講，苦滅聖諦不是有爲、不是無常，事實上是常、恆，也是無爲，所以苦滅聖諦與其餘三個聖諦不一樣。定性阿羅漢沒有證得本識，尚未明心，這部分道理就不容易理解，他們只能信受佛的開示：「阿羅漢所作已辦、不受後有、知如眞。」佛陀接著說：「清涼、寂靜、常住不變。」如果沒有說常住不變，就會說是眞實；所以阿羅漢相信佛的聖教，他們因此知道滅盡自己以後不是斷滅空。既然滅盡自己以後不是斷滅空，這個苦滅聖諦當然是屬於無爲、當然是常。

所以，四聖諦中說的苦聖諦、苦集聖諦、苦滅之道聖諦，這三個聖諦是有爲、都是無常。因此說這三諦入有爲相——都要攝歸於有爲相之中。「入有爲者是無常」，被攝入有爲相中的聖諦當然是無常的法；因爲都是依無常的蘊處界、依無常的我所來修的，所以這三個聖諦要攝入有爲相之中。既然攝入有爲相之中，依有爲相而有的聖諦，當然是無常。所以阿羅漢入了無餘涅槃以後已經不存在了，但是我們可以看得見：阿羅漢的滅聖諦是不可能再被改變的。因爲他們的滅聖諦成就、解脫知見具足而滅盡了自己，剩下本際如來藏識常住不壞的境界，所以滅諦不是虛妄法。但是其他三諦都是在蘊處界滅盡之前才能存在，依蘊處界而有，所以是有爲相、是無常；既是無常的，就是虛妄法。

「**虛妄法者非諦、非常、非依，是故苦諦、集諦、道諦非第一義諦，非常非依**」：如果是虛妄法，那它就一定不是眞正究竟的聖諦，因爲那是個方便法。眞正究竟的是成佛，才是究竟；因爲不但將二乘所證的分段生死斷盡了，並且把變易生死也斷盡了，如來藏中的一切種子都不再變異了，度過變易生死苦了，這樣才是究竟的聖諦。究竟的聖諦，才能說是第一義諦。而二乘的聖諦是虛妄法，虛妄法並不是究竟的聖諦，是無常的，不是萬法的所依，也不是三乘菩提的所依，所以二乘法不能作爲一切法的所依。

爲什麼二乘聖諦不能作爲一切法的所依？譬如說，眾生在三界六道中輪迴無盡，於十方世界來來去去、頭出頭沒，其實都是由本來就存在的涅槃中的本際如來藏出生了他們，才能有三界六道中的各別有情繼續存在。可是二乘法中不必修證這個本識，二乘法的實修者，只要把蘊處界的執著滅盡就足夠了，所以他們不是在修證萬法的根源。既然只是把三界中的蘊處界一切現象滅盡而已，而不從事於萬法本源的實證，那麼二乘法當然是沒有觸及到萬法的本源。既然如此，當然二乘法一定不可能成爲世出世間法的所依。可是從大乘法來講，不論你是修世間法或是修出世間法，大乘法的修證內涵都可以作爲一切世間出世間法的所依——世出世間萬法都依第八識如來藏而出生、而存在、而運作、而壞滅，所以說二乘的聖諦非依，大乘聖諦第一義諦才是世出世間萬法的所依，是常住法。既然二乘聖諦非萬法的所依，當然就不是究竟的聖諦。所以由這個緣故，說二乘菩提四聖諦中的苦諦、集諦、道諦乃至滅諦都不是第一義諦，只有大乘菩薩所證滅諦才是第一義諦。

但是，大乘所證的滅諦，爲什麼就可以說是萬法的唯一所依呢？當然得要另外再作說明，這就要推進到下一段經文中再來說明了。但是在進入下一段經文解說之前，我們要補充說明〈一諦章〉中所說的非常非依四字，請大家看補充資料：【依大乘第一義諦法，說世諦亦是第一義諦；若依二乘法，則世諦絕非第一義諦。有經文爲證，《大般涅槃經》卷十七：「善男子！一切世諦若於如來即是第一義諦。何以故？諸佛世尊爲第一義故說於世諦，亦令眾生得第一義諦。若使眾生不得如是第一義者，諸佛終不宣說世諦。善男子！如來有時演說世諦，眾生謂佛說第一義諦；有時演說第一義諦，眾生謂佛說於世諦。是則諸佛甚深境界，非是聲聞緣覺所知。」】（CBETA, T12, no. 374, p. 465, b22-28）

這就好像我們在《阿含正義》中，我本來想要寫的法義，大乘經中已經幫我寫出來、幫我講過了，只是大家不懂得把它們連貫起來而已。我在《阿含正義》裡面說：《雜阿含》、《增一阿含》本來就是大乘經，但是不迴心的阿羅漢以及聲聞法中三果、二果、初果及凡夫們，他們聽過了這些大乘經卻沒有全懂，只懂得其中與解脫道有關的部分，所以當《長阿含》、《中阿含》已經結集完成了，卻因爲還有許多人說：「我聽過佛說某某經。」然後口述出來。每一個人講一部，講了很多就記錄下來成爲《雜阿含》。可是《雜阿含》結集完了，還是有人將他們所聽聞的大乘經典一部又一部口誦出來，所以一又增一而不斷地增加：這一部誦完了，又有人誦出另一部，於是又增一；這樣一直增加，增到十以後，又有人再誦出另一部大乘經，所以又增一；這樣反覆的增一，所以名爲《增一阿含》。

問題是，許多大乘法的名相，在《雜阿含》與《增一阿含》中說出來的許多大乘法名相，卻都沒有內容。這代表什麼意義？代表說：在聲聞人結集出來的四阿含諸經中，不斷地摻雜著大乘法的名相卻都沒有內容，這個史實表示它們本來都是大乘經，問題是大迦葉他們沒有邀請在家、出家菩薩們來共同結集；因爲他們不願意，也因爲結集出來以後他們將會讀不懂，那要怎麼面對眾生？所以就在不邀請菩薩參加的情況下，將聲聞人所聽聞的大乘經典結集成爲四阿含等解脫道的經典。

你們如果把《阿含正義》七輯都詳細讀完了，並且有機會把《雜阿含》、《增一阿含》都讀完，你會相信我剛才說的話：他們都把所聞的大乘經典結集成爲解脫道的經典，就是《大般涅槃經》這段經文說的「有時演說第一義諦，眾生謂佛說於世諦」，這正是《雜阿含》與《增一阿含》的寫照，所以佛都沒有說謊，說的都是如實語。如果 佛說世俗諦，菩薩聽了會成爲第一義諦，因爲 佛說的世諦是依本識爲中心來說的，所以菩薩聽了心中都很清楚：這是依如來藏來說蘊處界諸法虛妄，所以菩薩把它結集出來時就成爲般若經、成爲方等部的唯識經，所以《大般涅槃經》的這一段話，等於是預先爲我們證明：**我們實證本識以後所作的阿含學術研究才是最正確的阿含學。**

因爲若是要談學術，其實是證悟大乘菩提的菩薩或者證悟二乘菩提的二乘聖人，才有資格談佛法學術。學術是以眞理爲依歸的，也就是已經確實親證而眞的瞭解了，然後把它作詳細的、分門別類的解說，才能稱爲佛法的學術。如果是由尚未親證而不曾眞懂佛法的人來弄佛法學術，有什麼意義？所以，世間法可以有學術研究，這是可以成立的，因爲他們確實在實驗中證實了；但他們在佛法中作的學術研究，卻是從來都只是在經文文字上思惟而非親證的，所以都不正確，所以只有菩薩才有資格作佛法的學術研究及造論。如果是作阿含解脫道的學術研究，只有三果以上聖人才有資格；若是嚴謹一些來說，應該說只有阿羅漢與諸地菩薩才眞正有資格。這個道理並不難懂，只是很多人沒有詳細去思惟理解，在應成派中觀邪見的先入爲主灌輸下來之後，自己也懶得去思惟了，然後就誤信了，我見就永遠都斷不了；我見無法斷除（因爲恐怕墮於斷滅空），就誤以爲斷盡我執、滅盡蘊處界以後，進入無餘涅槃時是斷滅、空無；這樣誤會的緣故，所以我見就斷不了，阿含道當然也無法修學成就，當然更談不上阿含解脫道的學術研究了。

接下來略釋：爲什麼大乘的滅諦才能說是第一義諦？而二乘的滅諦爲什麼不是第一義諦？這是說：由於在修證上有無眞實法的修證，而產生了這個差別。換句話說，二乘世俗諦所修的法並不是眞實法，是要滅盡一切法，所以講苦、空、無常、無我，一切蘊處界都是緣生，將來終究會壞滅；無常故空，空故無我，二乘法都在世俗法蘊處界上面用心，從來不修證眞實法住胎識的所在。由於不必修證眞實常住的不滅法，所以二乘聖諦中沒有眞實法；二乘法之異於大乘法的所在，就是沒有眞實法的實證；在大乘法中是一定要親證眞實法如來藏心，由於在大乘法中是實證眞實法，然後從眞實法如來藏心再來反觀、對照生滅的蘊處界等萬法：在證得眞實法之後，對照二乘聖人的所證，一定會發覺二乘聖人都是不知道這個眞實法。所以，悟後你若沒有去作這個對比，就無法了知二乘聖人沒有證眞實法，然後就會常常這樣說：「阿羅漢比我厲害，我仍然無法入無餘涅槃。」然後就崇他抑己：長他人志氣、滅自己威風。

可是他不知道阿羅漢其實是很怕他的，雖然他才剛悟得般若。阿羅漢其實很怕他，爲什麼？因爲當他稍微說一下般若，阿羅漢就聽不懂了。可是阿羅漢不會告訴他說：「我很怕你，你不要對我講般若。」因爲阿羅漢的煩惱習氣都還在，但這位菩薩不懂，他剛開悟才半年、一年，還是不懂這個道理。甚至於有人悟後很多年了，也有人跟隨我將近十年了，結果還是被印順的邪知邪見轉走。爲什麼呢？因爲當年的開悟是我爲他明講的，他也沒有把他的所悟拿來跟二乘法作對比，所以不知道其中的差異所在，就在崇拜僧衣的情況下，老是崇他抑己，對自己完全沒有信心，所以不知道阿羅漢其實很怕他。若是講到苦集滅道，雙方都有交集點；可是如果要講到眞實法如來藏法界，阿羅漢卻是盲無所知，要怎麼與這個七住位的菩薩對話？不可能。

所以菩薩如果把這一點作個對比以後，了知雙方的狀況了，七住賢位菩薩見了阿羅漢時也是很坦然的；因爲明知自己還沒有斷除我執，但是阿羅漢來到他面前還是沒有開口的餘地，因爲明知斷我執成阿羅漢並不是自己追求的目標，因爲隨時可以斷除；而自己所悟的實相般若，卻不是聲聞阿羅漢所能猜測的。如果懂得這個道理，對於南傳佛法中的所有大師，你就無所畏懼了，因爲他不知道要與你談什麼，除非雙方約好只談解脫道，他才有開口的機會。但是解脫道他懂，你也懂；並且解脫道中的涅槃本際，你懂，他卻不懂。如果專談解脫道，你有時丟出一句話：「那麼斷了我執以後入了無餘涅槃，那是什麼境界，你知道嗎？」保證他不敢再開口，因爲他不知道。雖然你只是七住位的菩薩，但你知道入了無餘涅槃就是如來藏獨存。如來藏已經找到了，你只要把自我全部都丟開，觀察那時剩下如來藏時的境界，就知道無餘涅槃中的境界。你知道，可是阿羅漢不知道。連阿羅漢都不知道了，何況南傳佛法中還沒有斷我見的凡夫大師們，又怎麼會知道？所以你如果要保留機會讓他與你對話，你可以說：「我不談佛菩提，只跟你談解脫道就好。」他可能就願意跟你對談。可是你一旦開口說：「我們有時候也談談佛菩提好不好？」他就不敢來跟你對談了！因爲他知道的，你也知道；你知道的，他不知道，那要怎麼對話？

所以，自從我們《邪見與佛法》寫出來以後，有時候（不是常常有，因爲有那個膽子的人很少，到現在爲止，也才不過只有二次而已）有人打電話來約時間要論法，到時卻都沒看見一隻小貓來，甚至連爲什麼不來的理由都不跟你通知。所以到現在爲止，還沒有人上門來挑戰。因爲凡是衝動之下約了時間以後，他一定要開始思索：「去見了蕭平實，我要跟他談什麼？我能談的最深法義是什麼？」等他上了成佛之道網站閱讀以後說：「我知道的蕭平實都知道，並且他知道的比我更多；可是他知道的我卻不知道，那我要怎麼對談？」最後是連取消的通知都沒有，直接就爽約了，這已經有兩次了。

所以你們別老是妄自菲薄，因為你們所知道的，定性阿羅漢們都不知道，何況還在凡夫位的南傳佛法修學者？因此說：「聲聞法中所學沒有眞實法，而你們所學的是有眞實法實證的。」有眞實法與沒有眞實法，就是大乘與二乘的最大差別所在。解脫道是三乘共道，不是只有二乘才有，大乘法中也有；所以他知道的你們也知道，而你們的眞實法是不共道，只有大乘法中才有，他們都不知道，那他們能跟你們談什麼？所以他們沒有與你們對話的資格，瞭解了嗎？所以你們縱使只是剛才開悟的人，也不必覺得這個如來藏好像沒什麼。雖然沒什麼，卻得要共修兩年半，然後去禪三道場修得好辛苦，甚至要到第二次、第三次精進禪三時才悟得出來，那眞的沒什麼嗎？如果不是我們幫助你，還眞的是有什麼呢！所以說，這樣辛苦參出來的，不是世俗法，不是蘊處界中的法，定性阿羅漢們再怎麼猜也猜不著，絞盡了腦汁也想不出來，所以才說它是勝法，才說它是第一義諦，因爲它是眞實法。

我們這個說法，還有經典可以證明，《寶雲經》卷六，佛說：「善男子！第一義諦非壞敗相，諸佛出世及不出世，法相常爾。以是因緣故菩薩剃除鬚髮，信家非家，出家學道；正信出家，身服袈裟，著壞色衣，精勤修道如救頭然，捨諸虛妄志求實法。善男子！若無實法則虛出家，諸佛如來亦虛出世，以是因緣有眞實法。」(CBETA,T16,no.658,p.236,a4-9) 現在來瞭解這一段經文，佛說：第一義諦不是壞敗相，因爲第一義諦講的是由如來藏的眞實存在，來出生無量無邊的法，而祂不是壞敗相，只有祂所生的蘊處界等萬法才是壞敗相，但祂自己不是壞敗相。

佛接著說：「諸佛出現於世間，或者不曾出現於世間，這個眞實法的法相常爾。」常就是永遠如此不變，爾就是「這個樣子」；所以這個非壞敗相的如來藏，祂是永遠如此而不變異的；不論是有佛出世或沒有佛出世來告訴我們，祂一直都是這樣子。即使低賤愚癡如螞蟻，牠的眞實法也不是壞敗相，牠還是有這個眞實法，才會使得牠整整八萬大劫以後還是要繼續再當螞蟻，繼續實現惡業種子，都是因爲這個眞實法在執持業種而實現因果。所以，找到如來藏以後，你雖覺得祂好像沒什麼，可是我說祂眞的有什麼。

所以，有一天 佛問三明六通阿羅漢說：「你看看地上這一隻螞蟻，牠以前是什麼？」阿羅漢觀察牠，一劫又一劫的觀過去，觀到八萬大劫前牠還是螞蟻，佛就說：「那你再觀察牠未來會成爲什麼有情？」阿羅漢又觀，觀到未來八萬大劫時，牠還是會繼續當螞蟻。因爲牠無量劫前所造的惡業尚未酬償滿足，使牠必須要當很久、很久的螞蟻，而那個業種是由牠的眞實法如來藏收藏著，每一世現行時就是去當螞蟻。這業種不斷現行，使牠不斷的當螞蟻；前八萬大劫，後八萬大劫都是在當螞蟻，什麼時候才能回來當人？如果套一句世俗人說的笑話：「要聽雞啼啦！」這個歇後語，你們不懂嗎？雞啼的聲音是：「咕—咕—咕—」就是「久—久—久—」要等很久啦！牠要當很久很久的螞蟻來償還業報。這個業種這麼厲害，卻都收藏在牠的眞實法如來藏中，那你想想：如來藏是有什麼或是沒什麼呢？

有的人剛悟時往往說：「啊？就是這樣？看來好像沒什麼。」但其實祂大有文章、大有功能。因爲這個眞實法不是壞敗相，所以祂所收藏的業種也就不會壞敗，祂會一直使業種繼續存在，一直到業果償盡了，才能夠轉變。

從一隻螞蟻來看是如此，那麼人、天、修羅、畜生、餓鬼、地獄，莫不如是，因此說法相常爾——這個道理是永遠不會改變的。

「正因爲有這樣一個眞實法，所以菩薩願意剃除鬚髮，相信世俗之家不是眞的家，因此出家學道；他以正信來出家，不是因爲迷信而出家」；以前是常常有人因爲迷信而出家，特別是有一些孩子出生以後不好養，就去找幾代祖傳的相命師算一算，八字一排出來：活不過十歲。怎麼辦？父母當然擔心，命理師也沒辦法呀！不過他們老一輩早就教過了，沒辦法中有一個辦法：教他出家。出家以後是 佛管的事，閻王也管不著了！只要寺院中需要他繼續爲佛法作事，閻王老子也不敢來找他啦！所以有很多人命盤排出來，活不過十五歲、活不過二十九歲的，出家以後卻活到七老八十還在活，這種人很多呀！

這就是說，以前是常常有人迷信出家，只爲了想要延續壽命；但是二十年前就開始有點轉變了，開始有些人是爲了正信而出家；只是後來被染缸染污了，熏習久了以後，某甲來見時供養一包錢財，某乙來見了也供養一包錢財；利之所在，寺院裡就分派系了，弄到後來心不淨了，落到世間法去了，那就不是正信出家了！本來是正信出家，後來被染污了。出家以後還能繼續保持著清淨心的人並不多，大部分是被信徒的恭敬與供養給污染了，染了以後心中沒什麼企圖的，他就當個粥飯僧、收財僧，有一句俗話說：「當一天和尚，撞一天鐘。」所以就變成粥飯僧了。可是有少數人仍然保持著出家時的淨信，雖然目前已是極少數。

菩薩如果出家，他若是久學菩薩，一定是淨信出家，絕對是爲法出家，所以出家以後也不會有所改變；別人要分派系、要鬥爭、要貪錢財供養，那是別人的事，他不理會，照樣自己努力修法；這種人一定都是久學菩薩，這種人如果有善知識緣，說他悟不了，我是不信的；他的證悟只是遲早的問題，一定會悟，這叫作正信出家。菩薩正因爲有這個眞實法，所以他才正信出家。出家以後「身服袈裟，著壞色衣」，所以在家菩薩可以天冠、瓔珞、臂釧，什麼都有；他可以「金盤盛銀粟，銀盤盛金粟」，日子過得非常富裕；可是出家菩薩就不一樣了，他對這些都是不屑一顧的，因此出家菩薩總是著壞色衣。眞正的菩薩出家了，不會想要穿著質料很好的僧服。有的人一套僧服要一萬多元，這還只是中品的僧服。我曾經供養了一套一萬多元的衣服給大陸一位法師，後來才知道根本就供養錯了。但是我沒有後悔，只是說供養錯了，不是後悔；因爲他很貪財，不在法上用心，我算是種了貧窮田，不是種了功德田。所以出家菩薩穿著隨便，清潔就好，更不會去弄一串上品蜜蠟念珠，個個又透明沒有雜質，又大又圓；一串上品蜜蠟的念珠，大約要一、兩百萬，上品的要兩百多萬元一串（編案：這是在 2006 年時追說 1993 年時的價錢）。但問題是，著好衣、戴上品蜜蠟，禮佛時心中會不會有負擔：「讓我跪拜這麼久，會不會磨損？這蜜蠟萬一不小心碰損了，該怎麼辦？」他眞是難過出家生活了！

所以出家就跟在家不一樣，在家菩薩爲了示現眷屬圓滿、財富圓滿、法義圓滿，他要示現很有福德。出家菩薩就反過來，什麼都不用，要著壞色衣。壞色衣，就是去屍陀林—棄屍場—因爲窮人家沒有錢焚化，就把屍體揹到棄屍場丟棄；丟了以後屍體腐爛了，可是包裹屍體的布料還是好的，只要撿回來洗一洗，用樹脂或泥土染成褐色或者灰色，就是壞色衣。這樣穿上身時，不管怎麼樣生活都沒有罣礙，不會在躺下去以前，要先把它弄平，小心地躺。都不需要，這就是「著壞色衣」，這樣粗淡地生活來修行。

著壞色衣以後，得要勤苦修行，目的是精勤修道如救頭然，好像火在頭上燒起來了，得要趕快救。假使有火著在你的頭上，你一定不會說：「我再想一想，看看要不要把它滅掉。」一定是馬上就撥掉那把火。意思是包括五陰身心都不看重了，要的就是眞實法的親證。你如果爲他講蘊處界苦、空、無我、無常，講一遍他會聽，講第二遍他就不想聽了，因爲這些法他都知道，他不想聽，只求眞實法。所以，菩薩的志向法性並不一樣，當四聖諦、八正道我讀過一遍了，就不再讀；不管是誰寫的，我只要讀過一本，第二本我就不想再讀了，因爲四阿含裡面講得太多了。四阿含，我在破參前就已經讀完了，誰要再講這個，我都覺得不必再聽。我要的是眞實法、常住法，要找一個眞心，這才是重要的；要證常住不壞的法、眞實法。

如果聽了苦、空、無我、無常，他很喜歡，一遍又一遍一直要求你爲他講解，你就知道這是聲聞人。如果是菩薩，你爲他講第二遍，他就有點不耐煩了；雖然他還沒有悟，你已經悟了，但他已經有點不耐煩了。你如果要講第三遍，他會請求你：「請師父您不要再講這個，是不是可以講一點如何開悟明心的法？」他會向你要求這個，這就是菩薩的根性；所以說菩薩信家非家、正信出家，他出家的目的就是要證眞實法，這才是他出家的目的。如果沒有眞實法，那他出家就虛出家了。

如果是爲了正信而出家，可是出家以後發覺到：在這道場中，解脫道也不能證，佛菩提道也不能證。那你出家會不會覺得氣結？出家的目的是爲了法，結果三乘法都沒有辦法實證；大乘無法證，連二乘也無法證，這不是虛出家了嗎？如果我是這樣出家的話，我一定會後悔說：「爲什麼我出家精進修行，卻是什麼佛法都無法證得，那我還出家作什麼？」再多的供養也沒有意義。如果想要錢財，繼續留在世俗法中賺錢就有了，何必去出家耗用別人的錢財而損了自己的福德？出家使用別人的錢財，目的是專心修行而證眞實法，回報給供養者，這才是出家最重要的目的。可是現在有許多人被染污了，因此就認爲沒有法可以證也無所謂。反正供養很多，他就無所謂了，就變成財利僧，一天又一天迷糊地過日子。甚至於大陸有許多人出家廣收供養，卻不是與常住共有，而是被住持拿去給他家裡的人用。未來世的果報要怎麼償還？我都不敢爲他們想像，眞的不敢再想下去，都是到此打住。

菩薩出家與聲聞人的出家不同：聲聞人出家是爲了斷除我見、我執，出離三界，離開八苦、三苦，那是虛妄法，因爲是滅掉蘊處界以後連二乘菩提法都滅掉了；但是在大乘法中，菩薩出家是爲了求證眞實法，不求這種虛妄法；所以菩薩如果沒有如來藏眞實法的實證，那他出家就是白出家了。所以，這段經文爲我們說得很清楚：**若無實法則虛出家**。如果沒有眞實法，如來也是虛出家，祂來人間出家作什麼？難道是教導大家全部都斷滅成爲空無就行了嗎？這樣，佛來人間有什麼意義？不如讓眾生去虛生浪死受盡諸苦，至少還有苦受。如果沒有眞實法，把眾生都滅度了以後連苦受都沒有，變成斷滅空，有什麼意義？以眾生的觀念來說，有苦勝過什麼都沒有的斷滅空；眾生都是這樣想的，那你這樣如何能度眾生？

菩薩出家的目的，是因爲有眞實法可以實證，所以諸佛出現於人間那麼辛苦，也是因爲有眞實法可以傳授給眾生。想想看二千五百多年前，佛陀在菩提樹下證悟之後，去到鹿野苑見那五人，度他們成爲阿羅漢比丘而成立僧團，那是兩百多公里的路途。我們以前去朝聖時坐遊覽車要走六個鐘頭，大家哇哇叫：「這麼遠！」我說：「不要喊遠，也不要叫苦，佛可是用腳走的，那麼遠的走到那邊去。」大家都不敢講話了。人天至尊，可以爲了眾生這樣走路好多天。如果不是因爲有眞實法可以傳授給眾生，佛這麼辛苦作什麼？

諸天天主都很希望能供養祂，唯恐供養不到，但是 佛陀爲了度人，這樣辛苦地走遠路，是爲了什麼？當然是因爲有眞實法可以傳授給眾生，否則人天至尊何必這麼辛苦？

可是印順的解釋是什麼？他認爲：「**一切都是緣起性空，一切都無常，一切都要滅盡。滅盡了以後成爲滅相，那就是眞實佛法。**」說這樣就是成佛之道，那麼這樣他的成佛之道很顯然是壞敗法而非眞實法。壞敗法正是斷見外道法，怎麼會是成佛之道？所以他的法只能夠說是偏斜的、誤會解脫道的流轉法，他的法只可以用他的思想來定義，叫作**無因有緣論**的緣起性空，全部是「無本識因之藉緣而起，其性空無」，這就是印順法。但這樣的印順法並不是佛法，因爲沒有眞實法；也不是羅漢法，因爲無法斷除我見而必然落入意識細心中。如果沒有如來藏眞實法，還能有印順在人間嗎？如果沒有這個眞實法，印順就不可能從上一世轉生到這一世來。如果沒有這個眞實法，所有的有情都只能有一世。如果沒有這個眞實法，種子全部都會散失不見，不可能成就因果律。如果沒有這個眞實法，連上帝都不可能存在，何況能有一神教？一定是有一個眞實法，上帝才能存在。如果沒有一個眞實法，上帝憑什麼能作上帝？他一定會在天上死亡，死了以後換別人作，他怎麼可能繼續當上帝？未來也沒有機會再當上帝了，因爲他在天上死了就沒有了，因爲沒有業種：善業種、惡業種都消失而不復存在了。

所以，一定有一個眞實法，諸法才能成立，才會有眾生的蘊處界出現在三界六道中。有眾生蘊處界出現，才會有苦聖諦可以觀察；有苦聖諦，才能針對蘊處界的執著來斷苦集；能斷集，才能有滅諦。也因爲有如來藏眞實法，才能有道諦可以修，才能成就聲聞道。如果沒有這個眞實法，連蘊處界都不可能存在，何況能有二乘的四聖諦？所以如果沒有眞實法，佛出現在人間就是虛出。若無眞實法，菩薩剃髮出家也是虛出家。諸位也都不用來正覺學法，下一回講經時間也都別來聽了，因爲都是白學的。如果你這一世很努力學，學到捨報以後既沒有眞實法繼續存在而延續到下一世，那麼死後所學的所有法種都不再存在了（因爲意識不能去到下一世，又沒有眞實常住法可以持種，所以這一世所學的都不存在了），不但如此，而且你也不會有下一世，那你這麼辛苦來學佛作什麼？

可怪的是，應成派中觀那些人努力學習以後，竟然都不會想到這一點，這不是很奇怪嗎？難道他們都願意成爲斷滅空無，或成爲常見外道的意識境界？然後去認定斷滅空是永遠常住的，或是認定所生法意識細心是常住的？這種瘋子講的話，也有人信！卻正是佛門中的印順所說的法義，你說這不是天下一大怪嗎？所以我說天下最怪的事情，就是佛教界這個**無因有緣論**的緣起性空觀，它是離開眞實法的緣起性空，是**無因唯緣而起的緣起性空**。可怪的是，那些自稱很有智慧的人，也有許多是在世間法上得到很響亮的頭銜——博士。博士應是很有智慧的人，竟然也相信這種很荒誕的說法，你不覺得很奇怪嗎？我們覺得奇怪，可是他們竟不覺得奇怪，那才成爲奇怪嘛！

所以眞正的勝義諦，一定是依眞實法才能夠說是勝義諦。如果不是依眞實法，就不能說是勝義諦。凡是虛妄的、會斷滅的，最後終歸於空，也就是苦、空、無我、無常、生住異滅；凡是永遠都在無常法裡面轉的，就不是眞實法；這樣的法，都是在世間法上作觀行，永遠無法觸及法界的眞實相。如果永遠無法觸及到法界的眞實相，顯然不是第一義，因爲還有更勝妙的法上於它，比它更高。只有最高層次的佛法，才能夠說它是第一義的勝義諦；而最高層次的法當然就是眞實法、常住法、寂滅法，是清涼、滅盡、常住不變的涅槃，這樣才能夠稱爲第一義諦。否則，都只能說是世俗諦，因爲所觀行的對象以及所要滅除的都是世俗法——蘊處界。因此，我們當然得要探究什麼是眞實法，探究之後還要去瞭解三乘道的差異。在這〈一諦章〉中很清楚的告訴我們：不論是大乘道或二乘道的四聖諦中，三種聖諦是入有爲法，是有爲法所攝，是有爲相；只有一個聖諦，才是無爲相。這一個聖諦，爲什麼叫作第一義諦？這就要進入〈一依章〉來說了。

〈一依章〉第十一

【「一苦滅諦，離有爲相；離有爲相者是常，常者非虛妄法，非虛妄法者是諦、是常、是依，是故滅諦是第一義。」】

講記：〈一依章〉所說的，只有一個最勝妙法是萬法的所依，所有的修道人都要依這個法作爲最後的歸依處，而這個歸依處永遠只有一個，不可能有兩個、三個、五個、八個歸依處。凡是有二，其中最少會有一個不是究竟歸依處。凡是有人提出二法，乃至以上，所提出的二法或多法都不是究竟歸依處，只有絕待而唯一的法才是究竟歸依處。對一般修行者來說（包括那些大師們），他們所謂的究竟歸依處，往往是誤會的，因爲他們不知道自己所謂的開悟其實是錯悟，不知道自己證得所謂的常住不滅法是虛妄法，落入二法之中——離念靈知意識；而離念靈知意識心，只是相待而有的二法，必須依止意根與法塵才能存在。所以說，究竟的歸依只有一個法，就是如來藏，不必依任何他法就可以獨自存在。

你如果說：「我認爲究竟的歸依就是世尊，我永遠賴著世尊就好了。」但是 佛會告訴你：「你不要永遠賴著我，你總有一天要成佛，成佛以後也不能再賴著我，總是要離開我。」因爲世間不可能有二佛，只要有佛在人間，連辟支佛都要捨報的，都不許同時存在的，何況能有兩位世尊。所以，你如果說：「我三大阿僧祇劫以後還是歸依你。」佛一定說：「你這個傻弟子，三大阿僧祇劫以後，你成佛了，幹嘛還要歸依我？你要歸依你的自心如來。」所以諸佛仍然不是究竟歸依，而是自心如來才是究竟歸依。你歸依於 世尊，世尊不會因此高興，反而懊惱說：「這孩子什麼時候才能成佛？看來很難期待！」那不是祂想要的，諸佛想要的都是弟子們趕快成佛。世間人用世間心去想像諸佛：「我歸依祂，有什麼不好？祂一定喜歡，眷屬越多不是越好嗎？」問題是諸佛根本沒有眷屬欲，祂希望你趕快成佛，度更多的人成佛。所以，究竟的歸依一定是唯一的歸依，究竟的歸依不可能有兩個，所以才會演說這個〈一依章〉。

四聖諦中，有三個是有爲相，只有苦滅諦是無爲相。苦滅了就是解脫，苦滅是出世間法中的究竟位。二乘人也滅苦，可是他的苦滅並不究竟，因此才特地要探討這個苦滅諦。苦滅諦這個聖諦，是離開有爲相的，因爲苦滅的眞正道理就是把蘊處界我全部滅盡。從二乘法來講，我見與我執都要滅盡，滅盡以後入無餘涅槃中，萬法俱滅、灰身泯智，三界生死苦就滅盡了，所以苦滅聖諦是離有爲相的；蘊處界既然滅盡了，連意識都滅除了，也就沒有解脫智了，當然已無有爲相了，那就是無餘涅槃；而無餘涅槃中有本際識常住，不是斷滅空。如果本際識是常，就不是虛妄法；不是虛妄法，當然是眞實理，也是常住法永不壞滅。

這個本際識如來藏當然也是諸法的所依，二乘聖人雖然不證這個眞實法，但是不因爲他不證，就沒有眞實法。他雖然不證，他的如來藏本際識還是繼續存在著，並沒有消失掉；因爲祂是常，常當然就不是有生法，不是有生法就不會有滅，所以阿羅漢把蘊處界滅盡以後，他的本際識繼續存在，是無始以來就存在；而流轉生死的是蘊處界，蘊處界滅盡了以後，本際識如來藏繼續存在而常住。繼續存在而不生不滅，所以是涅槃。所以二乘人滅盡自己入了無餘涅槃中，從菩薩的見地來看仍然是第一義諦，不是世俗諦——阿羅漢入無餘涅槃還是第一義諦。

但是，如果從阿羅漢的無生智來看所入的無餘涅槃，那就成爲世俗諦了，因爲不涉及第一義——阿羅漢看不見涅槃中的本際，也看不見本際能生萬法；但菩薩看一切法都是第一義諦——因爲萬法都與本際息息相關，都附屬於本際識如來藏，所以都是第一義諦。也許有人不信菩薩所看一切法都是第一義諦，那我問你：世俗人的蘊處界我，最喜歡去哪裡？去福隆、蘇澳吃海產。這正是貪，貪是不是第一義諦？阿羅漢一定說不是，但菩薩仍然會說是第一義諦。因爲正在貪中另有一個不貪的，而這個能貪的也是從不貪的生出來；當能貪的意識滅了以後，那個不貪的如來藏還是繼續不貪；菩薩所見是永遠不貪的如來藏，將時時起貪的意識攝歸如來藏，所以貪也是第一義諦。這個能貪的意識，如果離開了那個不貪的如來藏，能貪的意識也不可能繼續存在，那時貪也不存在了，所以貪也是第一義諦。所以大乘經才會說，貪就是勝義，瞋也是勝義，癡也是勝義，因爲三毒其實只是在勝義諦眞實法的表相上來來去去、起起滅滅而已，都要被菩薩攝歸勝義如來藏。

就好像一顆明珠，明珠表面有種種影像來來去去：張三來了，它的表面看來有個張三的影像；張三離去了，看來張三的影像不見了；如果王五來了，它又變成王五的影像；就只是在影像上顯示變來變去而已，可是珠體始終不變。在明珠上變來變去的影像雖然不是第一義諦，但是第一義諦珠體並沒有改變過，珠體就是如來藏心，是究竟法，而影像是歸如來藏所有的，所以如來藏即是第一義諦。所以上一輩子當王五，這一輩子當張三，下一輩子也許當趙六；三世蘊處界都是有爲法，可是有爲法蘊處界都不能離開這個珠體——不能離開如來藏，三世蘊處界只是在如來藏的表面來來去去而已；當這些影像——三世蘊處界——全都攝歸如來藏所有時，即是歸屬如來藏所有而成爲如來藏種種功德中的一種了，當然三世蘊處界因此就同樣是第一義諦了！所以菩薩才說有爲法仍然是第一義諦。

菩薩看諸法，不論諸法是淨法、染法、無記法，都是第一義諦；因爲離開了眞實法就沒有這些法，而眞實法始終常住不變，不改祂的本來自性清淨涅槃的眞實性。所以，從菩薩來看二乘聖人的滅諦，也叫作第一義諦。但是從二乘聖人所見，來看他們自己的滅諦，就不是第一義諦了！因爲他們無法像菩薩這樣照見萬法都只是如來藏珠體表面的影像而全都攝歸珠體如來藏，所以他們所見諸法仍然是諸法，而珠體如來藏究竟在何處，卻全然不知。

二乘聖人既無菩薩第一義諦的智慧，當然就只能看見諸法的生滅相，無法照見諸法附屬於如來藏時的不生滅相，當然就沒有第一義諦可說了。所以若要主張滅諦就是第一義諦，阿羅漢是沒有資格說的。

菩薩主張滅諦是第一義諦，當然沒有問題。因爲菩薩很清楚看見苦諦、集諦、道諦都是有爲法：很辛苦地修學佛道整整三大阿僧祇劫，三大阿僧祇劫中的每一世色身化成白骨以後，把它累積起來，遠超過須彌山；這樣長時間的辛苦修行而不退失佛菩提，卻不會想要取無餘涅槃，都是因爲證眞實法的緣故。可是菩薩反觀三大阿僧祇劫捨報留下的無量無數身骨，仍然會說這些無常法還是第一義諦；因爲在三界中出生的萬法都是從蘊處界來，也都是要八識心王和合運作才能出生，可是三界中的萬法歸納到最後，還是要匯歸到第八識如來藏；換句話說，所有法都攝歸如來藏中，從來沒有一法能離開如來藏而單獨存在。顯然，所有的流轉法、染汙法、淨善法、無記法，在這些運行的過程當中，都顯示了如來藏，都附屬於如來藏心，歸如來藏心所有，而如來藏心即是第一義諦，那麼萬法怎能說不是第一義諦？

只要證得這個眞實法——如來藏心，你就可以如此現觀；當然更可以了知四聖諦，可以了知三界萬法，而將萬法攝歸於出生蘊處界的如來藏心；這樣現觀法界實相以後，一切法就等於一法，因為就是如來藏，全都附屬於如來藏心所有。所以當你明心以後成為菩薩僧中的一分子，就會認同經中說的「一即一切，一切即一」。如果沒有悟得萬法根源的如來藏心，就不能通達這個道理，卻東施效顰而公開解說「一即一切，一切即一」，就會鬧笑話了。鬧了笑話以後，人家不會為他鼓掌，反而會拿來當作茶餘飯後的笑譚。

所以，禪門常常有人問祖師：「萬法歸一，一歸何處？」一要歸於何處？很簡單！一棍打過去就解決了，一就歸於這一棍。可是這一棍的密意是什麼？你得要會。會了才知道：「喔！原來也歸於這個！」這個就不能叫作一了，因為你說了個一，已經是多餘了，當然只能隨俗而說一歸於一棍。可是不懂的人，他靠意識思惟在揣摩那些公案說：「有一就會生二，有二就會生三，有三就生無量，所以從一就變成多了。你如果想要學佛法，你就把很多都歸於一，一再歸於無。」然後就講出「多、一、無」的荒唐道理。知道誰講的嗎？名聞四海的大法師講的呀！當你找到如來藏以後，看到他們講禪時說什麼一呀、多呀、無呀，你不免會噴飯！

所以，悟後如果讀那些大師講禪的文章，最好不要在吃飯時讀。因為他不知道「一即一切，一切即一」的眞正意涵，總是用意識思惟揣摩，然後想像出多、一、無的道理出來！上座者說得口沫橫飛，下座者聽得好神往，就這樣子愚癡地神往得不得了！等到你找到這個一，眞的知道不論二、三、多、萬法，原來都是這個一所生，那時你再也不會跟人家說一生二、二生三、三生多、多歸於無，你再也不願這樣子講禪了。假使有人問你，你一棒就打過去了，這樣才叫作一依；要歸依於這個一，一就是如來藏心——能顯現一世又一世不同蘊處界的明珠。只要你能夠找到這個一，然後歸依這個一以後，那時連一也不見，因為明珠不會自覺是一，而你也不可以說祂是一。

所以，菩薩由於這個實證的緣故，看到二乘聖者的苦聖諦不究竟，因為還有許多苦是二乘聖者所不知道的；菩薩也知道二乘的苦集諦不究竟，因為還有許多的集是二乘聖者所不知道的；菩薩也看到二乘滅苦之道的聖諦並不究竟，因為還有許多道是他們所不知道的；所以菩薩確認二乘聖者修的是有餘道，不是究竟無餘之佛道。最後，菩薩看到滅諦的內容時，發覺滅諦的實證還是要依大乘道來修，才是究竟；因為還有許多應滅的法是二乘聖人所不能滅。所以，菩薩從這些見處，看到二乘四聖諦都不究竟。

但是二乘聖者的滅諦所入無餘涅槃，卻跟菩薩所證的無餘涅槃一樣——假使菩薩願意捨棄萬法而入無餘涅槃。初地滿心菩薩都有能力取無餘涅槃，卻都刻意生起一分思惑而潤未來世生；菩薩到了三地滿心時，都有能力取證滅盡定，隨時可以成爲俱解脫者，但他寧願不證，懶得去證滅盡定——他只要撥出一、二小時靜坐就可以取證，卻不取證滅盡定。乃至七地滿心念念入滅盡定，終於轉入八地了，這時是不得不斷盡最後一分思惑——連思惑的習氣種子都滅盡了；這樣的菩薩不能入無餘涅槃嗎？當然更能入，只是他們都不想入涅槃。由於從現象上來看時都不入涅槃的緣故，所以才說菩薩不證有餘、無餘涅槃，其實是早就有能力取證了，是比二乘聖者更有資格說已證有餘、無餘涅槃的。

菩薩可以看到二乘聖人入了無餘涅槃以後無境界相的境界，可是菩薩把那個無餘涅槃境界移過來在入涅槃前觀察，照見自己當下的如來藏心涅槃與阿羅漢所入的無餘涅槃完全相同；又觀察自己如果也入了無餘涅槃時，菩薩現前觀察的結果仍是完全一樣，完全沒有差別；明知無餘涅槃距離佛地無住處涅槃還很遙遠，卻仍然不離第一義諦的範疇；菩薩因此而說：大乘的滅諦是第一義諦，二乘聖人入了無餘涅槃也叫第一義諦。因爲仍然是如來藏心的自住境界，還是一樣的眞實法。所以從菩薩的現觀來說，二乘所入的涅槃也是第一義諦，但是不許二乘聖人自稱他們的滅諦是第一義諦。只有菩薩可以這樣說，因爲二乘聖人無法照見這個事實而沒有實相般若智慧。

在這種情況下，你說哪一個阿羅漢膽敢來菩薩面前說他的滅諦是第一義？當然不敢。因爲不知道那個原理——他們還沒有實證，也無法爲人解說；而菩薩可以說滅諦是離開有爲相的，是離開蘊處界及我所的，不再有一法存在了，只剩下本際——如來藏心；本際卻不是你阿羅漢所證，是我菩薩所證。雖然我證了，但我並不覺得自己很厲害，因爲我是長劫以來追隨諸佛修學而得證；你阿羅漢若是在這一世遇到我這個菩薩演說二乘四聖諦而得證，那你的涅槃仍是聲聞果，我的涅槃卻是佛菩提果；而你不能說你的滅諦是第一義，因爲你的滅諦不是第一義，沒有與第一義相應，因爲你的滅諦是在世俗法中把自我滅盡，第一義的眞實法你還沒有親證；但是我菩薩親證了第一義諦，我是許多劫以來不斷地跟隨諸佛修學，所以我這一世依憑自己的無爲法種流注而自己親證了。

我現觀進入無餘涅槃以後是本際獨存，是如來藏心離見聞覺知而獨存，不再出生任何一法，再也無一法可說了。我現觀你阿羅漢入無餘涅槃後是什麼境界，而你不能現觀；因爲你入涅槃以後，你自己已經不在了；而你入涅槃之前，那個涅槃的本際你並沒有實證，所以你也不知道將來入無餘涅槃時是什麼。既然入涅槃前、入涅槃後，你都不知道涅槃中的本際，當然你就不知道第一義。而我不必進入無餘涅槃中，就已經知道無餘涅槃中的本際，我可以在眼前現觀涅槃本際，而且現觀這個涅槃法是常、是無爲、非虛妄，並且現觀祂是世間與出世間法根源的眞實道理，沒有一個有情可以推翻它。既然這樣的滅諦才是眞諦、是常、是依、是萬法的所依，所以我說：「你們阿羅漢的滅諦是第一義諦，但你不能說你們的滅諦是第一義、是勝義。我們菩薩們的滅諦全都是第一義諦，因爲所有聖諦只有一依，這個一依就是如來藏，因爲你們所有阿羅漢所證的無餘涅槃，也是依這個萬法根源的如來藏心獨住的境界而施設的；而你們沒有親證如來藏心，當然不能自稱自己的滅諦是第一義。」菩薩們卻是已經親證的，所以說這樣的滅諦才能夠說是萬法—

世出世間法—唯一的所依。要這樣親證、這樣現觀，才能說是眞正懂得〈一依章〉的賢聖。

這一段經文中所說的第一義諦，在別的經中是怎麼說的？我們來看補充資料，《佛說不增不減經》卷一云：「舍利弗！甚深義者即是第一義諦，第一義諦者即是眾生界，眾生界者即是如來藏，如來藏者即是法身。」(CBETA, T16, no.668, p.467, a16-19) 《入楞伽經》卷三云：「大慧！何者第一義諦法體相？謂諸佛如來離名字相、境界相、事相相，聖智修行境界行處，大慧！是名第一義諦相諸佛如來藏心。」(CBETA, T16, no.671, p.527, c12-15)

這是告訴我們什麼道理呢？告訴我們說：最深妙的眞實理，就是第一義諦。也就是說：世間出世間萬法所有的道理，沒有一法可以超過這個法，所以這個法才是第一義；但是這個第一義的眞實道理，講的卻是眾生界。換句話說，第一義諦說的全部是眾生法界的功能，所有眾生法界的全部功能都叫作第一義諦，但不是單指眾生的蘊處界功能，而是將眾生蘊處界功能攝歸如來藏心，將如來藏心的功能及蘊處界的功能攝爲整體來說，而如來藏的功能也同時示現在蘊處界中。

你們已經找到如來藏的人，可以當下觀察：是不是真的如此？確實是如此！一切眾生法界的功能差別都是第一義諦。因此說，第一義諦說的就是眾生界，因爲如果離開了眾生界，就沒有第一義諦可以親證。以前有一些愚癡者說：「**出了三界才能成佛。**」眞是虛妄想！這叫作癡人說夢話！出了三界時沒有一法可以存在，剩下獨一的如來藏又離見聞覺知，也無智慧生起或存在，那他要成什麼佛呢？所以我才會說界外無法，因爲三界外的如來藏是不會再生起任何一法的。所以要證第一義諦，還得要在三界中，並且不能向山河大地去索討，要向眾生自己身上去索討，因爲第一義諦在自己身上，不要老是貶己崇他，不要老是向外覓求。善知識只是告訴你方法、方向，有了方向與方法就能自己去尋找，找到了就是自己度，不是善知識度你。

因此說，眞的要找第一義諦，要在眾生身上找。而眾生法界的所有功能差別其實也就是如來藏，所見莫非如來藏，所觸莫非如來藏；因此說眾生界其實就是如來藏，而如來藏就是法身。所以，當你找到了如來藏時，你有沒有找到法身呢？（眾答：有）當然是有。可是有一些愚癡人找到了如來藏，竟然還要再另外去找法身，那就叫作頭上安頭，就是新學菩薩。聰明人找到頭以後就不必再找頭了，爲什麼還要在頭上再去安一個頭，然後責怪自己說：「那個眞的頭在哪裡？」到最後還是只能說：「我找不到我的眞頭！」這叫作愚癡人，因爲頭上不可能再有別的頭了。所以找到阿賴耶識以後說還要再找另一個阿賴耶識的所依，稱之爲如來藏，就是愚癡人。然而 佛說阿賴耶識心就是如來藏，阿賴耶識沒有所依，阿賴耶識卻是萬法的所依。

可是這種現象不是二〇〇三年時才有，本會第一批退轉的人就已經是這樣了，這就是無法忍於阿賴耶識本來無生的凡夫。但他們不知道自己退回凡夫位了，還大聲的說：「老師教我們找到阿賴耶識，可是阿賴耶識的所依是什麼？大家應該要繼續尋找。」眞的拿他們沒辦法！眾生就是這麼愚癡！我幫他們找到最終極的法，他們卻不信祂是最終極的法，還想要再去找一個更終極的。那就好比爬到山頂了卻說：「我還要往上爬到更高的頂頭。」所以他繼續走，就走到山下去了。第一批退轉的人是如此，楊先生等第三批人還是如此！所以他們不知道：眾生界就是法身，法身就是如來藏，如來藏就是眾生界，眾生界就是第一義諦。他們都不知道，然後心裡面老是想著：悟了以後，應該有什麼玄妙的境界。如果我幫他們悟了，馬上就發起五神通，我保證他們不會退轉。那些退轉的人都是如此，所以後來才會產生一個說法：「證眞如的人，應該被刀子割了以後，叫它不流血，它就不流血。」那麼佛陀晚年患背痛，又是何苦呢？叫身體不痛也就不痛了嘛！又何必進入無想定中避痛呢？所以，智慧與愚癡的差別就在這個地方——有無妄想。

如來藏不在虛空，不必去吸取日精月華、練氣功；那些練精化氣乃至練神還虛，對佛法的實證都沒有幫助。更不要去修雙身法，爲了實修雙身法而修練中脈明點、寶瓶氣，乃至樂空雙運的覺受，也都與佛法實證無關；因爲那些見分與相分，都是如來藏所生的生滅法。如來藏本來就存在，不需要鍛鍊祂，不需要你去修祂；你要修的是修自己，把自己給弄清淨了，如來藏中的種子就清淨了；但如來藏自體還是本來清淨，這才是成佛之道。所以第一義諦就是眾生界，而眾生界就是如來藏，如來藏就是法身，就這麼清楚。

佛又特別說明：「此阿梨耶識名如來藏，與七識俱。」這就是告訴你：阿賴耶識就是如來藏。所以證得阿賴耶識時就是證得如來藏，也就是證法身了。只因爲這個法身如來藏還在因地，還含藏著七識心相應的雜染種子等待淨除；因此說，萬法—不論是世間法或者出世間法—全都要依這如來藏而存在、而運行，如來藏才是一切眾生唯一的最後所依，也是諸佛的所依。未成佛之前我們有兩個所依：第一是依止諸佛，第二則是依止自心如來藏。未來成佛時則只有一個所依—自心如來—再也沒有別的所依了，那就是最後而唯一的所依，〈一依章〉就是在說明這個道理。由此來說，凡是證悟而有無生法忍的菩薩，一定都能宣說二諦。如果只能說第一義諦，不能說世俗諦，不是眞正的無生法忍菩薩；如果只能說世俗諦，不能說第一義諦，他就不是證悟的菩薩。諸位要建立這個正確的觀念。

接著請看《入楞伽經》卷三的開示：「大慧！何者第一義諦法體相？謂諸佛如來離名字相、境界相、事相相，聖智修行境界行處，大慧！是名第一義諦相諸佛**如來藏心**。」這是 佛陀向大慧菩薩開示：「如何是第一義諦的法體相？」第一義的眞實義是以什麼爲法體？而這個法體顯現出什麼樣的法相？佛說：「諸佛如來離名字相、境界相、事相相。」也就是說，第一義諦講的是諸佛的境界相，可是諸佛的境界相離名字相；爲什麼離名字相呢？譬如我們常常說，開悟明心是悟得如來藏心、親證如來藏心，證了如來藏以後般若智慧開始顯現了；可是那個心，你怎麼能叫祂如來藏？你所說的如來藏三字其實已經不是那個心了，因爲如來藏三字只是名字，並不是那個心體。既然祂是離名字的，又要如何爲眾生說法顯示？無法用語言文字告訴大家說哪一個心就是如來藏，但是說法時卻一定要有個名相去代表祂。而實際上你說如來藏時就已經不是如來藏，因爲祂無名無相，你怎麼可以給祂一個名字叫作如來藏？祂也不會接受說：「從今天開始，我就叫作如來藏。」祂從來不曾這樣，也永遠都不會這樣呀！可是你要爲眾生說法時，特別是爲已經證悟的人說法，卻必須要有個名相，以這個名相來指稱所悟的那個實相心。否則要怎麼說法呢？

用最簡單的例子來講好了，譬如我們世間人，某甲叫張三，某乙叫李四，某丙叫王五，你一定要給他們張三、李四、王五的名字來代表，否則當他們三個人之中有一件事情時，你要怎麼說？當他們都沒有名字時，你要怎麼說明應做的事情？想想看，你能怎麼說明？當張三交代李四一件事情給王五去做時，你爲了敘述他們三人間的這件事情時，要怎麼講呢？即使你能用代名詞來敘述，人家也都聽不懂：**他交代給他一件事情，要他去作那件事情**。如果那三個人都不在場，你不能用指頭來指著三個各別的人來說，那你要怎麼敘述他們三人間的那件事情？所以一定要有各別的名字相，來代表不同的事物，但那些名字相的本身並不是那些事物的本身。

譬如說，我們剛出來弘法時，所說都是聞所未聞法，眾生不瞭解，所以常常有凡夫亂罵：「蕭平實是邪魔！」可是我爲什麼不會生氣？因爲我有這個世間智：**蕭字不是我，平字也不是我，實字也不是我；當他們講到是字時，實字早就已經跟我無關了，何況蕭平實三字？那我還生氣作什麼？邪與魔二字並不是一時說出來的，把二字拆開來時也不叫邪魔；當他們罵邪魔二字的時候，蕭、平、實、是四字也都已經過去了，所以後面的邪魔兩個字也就跟我無關了！當他罵我罵到魔的時候，邪字已經過去了，也跟我無關，所以那句話統統與我無關。**無關就不必生氣了嘛！這是最簡單的世間智。

蕭平實三字既不是我，我又不是蕭平實，蕭平實只是個名稱或聲音而已；而那個名稱或聲音不是我，他所罵的只是罵那個名稱，也跟我無關。再笨一點的話：**他所罵的只是罵這個五陰，但五陰不是我。**如果是更笨的：**他罵的是這個身體而已，把這個身體叫作蕭平實；但我是心，心無形無相，他**怎麼罵得著？同樣的道理，罵出來的名字已不是那個東西，所以罵也是要透過名字來實現。可是實際上在人間，一定要有代名詞來代表各別的事物，否則就無法敘述世間相。所以這個第八識心，只好把祂叫作第八識心。假使叫第八識心也不方便時，就又叫作如來藏心，有時候就叫作自心如來或是單名如來。可是萬法所依的這個第八識心，其實從來沒有名相，因爲所說的那個如來藏名相並不是祂，祂自己的境界中也是從來都離名字相，祂與名字相從來都不曾相應，所以說言語道斷。

你參禪時很努力：「我是張三，我的如來藏，你在哪裡？」祂不會答覆你說：「我在這裡！」祂只從沒有語言、沒有六塵的境界相中了知你在想什麼，從來不在六塵中了知你的想法，祂是永遠離語言相、離名字相的；諸佛究竟歸依的還是這個心，這個心才是諸佛的究竟歸依處，所以說諸佛離名字相。我們說出來的名相叫祂作如來藏，但如來藏的聲音名詞只是代表如來藏那個心；其實祂不叫作如來藏，只是安立一個名稱叫祂作如來藏，所以法界的實際是從來都離名字相的。

祂又離境界相。諸位聽聞這部經很久了，都知道如來藏心是離六塵的。諸位可以想想看，離了六塵之後能有什麼世間的境界？都沒有了！在沒有境界之中，如來藏心卻有祂自己的境界，但祂是住在離世間法的境界相中，不住在世間法的境界相中，所以說祂離境界相；因爲世間法所有境界都是要靠六塵，如果沒有六塵，你就領受不到任何的境界相，所以你一定有境界相；除非意識滅了，對世俗人說這時沒有境界相，但是還有意根的境界相存在著，而這已經不是世俗人所知道的，也不是阿羅漢所知道的，我們這裡就不談它。所以說世間人都落在六塵境界相中，而這個眞實如來是離境界相的。

最後是「離事相相」，當大家在問：「你昨天去台中玩得好不好？」他說：「好呀！」那是事相。可是你去玩時，你的如來藏都沒有玩到，所以祂不在事相裡面。有人問說：「你去正覺兩年半，禪三共修下來，聽說你悟了。你還眞的開悟了！」可是悟了，這件事情卻只是你意識覺知心的事，與如來藏無關。自心如來—如來藏—不會跟著你開悟，因爲祂是你證悟之標的，是你來證悟祂，祂不需要來證悟你；祂既不參禪，祂也不開悟，祂不必來證悟自己，所以祂離一切的事相相。所以說，祂沒有名字相，沒有境界相，也沒有事相相，永遠離開這三相。

因此說，離開這三相的祂所住的無境界的境界相，才是聖智修行境界的所行處。換句話說，當你悟了，你有了聖智了（這個聖智不是世間智，也不是二乘人所有的智慧，才叫作聖智。這個聖智是只有聖人才有，二乘人也沒有，世俗人也沒有），這個聖智是在你心中存在，存在之後你就有般若智慧的作意存在，那個智慧隨時在你心中，因此你從此以後的身口意行就開始轉變；開始轉變的這一些事相，包括你的言說、為人說法、待人處事等等都開始轉變，這些也都屬於聖智修行境界的行處，因為你所住的心境已經與世俗人不一樣了。雖然表面上看來你還是同樣那個人，但心境已經不同於以前了；因為你的智慧不同了，觀念也不一樣了。所以禪宗悟者才會說開悟了以後：「還是舊時人，不是舊行履。」人還是原來的那個人，悟後所想、所說、所作，卻已經與原來的人不同了！但其實還是同一個人並沒有變，還是原來的八識心王，還是舊的臭皮囊，只是心地與智慧轉變了。轉變以後所作身口意行，就是聖智修行境界的行處。

但是這樣解說，大家仍然不能眞的瞭解，所以一定要畫龍點睛——在最後點出來，所以 佛陀又說：「大慧啊！這就是我所說的第一義諦相，諸佛的如來藏心。」所以第一義諦的親證，除了親證如來藏以外，別無他法可入。

假使有人說他在大乘法中開悟了，所悟的卻不是證如來藏，那我就說：「他那個不是開悟，而是誤會了！」因爲大乘法中所悟的永遠是實相，實相就是萬法的根源，就是如來藏所行境界：你的智慧就是證得如來藏的所行境界，所以你的意識有了實相般若智慧。但是我們早期的書中這樣寫出來時，有好多人不服氣，都指責我，只是不敢寫在文字上而已；後來有人不信邪而寫在文字上，他就倒楣而被我們辨正出他的落處，顯示他的凡夫本質。所以，只有親證如來藏才能說是大乘法中的證悟，才能說他有了般若智慧；除此以外別無他法可以說是證悟，因此只有證悟如來藏才是眞正的般若開悟。

有的人是很有智慧的，譬如雲林老人，你們初學佛的人大概都不認識他。如果是二十年前、三十年前就已經在學佛的人，都知道他是何許人物。他已經是半退隱的狀態了，他讀過六遍《大藏經》。有一天他對我說：「我閱藏六遍了，就差一個開悟。」就只是欠一個開悟，後來他把我的書讀過，有一天打電話來說：「蕭老師！原來你講的禪是般若禪。」我說：「是呀！本來就是講般若。」他很厲害，讀了就知道禪是般若，可惜就是病體纏身。

所以，證悟的標的只有一種，就是如來藏心；八萬四千法門只是方法，用這些方法所證悟的標的都是同一個如來藏心；因爲證悟之標的是萬法的根源，而萬法的根源就只有一個：**如來藏心**。《勝鬘經》所說的正是如來藏心，不但《勝鬘經》，六百卷的《大般若經》或《小品般若》、《金剛經》、《心經》等等，也都同樣是在說這個心；離此如來藏心以外，別無一法可悟，這樣親證如來藏心才能發起實相般若，這樣才是大乘法的開悟。二乘法的證悟不用親證這個心，只要現前觀察到自己蘊處界全部虛妄，把我執斷除了，捨壽時把自己滅掉，就是出三界了，不必證如來藏心。可是如果你修大乘法（不是大乘通教，不是通二乘法的通教，而是別於二乘法的不共道的別教、圓教的法），統統要依如來藏來修，必須以親證如來藏心作爲證悟的標的。因爲祂是萬法的根源，也是三乘菩提的根源，一切諸佛莫不依如來藏心而成佛；所以，依這個如來藏妙法來說，才能夠說是究竟的歸依，才能夠說是唯一的佛乘，這才是「一依」的眞諦。祂是究竟佛道的唯一所依，再也沒有別的法可以是佛道的究竟所依了。

可是印順解釋〈一依章〉時，他講的唯一所依卻是緣生性空、性空唯名的戲論，所以他是無因論者：依萬法爲緣而起，單靠眾緣而不必有因，就可以生起，都不用依因，只需要依緣；而他能依什麼呢？什麼都無所依。這樣就違背 世尊所說「有因有緣世間起，有因有緣世間滅」的道理，成為「無因有緣世間起，無因有緣世間滅」的外道見了。

三乘法都一定要以如來藏為所依，依這個因，才能有一切諸法。但印順把這個如來藏心否定了以後，就變成依草附木的精靈，成為諸法無所依止的孤魂野鬼啦！所以他縱使世智辯聰能夠瞞得了天下人，但是當真悟的菩薩有一天出來弘法時，他就沒有開口的餘地了。因為大乘這個法是否實證，是開口見膽的，「有沒有？」或是「在哪裡？」一句話講出來，家裡人一聽就知道對方是不是家裡人了。可是台灣佛教界四十年來，大家都不知道這個道理，因此他們看到我在《公案拈提》書中把大法師的一段話拈出來，就判定沒有開悟，他們很不服氣地說：「你為什麼單憑這樣一段文字，就可以判定說人家沒有開悟？」但是我說：「就是可以這樣判定。有時候還不必一段文字，只要一句話就足夠判定了。」可是他們都不服氣，即使我把如何判定的道理都寫在書中了，他們還是讀不懂。

這就是說，他們對大乘法的見道內容，其實是完全不懂的；總是以二乘法在解釋大乘法，所以大乘法才會被解釋成性空唯名、虛妄唯識的戲論。當你眞悟以後，去讀那些大師們這麼講的所有著作，會發覺它們都是戲論，因爲全都言不及義。當他們解說大乘法時，所說的每一句話、每一個法都與第一義不相應，當然是言不及義。所以一定要依止唯一的法，這唯一的法就是如來藏心，除此以外，別無究竟歸依。所以《楞伽經》這麼說：「**這個第一義諦的眞實法相，就是諸佛的如來藏心。**」這才是眞正的一依，不論未來世在哪個世界成佛時，你還是依舊以此爲依。諸佛永遠都說此經，但此經是哪一經？就是如來藏心，這才是眞正的佛經，由這個如來藏心來函蓋一切佛經。

再來看補充資料，《摩訶般若波羅蜜經》卷二十五：「**舍利弗！菩薩摩訶薩住二諦中爲眾生說法：世諦、第一義諦。**」(CBETA,T08,no.223,p.405,a15-16)《佛說仁王般若波羅蜜經》卷一也說：「**大王！菩薩摩訶薩於第一義中常照二諦、化眾生。**」(CBETA,T08,no.245,p. 829,a27-28)

所以眞懂得佛法的菩薩不會只懂得第一義諦，一定都是雙照二諦，都是從第一義諦來照見二諦；可是到達雙照二諦的過程中，得要一諦一諦去修：先修世俗諦，先斷了我見，懂得我執如何斷除，再明心證第一義諦。斷我見絕對是大乘法的基礎，想要明心的人都要以證初果爲基礎。如果沒有如實修證完成初果的見地，就先知道大乘法見道的密意，一定會出問題。這是我們十幾年來一再體驗到的事實，所以斷我見是大乘見道明心的基礎。可是每個人都能斷我見嗎？即使親聞 佛陀開示，都不一定能斷我見，還是有別的配合條件存在。

所以，佛陀說法有一個常規（諸位將來成佛時爲人說法，還是要沿用這個常規）：凡是有學人來請法，要先爲他解說施論、戒論、生天之論。要先講這三論：學佛之前要先學習布施；布施可以累積福德，也可以累積見道的資糧。先看他聽不聽得進去。假使深心信受了，接下來再爲他講戒：要持五戒才能助道，不持五戒就會障道；持戒還可以保住人身，永遠獲得這個道器，世世不會失去人身，才能世世修學而證得解脫果。一面講、一面觀察，當他都能信受奉行時，這二種論—施論與戒論—都講完了，接著就講生天之論：怎麼生天？生什麼天？想要生在六欲天中，要行十善；除了布施、持戒以外，還要行十善。十善聽完了都能信受，再告訴他：如果想要生色界天，就得要離欲界貪愛而修四禪八定。如果這些也能聽得進去，眞的能信受，才可以認爲這個人心地清淨猶如白絹、易爲染色——隨便你要把他染成什麼顏色都可以成功，那時就把他清淨的心地染上解脫之道，告訴他：**五蘊無常敗壞，不可依止**。如果聽了你的說法，他完全信受，了知自己原來是假有的，我見斷除了，那時再來度他迴入大乘，再爲他解說大乘法，勸求親證。

諸佛說法都是這樣的：所謂施論、戒論、生天之論、諸法無常不可久住。然後才解說大乘道。我這一世度人就是違背這個常規，才會有三次退轉的人謗法、謗我。都因爲我這一世沒有師承，自參自悟而沒有人告訴我這些道理。那時悟後也沒有回頭立即重讀四阿含，只從大乘經中尋求印證，所以不知道佛度人時有這樣的次第。所以剛開始度人時，不必三個月就幫他們明心了，也幫人見性；可是如今死光光，只剩下幾個三朝元老。這樣子，對他們有什麼大利益？所以有時覺得他們早遇到我，反而是倒楣，幾乎都死光了！反而是後來再遇到我，後來再證悟時就不退轉了。所以，我們同修會有一個規定：**平時不許爲任何人使用機鋒，或是引導任何人證悟，也不許在平時爲人勘驗，包括我自己在內，當然所有親教師也都不許作**。

這是因爲要經過一定的過程，要依照 佛的常規來度人：先解說施論、戒論、生天之論，若能接受這三論，再傳授三乘見道之法。禪淨班兩年半的課程就是這樣安排的，在即將結束課程時，最後部分就是指導大家如何斷我見，如何修四加行。把我見斷了，最後再來告訴大家如何參禪；至於幫忙開悟，那是禪三精進共修的事。同修會嚴格規定不許在平時共修之中幫人開悟，否則就是緣未熟時把人弄出來，反而會夭折，法身慧命就死掉了。這樣對學法者反而不利，所以一定要依 佛陀施設的次第來弘法。

這就是說，大善知識一定是要具足二諦。但是度眾生時仍不許一開始就講第一義諦，要先從世俗諦開始，先幫眾生斷我見；在斷我見時先有一個過程，「爲說施論、戒論、生天之論」，然後接著再說五陰無常、不淨、苦、空、無我，這些修學完成而確實斷除我見了，不再落入意識中了，然後才是幫助他證悟般若禪的時候。因爲後來知道這個道理，所以我們把參加禪三的資格從半年共修拉長爲一年；後來發覺一年還是不行，就改爲一年半，後來乾脆增補必須的教材而改爲二年半，這樣改變以後，退轉的現象就減少了。

這就是說，一定要先從世間善法開始講解，然後再從世俗諦開始修行，接著再來證悟般若，這樣才能具足二諦。要先從世間法的善事——施論、戒論、生天之論教起，這些事相都能接受，也能如實去作了，心性改變了，然後才幫他斷我見；斷我見之後才幫他證如來藏，這樣才不會退轉。這就好比釀酒，時間還沒有到，你就把它打開來喝，結果只是喝米汁、麥汁、葡萄汁而已，並沒有酒可喝。一定要經過一個發酵轉變催熟的過程，就像醍醐一樣，要把牛奶先變成乳酪，然後再變成生酥，再變成熟酥，再變成醍醐；要有一定的過程，才會有醍醐可得。我們最早期是一開始就要把它弄成醍醐，結果後來都壞掉了，總是金玉其外、敗絮其中；表面看起來是響叮噹的「這是開悟的、見性的人」，可是裡面虛而不實，不像飽滿的稻穗。飽滿的稻穗總是垂頭而不會昂揚；可是以前那些一進來就證悟的人，個個趾高氣揚，有名無實，後來統統死掉。所以兩年半的共修而修集福德、消除性障、斷除我見，這是一定要的，有的人甚至還要六年、七年、八年，得要看狀況。

這就是說，如果你不是聲聞人，你是菩薩，而且是證悟的菩薩，你就一定要通二諦，不能只通一諦。你說：「佛菩提道我都懂，可是解脫道我沒學過，我不懂。」那就不對了，那就表示你的開悟是有問題的。我們以前講《邪見與佛法》、寫《宗通與說通》，也並沒有特別去研究解脫道，但寫出來的涅槃絕對是正確的，而我並沒有人教導。有很多人說：「我讀過《邪見與佛法》以後，終於知道什麼是涅槃了，只是沒有辦法證而已；但我眞的知道了，原來是滅掉自己就稱爲涅槃，涅槃中只剩下如來藏離見聞覺知。」終於知道了！以前對涅槃，只能絞盡腦汁來猜測，腦汁絞乾了也不知道涅槃是什麼，都是用想的、猜測的，跟印順法師一樣。後來讀了《邪見與佛法》就懂了。

爲什麼我們能夠具足解脫及解脫知見？並且還計劃要寫出《阿含正義》，不怕阿含專家們吹毛求疵（編案：總共七輯都已經出版了）；正因爲我們的證悟是眞實的，所以解脫知見就會具足。否則，以前那些書講了那麼多涅槃，一定會前後矛盾而被挑出毛病來。如果是想像的、思惟的法，講得越多、寫得越多，毛病就跟著越多；但我們不會有這種問題，讓專家們挑不出毛病來。所以菩薩證悟後仍然要通二乘的世俗諦，二乘人可以說他不通大乘的第一義諦，情有可原，因爲他們不必親證如來藏心。可是大乘菩薩想要親證如來藏之前，是要先斷我見的，不能夠說他不懂解脫道所以無法爲人講解。

因此《大般若經》所說的菩薩摩訶薩（摩訶薩有兩種解釋，一種是指明心者，或者再加上見性者，就叫作摩訶薩；有的經中對摩訶薩的定義是，開悟了就叫作摩訶薩；可是有的經中定義比較嚴格，得要入地了才算是摩訶薩），凡是入地而成爲摩訶薩，一定能在二諦中爲眾生說法：一定可以教導眾生我見怎麼斷、三縛結怎麼斷，進而如何斷除我執，至少都有這個能力，這是世俗諦；同時也能爲人演說第一義諦，教導眾生證得法界實相而出生實相般若。能這樣住於二諦中爲眾生說法，才叫作菩薩摩訶薩。《仁王般若經》講的也是一樣：**菩薩摩訶薩要常照二諦，心中一直都有解脫道與佛菩提道實證智慧的作意。**這種智慧的作意是恆時存在的，除非意識斷滅了，否則都是恆時存在的。所以，常照二諦而爲眾生說法，對方的根性及當時的場合適合說世俗諦，就專說世俗諦，不說第一義諦；如果那個狀況都是菩薩根性而不是聲聞種性人，就應該爲他們演說第一義諦，不說世俗諦，所以菩薩摩訶薩要常照二諦爲眾生說法。

可是說到常照二諦，這二諦的依止又是什麼呢？當然還是如來藏心。這二諦如果離開如來藏爲所依，就沒有二諦可說了。譬如說二乘菩提，二乘的阿羅漢、辟支佛，雖然他們不用親證如來藏，但是他們如果不信有如來藏心，或者他們的蘊處界離開了如來藏，也就不能成其爲出世間法。因爲二乘法不論是修聲聞法四聖諦或者因緣觀，成就解脫道以後入了無餘涅槃，同樣都是滅盡五陰十八界，那時若無如來藏心常住不滅，豈不成爲斷滅了？可是實際上卻不會成爲斷滅，是因爲知道還有一個本識如來藏永遠存在，所以他們雖然不必取證如來藏，但是他們的法還是要依於如來藏才能成立；否則就跟斷見外道一樣，不能成立二乘菩提。正因這個緣故，所以 佛陀才會在阿含期爲阿羅漢們說明：無餘涅槃中有實際—本際—出生名色的住胎識獨存。若無這個如來藏識，二乘聖人的名色尚不能存在，何況能證二乘涅槃？

大乘菩薩的實相般若，是由證悟如來藏而發起般若智慧、而發起一切種智；般若智慧是實際理解法界萬法的根源，了知萬法都從如來藏識中出生的，所以有了實相智慧；萬法的種子則是含藏在如來藏心中，地地進修而圓滿證得如來藏中的一切種子了，就是一切種智成就而成佛了；所以大乘菩提當然更要依如來藏而成立，因此而說三乘菩提都以如來藏一法爲依。也許有人聽到這裡時，心裡想：「如果我這一世都不想證三乘菩提，那我就不用以如來藏爲依了。」我告訴你：錯了！你還是要以如來藏爲依。因爲如果沒有如來藏，你就不可能生存著，而且死了就一了百了。眞的一了百了，什麼都了掉而變成斷滅空，無法再去入胎，也沒有下一世的名色了！當然法界中的眾生也是早就滅盡了，哪還有三界有情可說呢！眾生都要靠如來藏心去入胎，才能有下一世的名色，否則死後就變成斷滅了，所以世俗人仍然是以如來藏一法為依，只是他們都不懂。

如果是斷滅見的外道說：「所有眾生都斷滅了，總不必依如來藏了吧！」我說還是要依，因為山河大地並不是無因而有，山河大地是共業有情如來藏中的共業種子共同變現出來的；若沒有如來藏，山河大地也將隨之不存在。山河大地不存在了，還有誰能寫出《寂靜的春天》那一本書？都寫不了了啦！因為世界都將不存在了，所以器世間與有情仍然是一依。因此說這個〈一依章〉，既含攝世間法，也含攝出世間法；如來藏一依其實正是世出世間法，這才是眞正的一依。

可是偏偏有一些愚人竟然把如來藏全面否定，他們不知道：假使否定以後如來藏就會不存在，那麼他否定之後就馬上要死亡。可是他們都不知道這個道理。印順派的大小法師們極力否定每天都在維持他們身心存在的如來藏心，卻每天都在受用如來藏心的無量功德；無智若此，也眞是可悲！因此，眞正的〈一依章〉是說要依於各個有情唯一而不二的如來藏心，而大乘法的滅諦正好就是依這個如來藏心而實修、而爲人演述。然後，從菩薩所證大乘四聖諦中的滅諦，來看二乘人所證的滅諦，也仍然是依如來藏，這樣才叫作一依——全體都是一依。所以，三乘菩提的滅諦都是依如來藏而有，否則，苦滅了以後就變成斷滅空了！這才是〈一依章〉的眞實義。

〈顛倒真實章〉第十二

【「不思議是滅諦，過一切眾生心識所緣，亦非一切阿羅漢、辟支佛智慧境界。譬如生盲不見眾色，七日嬰兒不見日輪；苦滅諦者亦復如是，非一切凡夫心識所緣，亦非二乘智慧境界。凡夫識者二見顛倒，一切阿羅漢辟支佛智者則是清淨。邊見者，凡夫於五受陰我見妄想計著，生二見，是名邊見，所謂常見、斷見：見諸行無常，是斷見，非正見；見涅槃常，是常見，非正見；妄想見故，作如是見。於身諸根分別思惟，現法見壞；於有相續不見，起於斷見。妄想見故，於心相續，愚闇不解；不知剎那間意識境界，起於常見。妄想見故，此妄想見，於彼義若過、若不及，作異想分別，若斷若常。」】

講記：這一段經文是〈顛倒眞實章〉。顛倒與眞實是兩個法，這一章是在顯示顛倒見、眞實見。眞實見與顛倒見，到底是什麼原因造成的？當然也要探究。這就是說，修學佛法時不但要知其然，還要知其所以然。學佛時不能夠單憑人家怎麼說，我們就怎麼信，而是要能夠有自己的見地可以發起。

在佛法中一定要依眞實的見地來學，有了見地才能知其所以然；否則，只知其然時，當人家問你說爲什麼是這樣，就無法回答，正是不知其所以然。不知其所以然，只知其然，就只是知識，就叫作佛學知識，那已經不是眞實親證的佛法了。所以，爲什麼是顚倒？爲什麼是眞實？當然也要弄清楚。

勝鬘菩薩說：「不思議的法是滅諦，這個滅諦超過一切眾生心的分別的所緣。不但眾生的分別能力無法緣於大乘不可思議的滅諦，乃至這個大乘滅諦也不是一切阿羅漢、辟支佛的智慧所知的境界。譬如有人出生時就瞎了眼，不能看見種種色塵相；又譬如有些人是如同出生才七天的嬰兒，把他抱到太陽底下，他只能看見一片的光亮，仍然看不見太陽。大乘苦滅聖諦的道理也是像這樣子，並不是一切凡夫覺知心所能加以識別及攀緣的，也不是二乘聖人所能臆測的智慧境界。凡夫所能識別的智慧，都是落於兩種心行顚倒的見解中，一切阿羅漢、辟支佛的智慧則是清淨的智慧。邊見的意思是說，凡夫在色受想行識這五受陰上面去領受，認爲自我是眞實存在的，以種種的虛妄想來執著自己；或是誤以爲五受陰壞滅以後就是斷滅空，而這種執著都是因爲對五受陰錯誤的認知所導致的，因此就出生了兩種見解，各落一邊，這叫作邊見；邊見的意思是說落到兩邊：一邊是常見，另一邊則是斷見。

假使有人不知常住法，當他對五陰的每一陰作了詳細觀察之後，看見五陰有種種行，並且在身口意行中看見每一陰都是無常，都不可能延續到後世去，這就是斷見，這不是正見。有的人則認爲涅槃是常住不變的，誤以爲五陰中的識陰或意識就是涅槃心，這就是常見，這也不是正見。由於都是妄想所見的緣故，而作出了斷見或常見的說法與見解。可是爲什麼會產生了斷見與常見呢？是因爲對於色身五根作了分別與思惟，現前看見色身會毀壞，也看見色身中有受想行識，而老死以後全部都會毀壞消失，所以生起了斷見。反過來說，有人由於不如理作意而產生虛妄見解的緣故，對於有一個眞實心一直相續不斷地存在，但因爲他愚癡無智而不能理解這個事實；又由於不知道每一剎那都在不斷變化的意識境界，誤以爲意識心及意識所住境界是常恆不壞的，對於意識所住的境界全都是剎那變異的事實不能理解，因此誤認爲意識是常，所以就生起了常見。由於都是虛妄想所見的緣故，這一些由虛妄想產生的見解，是因爲對於實相心如來藏非斷非常的正理，有著超過的甚解，或是有著愚昧性而無法理解實相心的正理，因此就作出種種不同的暸解以及錯誤的分別，所以就有了或者斷見、或者常見的出現。」

「不思議是滅諦」：這句話，言人人殊，每一位善知識來解釋時各不相同，到底咱們要信誰？似乎是每一個人說的都有道理。譬如有人說：「人生無常，所以別太計較。」他說這樣也是滅諦，但他說的只是世俗人所知的滅諦。佛門中有沒有大師這樣說？有呀！你們要是不信，常常去佛光山聽他們講講看，或者常常去慈濟聽聽看，你就會知道他們總是用世俗法在解釋佛法。對我們來說，那些說法都是錯誤的，可是對佛光山的信徒、慈濟的信徒而言，那些說法卻是正確的。因爲學法者的層次不同，若同樣用我們的了義法來說，會把他們嚇跑了，不再學佛了。但你們不需要那種法，而他們需要，所以不該要求他們說：「把門關起來，你的法錯了，不許再說法！」因爲他們的信徒仍然需要那樣的「佛法」。如果你請他們的信徒來這裡聽法，他們聽不到半個鐘頭就要走人了，因爲他們聞熏所未聞法的福德與知見都不夠，一定是越聽越難過。

那種「人生無常，不必太計較」的滅諦，只是世俗凡夫的滅諦；可是小孩子能聽懂嗎？還是不懂。譬如一個小娃兒，才三歲、五歲，你對他說「人生無常」，他聽不懂；又說「不必太計較」，他偏要跟你計較：「你今天少給我一顆巧克力！」得要等到他七、八歲了，看見人家出殯，就問：「老爺爺死了，什麼是死？」你慢慢告訴他，要從身體會爛掉開始講：「人死了就不會動，也沒有呼吸、心跳，不會吃飯也不會講話，都不知不覺，然後身體會爛掉。」他對死的初步認知只能是這樣，你說這樣就叫作「人身無常」，他才終於知道第一分的無常；但他還是只能想像，還是不太懂這樣叫作死。也許有人粗魯一點說：「不然，我晚上再告訴你什麼叫作死。」晚上終於看見一隻蟑螂菩薩跑出來，一只拖鞋打下去：「你看牠的身體壞了，都不動了，也不覺不知了，這叫作死。」他終於有一點具體的印象。你告訴他世俗法中的滅諦、人生無常，他還眞的沒有觀念；對他來講，這是不思議的。

高一點的滅諦層次，則是一般大師們說的五陰無常；至於我們說的不可思議的滅諦，叫作涅槃。這個涅槃不但世俗人聽不懂，佛門中各大山頭的堂頭和尚也是聽不懂的。所以，你看印順法師，他的書中寫的涅槃，當你把它倒背如流以後，保證你也不知道他講的涅槃是什麼；但那不是你的過失，而是他的過失，因爲他自己也不知道他寫的涅槃到底是什麼，所以完全不能怪你。由此可見滅諦眞的不可思議，乃至我們好幾年前把《邪見與佛法》寫出來，說阿羅漢入涅槃是滅掉五蘊十八界全部，那些大師們難道都沒讀過嗎？早就有人拿去給他們讀了。但他們接受了嗎？沒有！因爲還沒有智慧接受，所以星雲、證嚴、聖嚴、惟覺四大法師，現在都還主張意識常住不壞，可見他們仍無法接受斷我見的粗淺智慧，何況能知涅槃？（編案：這是2006年所講。）

但是，我們這樣子講涅槃，仍然只是二乘菩提世俗諦中所說的滅諦而已；這種涅槃是滅掉五陰十八界，是二乘法中的滅諦，這對他們而言已經不可思議了。如果層次再拉高一點，當你遇到阿羅漢時，你向他說：「你的涅槃雖然很勝妙，但是不如我。」阿羅漢或辟支佛當然要問你：「爲什麼這樣講？」你就告訴他：「你們得要斷盡思惑才能證涅槃，我可是不斷思惑就能證涅槃；你們是要斷煩惱才證菩提，我可是不斷煩惱就證菩提。」他心中想：「有這種菩提呀？有這種涅槃呀？唉呀！還眞想不懂。」然後你接著告訴他說：「阿羅漢！你現在還在，就已經在無餘涅槃中了。」他嚇一跳：「無餘涅槃是要滅掉我自己以後才得無餘涅槃，怎麼我現在還沒有滅掉自己就已經在無餘涅槃中？你說的對不對？」「我說的對呀！因爲你將來入無餘涅槃時，和你現在活著時的涅槃是完全相同的。」他一聽，可傻眼了！真的傻眼了！不知道該怎麼說了！那你說，大乘滅諦是不是不可思議？連二乘聖人斷盡思惑證得二種涅槃，都還不知道你的本來自性清淨涅槃呢！菩薩是在生死中就已經是涅槃了，有沒有忘記經上的一句話「一切眾生本來常住涅槃」？（註）那並不是說著玩的，不是在跟大眾繞口令，而是般若的眞實義；可是這樣的滅諦，阿羅漢、辟支佛已經不懂了，何況是那些表相大師及世俗凡夫。所以不可思議的滅諦，它是有不同層次的。（註：《大集大虛空藏菩薩所問經》卷五：「知諸有情本來涅槃悉成就故。」《大集大虛空藏菩薩所問經》卷六：「於諸有情現見涅槃，亦知自身本來涅槃，是名菩薩般涅槃行。」《深密解脫經》卷二〈聖者成就第一義菩薩問品〉：「所謂諸法本來不生，本來不滅，本來寂靜，本來涅槃，成就第一義。」）

因此，不該說「四聖諦就是二乘法」；因爲聲聞道有四聖諦，因緣道、辟支佛道中也有四聖諦，在大乘道中一樣也有四聖諦，只是淺深廣狹不同，所以說大乘滅諦是不思議滅諦。眞實的滅諦是不可思議的，而這個不可思議的具足了知而能完全思議的境界，是唯有諸佛；菩薩是分證，依菩薩智慧所見二乘聖人是少分證，凡夫則是完全不證。所以，如果完全不懂滅諦，而說他是須陀洹、斯陀含、阿那含、阿羅漢，都是欺瞞世人。騙人騙久了以後，一定會把自己也給騙了，然後就相信自己眞的是阿羅漢了。假使有人每天向大眾說：「我某某人是阿羅漢！」大家都不信；可是連續說上三年，可能就會有幾十個人相信，而他自己絕對會很相信，這就像催眠一樣。

然而眞實法是要經得起檢驗的，因此說不可思議的法是滅諦，這個滅諦超過一切眾生的心識所緣。一切眾生的心能夠識別什麼？他們所能識別的就只是世間法，對出世間法就已經無法識別了。所以，不論一切眾生心怎麼識別，都沒有辦法了知大乘不可思議的滅諦，更無法緣於不可思議的滅諦。這個不可思議的滅諦，也不是一切阿羅漢、辟支佛的智慧境界，因爲辟支佛、阿羅漢所知的滅諦是斷盡思惑的滅諦，不曾觸及法界實相層次的滅諦；所以這不是一切阿羅漢、辟支佛的智慧境界。所以說，滅諦的了知，有許多層次差別的不同。

又譬如有一種人是生來就眼根不具足，成爲生盲者；他不是後來受傷才看不見，是出生時眼根就不具足了，所以看不見。任你怎麼說明雪白的境界，說雪白得多麼漂亮，他還是會問：「什麼叫作雪白？」他不懂，但你一見就懂。他會到處去問，請問：「雪白，說它白得很漂亮，那到底什麼是雪白？」有人拿雪給他一摸：「喔！原來冰冰的就是雪白。」如果有人告訴他：「不是！它就像棉花那樣的白！」有一天人家告訴他說：「這個就是棉花。」「啊！原來雪白就是這樣軟綿綿的。」他怎麼樣想，都想不出雪白究竟是什麼境界；這就是生盲不見眾色，你終究無法為他說清楚雪白的境界。這個「生盲不見眾色」是指什麼人呢？是指凡夫眾生，台灣四大山頭的堂頭和尚全都函蓋在這裡面，於勝義第一義的滅諦中，他們都是生盲者。

這個講經的內容，也許將來整理成文字而印出去了，他們很不服氣，但又能奈咱家何？因為他們確實是大乘滅諦中的生盲者，不管怎麼解說，他們始終聽不懂；豈只他們，連印順都聽不懂的。也許有人想：「你這蕭平實好大膽子！一個人單挑四大山頭。」但是，假使你真的有了實相智慧，不但我，連你也能單挑四大山頭，連海峽對岸所有大師你都敢單挑，南洋的所有阿羅漢你也敢單挑（假使真的還有阿羅漢），你也可以挑戰，你可以指說他們：「你們猶如七日嬰兒不見日輪！」真的是如此！絲毫都沒有誑語。

關於七日嬰兒，得要說明一下。你們當過媽媽的人可能自己都還不知道，佛陀沒有當過媽媽，卻比你們還知道。嬰兒剛出生，所能見的距離是很短的，遠了就看不見，所以他剛開始時是依靠耳聽聲音，他對父母親的辨別得要靠聲音。剛出生七天的嬰兒，把他抱到太陽底下去，讓他面對太陽時，他只能看見一片光亮，看不見太陽。一直要到半個月過去了，稍微有一點輪廓了，三週、四週以後才能看清楚影像。

二乘聖人就像七日嬰兒一樣，你爲他講大乘法的滅諦，他有一些可以瞭解，也就是與解脫道有關聯的部分可以聽懂；可是如果你講「不斷煩惱證菩提」，他可就不懂了。因爲對他來講，證菩提是一定要斷煩惱的——斷了我見、思惑，見惑與思惑這兩個煩惱斷了才能證二乘菩提。你卻告訴他說：「我無妨思惑仍然存在，卻已現見無餘涅槃中的本際；你將來入了無餘涅槃的境界，我都看得清清楚楚。」他可就嚇一跳：「我是可以入無餘涅槃的人，都看不見無餘涅槃裡面是什麼狀況；你不能入無餘涅槃，竟然可以看見無餘涅槃裡面的境界。」他怎麼想也想不通，所以譬如七日嬰兒不見大乘涅槃日輪。

在這種情況下，你知道他將來要進入的無餘涅槃中是什麼境界，而他自己不知道；當你現在就看見的無餘涅槃境界卻是可以爲他說明的，他要怎麼跟你挑戰？所以光是一個明心，你就可以挑戰所有南洋的「阿羅漢」，假使今天還有阿羅漢的話。因爲你將來若是見了所有阿羅漢（當然現在南洋並沒有阿羅漢），假使有緣遇見了，你什麼都不跟他談，你說：「我單要跟你談一下的是：你是不是阿羅漢？」憑著七住位的本來自性清淨涅槃，就可以把眞阿羅漢說得一無是處，何況現在南洋根本就沒有阿羅漢，這才厲害。

因爲連阿羅漢都不知道無餘涅槃中的本際，所以你若見了眞正的阿羅漢，就先問他：「請問你是阿羅漢了嗎？」因爲他是阿羅漢，不可以說不是，說不是也是大妄語。你就說：「請問，你證了涅槃沒有？」「有。」「那我請問你，當你捨報入了無餘涅槃以後，無餘涅槃中是什麼境界？」他就只能張嘴結舌了。那你就說：「你這樣還叫作阿羅漢嗎？」他就不敢再跟你辯解說他眞的是阿羅漢。然後你才告訴他：「你是斷盡了我執，你可以把自我全部滅掉，十八界都能滅掉；但是你將來入了涅槃以後，就只剩下你的本識如來藏，由本識單獨存在；可是本識離見聞覺知，所以沒有任何境界，那就是你將來捨報以後的境界。」他聽了，在意識層面是聽懂了，可是那裡面到底是什麼？他還是不知道，只能想像，那麼你最後就告訴他：「因爲你能夠厭惡十八界自己而在死後不留下任何一界，所以你是眞的阿羅漢。」把他推翻以後，再把他建立起來：「所以你的法依舊是眞實法。」可是他能聽懂這個大乘滅諦嗎？他還是像七日嬰兒不見日輪。

所以大乘的滅諦，是不可思議的。只有這種不可思議的滅諦，才能說是眞實佛法，才能說是佛菩提道的眞實見道，否則一定是悟錯了。假使不能用這個道理把阿羅漢的證量否定掉，然後再以這個滅諦建立他是阿羅漢，那麼這個人一定不是眞正的大乘見道。反觀海峽兩岸的佛教界，五、六十年來那麼多的大法師，哪一個能對阿羅漢這樣講話？沒有！只有你們能夠。當你明心以後，你能夠向阿羅漢這樣講，能把他推倒之後隨即再把他建立起來，使他對自己的證量完全具足信心，也對大乘滅諦生起景仰之心，這樣才是眞正的佛菩提。所以一切地上菩薩都能以二諦爲人說法，乃至對方是阿羅漢時亦復如是，這就是眞正的佛菩提。

所以說，二乘阿羅漢、辟支佛雖然已經是聖人了，但是在大乘法中仍然說他是愚人：不說他是凡夫，卻說他是愚人——愚於法界實相。所以，這個大乘滅諦的道理，就像前面的解說一般，不是一切凡夫心識所能攀緣的，都沒有辦法緣於大乘滅諦來作任何的觀察、思惟、領受；這也不是二乘聖人所能夠了知的，窮盡二乘菩提的智慧去思惟觀察都無法了知，所以說不是二乘聖人的智慧境界。這意思是說，二乘菩提所得的智慧不是第一義，不是勝義；因爲初見道菩薩的根本無分別智，就能夠使阿羅漢開不了口了，而說出來的法卻與二乘菩提完全沒有衝突；但是證悟菩薩可以把二乘菩提玩弄於股掌之間，然後把二乘菩提建立起來，使阿羅漢對二乘菩提具足信心，永不退轉於二乘菩提。

這就是大乘見道位菩薩所能作到的事情，因爲大乘見道所證的滅諦，是不可思議的，是第一義諦。但是凡夫的心識所能識別、了別的都是會落於兩邊，不離邊見，落於斷常兩邊就表示不清淨了。二乘阿羅漢、辟支佛的智慧雖然是清淨的、不落兩邊的，但問題是他們不知道那中間少了一節，而且這一節是一大節；他們也不會落到最邊邊去，因爲常見已經斷了；他們也不會到另外一邊的最邊邊，因爲他們沒斷見，是由於 佛曾爲他們開示過：**入了無餘涅槃時滅盡十八界自我以後，仍有本識常住不滅。**所以，他們把我執滅盡以後，沒有常見也沒有斷見，不落兩邊。可是中間這一大段，他們都不知道。所以說二乘聖人的智慧雖是清淨的，能入涅槃，也沒有邊見可說，卻仍然不知大乘的滅諦。因爲常見外道認爲五陰中的某一法是常住不壞，持此「常」的見解，所以稱爲常見外道，阿羅漢沒有這個常見。斷見外道否定了一切，阿羅漢卻沒有否定本識；佛說的涅槃中的本際，阿羅漢們是承認眞實有而全然信受的，所以他們也不落斷見。

這幾年來，常常有南傳佛法的法師說：「討論無餘涅槃中是不是空無所有，討論阿羅漢入無餘涅槃以後是不是斷滅，這個問題是無記。」但是問題來了，你儘管一直倡導說這個問題是無記，可是當別人問他：「涅槃是不是滅盡十八界全部？」他可是不能不答的：「是呀！」當然要答「是」。答「是」以後人家就走了，不必再追問下一句了；這是因爲他一直說是無記，所以就不問了！到了半夜無事時，他心中想：「今天那個居士、那個法師來問我說：『入了涅槃是不是滅盡十八界？』我答是，但滅盡十八界以後豈不是成爲斷滅境界？」他可傷腦筋了！這個問題一定放不下，會一直放在心中。那個問的人早就走開了，可是涅槃到底是不是斷滅，這個問題會一直纏繞在他心中捨不掉，因爲這是很嚴重的問題。

一心想要斷盡思惑，可是思惑斷盡以後捨報時，卻是要滅掉自己全部：「那時到底是不是斷滅？如果是斷滅，那我出來弘法幹啥？我出家以及修學佛法又爲了什麼？」他心裡面不斷地想著，可是明天照樣裝作無事人，但這個問題已在他腦中釘死他了。別人又來問，他還是會說：「這是無記。」可是心中同時會有一個念頭浮出來：「涅槃是不是斷滅空？」又會想起這個問題。你說他這樣痛苦、不痛苦？

所以，眞的要瞭解 佛爲什麼有時說無記——這個事情不加以記說。佛陀爲什麼不加以記說？是因爲你還沒有到探討這個問題的階段，你還在門外，斷我見才是最重要的，所以我不爲你記說這個問題。可是弘法之人被問到這個問題時，他既是弘法師，就不能不答了。若是勉強答了，如果答：「涅槃中實有本際。」人家可就要問：「請問本際在哪裡？」那該怎麼辦？若答說不知道，人家可要說：「那你算什麼證道者？」眞怕被人家看輕了。可是如果不答說不知道，老是答「無記」二字，人家會說：「你根本沒智慧，答不出來！」後來終於去四阿含中一直探討，把所有的無記都列出來才發覺：原來是因爲對於那些剛學聲聞道四聖諦的人，就跟他說是無記；因爲他連我見都斷不了，討論無餘涅槃是否斷滅空，沒有意義。

這就好像一個幼稚園的學生才剛剛在學習數目字：「一個蘋果，兩個蘋果，加起來，一、二，是兩個。」像這樣的幼稚園學生在問你：「微積分到底是怎麼回事呢？」難道你眞的要爲他講微積分嗎？當然會說：「你問這個問題，沒有意義。」你一定不可能爲他講解微積分嘛！剛入佛門的人也是一樣，連我見都斷不了，他的首要之務就是斷我見，而不是去探討人家成爲四果阿羅漢，將來入無餘涅槃中是不是斷滅的問題。那個問題離他太遠了，所以就告訴他說：「我不記說這個事情。」因爲跟他談了也沒有用，只會成爲玄論而不是義學。

所以，我如果看見《大藏經》中有誰註解的文章，取名爲玄論，我就不讀了！因爲玄論即是黑之又黑、烏之又烏，所以才叫作玄。不可知、無力探討、只能臆測，連他自己也不懂，才叫作玄論。如果他自己眞的懂了，就會寫出眞義來，那才是眞的懂。所以我的《識蘊眞義》如果名爲《識蘊玄論》，那你們就不用研讀了，而我也不用寫了！因爲那不是要給人讀懂的，而是連寫的人自己都不懂的，才會叫作玄論。

所以說，邊見是阿羅漢所無，但阿羅漢對中道是不太懂的，因爲中道是無邊寬廣的。從零到一百，中間有多少呢？零是斷見，一百是常見，譬如有人說：「識陰百分之百是常住不滅的。」所以一百是常見，零是斷見，在這中間卻是仍有九十九，每個一又分成十分之一，會變成多少呢？再把每一個十分之一再分成十分之一，又有多少呢？所以中道是非常廣泛的。阿羅漢只知道常見、斷見的過失，而中道遠離兩邊；可是中間的無量無邊法—屬於中道的法—他們都不知道。這就是說，凡是會落到邊見裡面的人，都是屬於凡夫，才會落到常見或者斷見一邊去；阿羅漢雖然已經遠離邊見，對中道的理解卻很少。凡夫爲什麼總是不離邊見？都是因爲誤認五陰爲眞實法，或誤認爲沒有三世而成爲斷滅空。

可是，凡夫爲什麼會誤認五陰爲眞實法？因爲五陰能領受諸法，所以叫作五受陰。凡夫們每天醒來就想：「我這覺知心可以見色聞聲，等一下媽媽弄好了土司或什麼早餐……哇！好好吃。」由於他覺得五陰很眞實，因爲能眞實的領受，對五受陰心生貪愛，所以就成爲五盛陰。從五受陰變成五盛陰，就是五陰熾盛；全心認定五陰是眞實法，對五陰起貪愛時，在必要時什麼都可以丟，但五陰卻是任何一陰都不可以丟棄。所以，如果有一陰丟了，他就覺得很難過，希望死掉重新再來。譬如有人身行、口行或意行出了問題，不能運作了，他一定希望趕快死掉，要投胎再來。

如果身行壞了而不能動轉，醫學上說他是植物人，他心中必然覺得生不如死。如果口行壞了，雖然還有身行；可是口行壞了，譬如說車禍撞擊以後，掌管嘴巴運作的神經壞掉了，或者頭腦中掌管口行的勝義根壞掉了，沒辦法說話了，他就從此都不願見人，常常把自己關在房子裡面。這時如果是五陰熾盛的人，對色陰執著很強，他就會尋短見。如果是意行壞了（其實**意行壞**的情形是不存在的，多多少少都會有意行，我們是方便說**意行壞了**），他連覺知心都不存在了，連表示意思的能力都喪失了，一定也不想再活下去了。

有意行永遠壞掉的狀況嗎？沒有！所謂的植物人，其實都是還有意行的，他們只是不能表示意思而已，那才是眞的苦。想想看，背上長了褥瘡，又癢又痛，可是都沒有辦法表示出來，怎麼辦？你們體會看看。不必那麼嚴重，光說你背上有個地方很癢，叫你不要去抓就好了！你想想看就好。而這只是最輕微的苦。當他全身既痛又癢時，卻又無法表示心中的意思，你說他會不會覺得生不如死？所以，都因爲五受陰覺得自己很行、眞實存在，才會變成五陰熾盛，否則就沒有五盛陰了，所以我見、我執往往是從有受而來，因此稱爲五受陰。可是凡夫不知道五受陰的虛妄，因此在五受陰中把能領受諸法的五陰全部或局部或者少分，認定爲眞實常住的不壞我，或者全然否定而說死後斷滅，都因爲這種妄想計著，才會產生落入邊見的兩個見解，斷見與常見。

「見諸行無常，是斷見，非正見」：請問，諸行無常，這幾十年來是哪一派人最常說？當然是印順派。印順派在這幾十年來的經營，儼然已經成爲一大派了，只是這一大派現在已經快要消失了，只剩下表相而已。他們一天到晚在講：諸行無常，緣起性空。緣起性空當然是講諸行無常。但是否定了如來藏心以後而講諸行無常，就是斷見；因爲他們認定一切法空，不承認最後還有一法眞實不空。當他們在講一切法空的時候，就應該要反省：這是不是斷滅見？印順一定曾作這個反省，所以不得不創立意識細心常住說。他一定要建立這個創說，否則就無法與別人應對了。人家一定會說：「**那你這樣入涅槃以後，是不是要全部滅盡？**」他不能說「不」，一定要說「是」，因爲四阿含中明明白白寫著是要滅盡五蘊十八界的。

可是滅盡十八界以後，佛說滅盡以後是眞實、清涼、寂靜、常住不變。印順既然否定了如來藏，當然要另外抓一個法來作依靠，從哪裡抓呢？抓如來藏來依靠嗎？他可不能抓如來藏來作依靠，因爲他由於證不到而把祂否定了。否定了以後當然不能拿如來藏作依靠，而且他也怕別人質問有沒有證得如來藏，所以就只能從識陰中的意識加以細分而建立一個比較細的法，作爲常住不變的心——意識細心；這樣就逃避了斷見的攻擊，人家就不會攻擊他是斷見。假使眞的有人攻擊他，他會這樣說：「**我不是斷見，因爲還有個意識細心常住。**」

他主張意識細心常住，是可以堵住別人質疑的，卻堵不住菩薩的質疑，因爲菩薩早就知道那個粗淺的境界。那種很粗淺的法是在二乘法中就應該證的，印順拿這東西來堵菩薩的嘴，是沒有機會成功的，菩薩會告訴他：「**聖教中說『意法爲緣生意識』，請問你的意識細心是不是意識？**」他不能說「不是」，因爲他已經說是「意識的細心」了，怎能說不是意識？「**既然你說是意識的細心，仍然屬於意識所攝，請問意識是不是由意根、法塵爲緣而出生**

的？」也只能答「是」，只是不情願答；既不情願答，就只好迴避了：「我不屑於跟你談話，你太淺了，你不懂！」只好這樣。如果有人說：「意識細心一定會被人堵住的，我們就說意識極細心。」那麼請問：「意識極細心算不算意識？」還是逃不出這個範圍的。

意識就像孫悟空一樣，最會攀緣思惟。可是不管孫悟空怎麼樣攀緣，一個筋斗雲可以跑十萬八千里，翻了好幾個筋斗後，還是在如來佛的手掌心裡面；在五指山下撒了一泡尿，又寫了「齊天大聖到此一遊」，結果一遊回來以後，如來出掌給他看：「你只是遊到這裡而已！」也就是說，意識再怎麼會混，始終都混不出如來藏心以外，永遠都在如來藏之中。如果會讀《西遊記》，就用八識心王去讀它，倒是很有趣的一場遊戲。那孫悟空不就是意識嗎？還有一位，人家叫他作事，他就作；叫他挑擔，他就挑；從來沒有意見，那就是沙悟淨，他代表意根——不善分別而只負責執行，並且把行李與唐三藏抓得緊緊地。唐三藏則是言聽計從，豬八戒最喜歡起貪亂搞，豬八戒就是意識的貪心所，靠著這五識到處去貪，見了什麼都要貪。唐三藏都說：「沒關係，就讓他去貪。」他都沒有意見，如來藏正好是這樣；但是，最笨的唐三藏才是最伶俐、最厲害的，一切都在他的掌控中進行著。唐三藏如果出門，就騎著白馬走，那不是色蘊嗎？你們如果會讀《西遊記》，就這樣讀，用五陰、八識心王去讀它。書中從表面上看來，似乎是在貶抑唐三藏，可是這一些人如果沒有唐三藏，可就什麼事情都幹不了；想要去西天取經，是一步都走不了的，都得要靠他。可是意識的極細心，不論怎麼弄來弄去，永遠都是孫悟空——永遠是那個意識。

從理上就這麼把意識解決掉，如果印順問你：「你有什麼教證？」要教證，那還不簡單？你去四阿含中隨便找，到處都有「意法爲緣生意識」的聖教，讓你讀到「不耐煩」；那可眞是一部又一部經，不斷地解說這個道理。如果這樣還不夠，那不然告訴你好了：「**諸所有意識，彼一切皆意法因緣生。**」請問：**諸所有意識**四字，有沒有包括極細意識？說句老實話：**極、極、極、極、極細意識**都還是意法爲緣生，都逃不出**諸所有意識**的範圍。印順派的大小法師們，緊抱著**意識心常住**說，有什麼意思呢？那不是耽誤了別人又耽誤自己了嗎？這樣在弘揚佛法，到底是在**破壞佛法**，或是**誤導衆生**呢？這兩個給他們選一個吧！所以這些人都是愚癡人，這已經證明一件事實了：所謂的阿含專家，結果是不懂阿含。當他們看見諸行無常時，常常說「諸行無常，一切法空，緣起性空」，那不是斷見嗎？可是卻又怕人罵他們是斷見論者，於是又建立意識細心常住說，反身回墮常見中，那都不是正見，所以他們是雙具斷見與常見的，卻以斷見的成分居多。

另外一邊的凡夫又不一樣了，他們一天到晚說：「這就是涅槃，我們早就證得涅槃了。」都是落在意識心中。還有一種外道，這個外道還自稱比所有佛教的佛法都更高：**即身成佛**。他們的涅槃是什麼呢：我現前正在雙身法中，我正在享樂，這個樂覺是不生不滅而又無形無色，這就是常住不變的空性，這就是涅槃。所以宗喀巴說這是俱生樂，不是所生法。宗喀巴說：男女根的樂觸，是本來就存在的，只是你沒有讓它現行而已，所以是不生不滅的本有的樂，不是所生法。那我要請問宗喀巴（當然他現在不在人間了，但是他的門徒們可以回答我），我要請問：「如果你到色界天去，還有沒有這個樂？」沒有！「你到地獄去，能不能發起這個樂？」你沒辦法！「你到無色界去，還有沒有這個樂？」也沒有！「如果你年老色衰了，或是年輕人陽萎了，還能有這個樂嗎？」一樣是沒有了！既不能遍一切時、遍一切地，憑什麼叫作俱生？若是俱生的，應該是色界、無色界、三惡道都有，得要遍一切地——三界九地要都遍有的，才能叫作俱生法，才能說是本來而有的法。而宗喀巴所說的樂，得要因緣和合以後才有；說一句不客氣的話，離開如來藏時，你宗喀巴什麼樂都不會有。而他們竟然說享受樂觸時的境界就是涅槃，說他們已經成佛了，而且還是報身佛。可是那個報身佛，我要告訴他：**那是抱身佛，不是莊嚴果報、智慧果報的報身佛**。所以，他們看見現前五欲自恣的覺知心時，覺得很實在，就把那個境界名為涅槃，這其實是外道五現涅槃中的第一種，仍然是生死法。你說，那能叫作佛法嗎？這樣來騙眾生說是佛法，而且騙人說是最勝妙的佛法，未免也欺人太甚了吧！把這些學佛人都當作三歲小兒嗎？

五現涅槃中的第二種人稍微好一些，他說：「**西藏密宗的樂空雙運是汙穢法、染濁法，我們如果離開了欲界境界，就可以離開染汙法；由於已離欲界生，所以離生喜樂，以身樂自恣，得清淨樂。那不是染污的貪心所產生的樂，住於初禪中就有身樂，這個樂就叫作眞實樂，這就是涅槃境界。**」這樣總是比附佛法外道的西藏密宗好多了。可是，初禪中的覺知心常住不壞，還是說不通的。如果可以說得通，就應該是入了初禪以後就永遠住在初禪中，才能說是常住不變，因爲涅槃是常住不變的；如果有時離開了初禪，或者初禪退失了，那他這個法就不是常住法了！既不是常住的，怎麼可以叫作涅槃？顯然也不是涅槃，只是五現涅槃外道中的第二種。至於第三、第四、第五種的外道現見涅槃，就是以二禪、三禪、四禪中的覺知心作爲涅槃心，以定中的意識所住境界作爲涅槃境界。

如今佛門中要找到後四種外道涅槃的實證者，都已找不到了，大部分人是落到外道第一種涅槃中——和西藏密宗以雙身法的覺知心作爲涅槃心一樣，還是欲界中的現前五塵中的覺知心。且看台灣四大山頭，他們有沒有暗中實修雙身法，我們且不討論它，光說表面上看得見的他們是怎麼說法的：靜坐到澄澄湛湛，就是涅槃境界。也有人說：放下一切，都不起煩惱時，就是涅槃。請問：是不是都還在五塵中？結果仍然是第一種外道涅槃。你看！外道五現涅槃的第二到第五種，今天的佛教界都已經找不到了，都落在第一種中，那是層次最低的外道涅槃。我們卻是早已證得外道第二、三種涅槃了，可是我們卻把它推翻掉，並且證明都不是眞正的涅槃。

像那些大山頭的大法師們，認爲涅槃是常，卻落到常見中去了。爲什麼會認爲涅槃是常？因爲他們所謂的常，就是把五陰中的某一法建立爲常，都是落在識陰六識或者意識中。又譬如有一種外道，雖然超過外道的五現涅槃，卻仍然是常見外道。譬如有人已經證得第四禪了，不以爲足；他對於已證四禪的外道，把禪定中的覺知心建立爲涅槃心，說那時候心中完全無念，捨清淨了，念也清淨了，進入第四禪等至位了，就說是涅槃境界，那是外道涅槃的最高層次；但他證得以後，認爲：只要有覺知心在，就會領受五塵境界，能領受五塵境界的心就是生滅變異法，乃至第四禪定境中的法塵也是變異法，所以要把自己滅掉；滅掉自己以後就不可能再有生了！於是他滅掉自己以後，落入無想定中，誤以爲那就是無餘涅槃。

而且，他也想到一個問題：假使滅掉覺知心及色陰，就會變成斷滅。所以覺得這樣不太對，就想：我生到廣果天去，然後在那邊把自己滅掉，就成爲無餘涅槃了，可是我的色身還保留著，就不會成爲斷滅。這一招也不錯，他的證境顯然超過今天所有的佛門大師們，也超過外道五現涅槃。可是他沒有想到的是，身見煩惱還沒有斷除——身我之見沒有斷除，意根也還存在，所以他實際上只是進入無想天中，並不是進入無餘涅槃中，還是沒有出三界，仍然是在色界天中。如果他不中夭，五百大劫以後突然間一念生起，覺知心又出現了，那就下墮人間了，所以仍然不是涅槃。所以，他執著說：「**色界天身常，只要把覺知心自己滅了，就是涅槃。**」結果仍然不是正見，仍然沒有證得涅槃，可是他認爲那個涅槃是常。可見，斷見與常見這兩種，都是由於妄想見的緣故，才會產生這樣的見解。如果不是妄想見，就不會有這種錯誤的見解了。

所說不是妄想見，是要根據什麼才能出生正見？就要根據對於五陰的每一陰，都經過詳細的觀行，確認是虛妄法，全部否定掉了；但是對於眞實有也確認了——這個本識是存在的，或是已經親證了，或是堅信 佛所說的本識常住不滅，將來蘊處界滅盡就剩下祂，那就是無餘涅槃的本際；如此就能安心地滅除自己而入涅槃。如此一來，既不會落於斷滅一邊，也不會落於常見一邊，兩邊都離而證涅槃；但阿羅漢未能親證本識的所在，菩薩已證本識的所在而能現觀祂獨住的境界，所以眞正能離兩邊的是大乘證悟菩薩。這是二乘人作不到的，二乘聖人只能夠想像離二邊的境界。所以《雜阿含》或《增一阿含》也有講過「離此二邊處於中道」，可是中道裡面是什麼，阿羅漢們也只能想像，終究沒有把中道的道理結集在四阿含中；那就是說，他們聽了大乘中道的經典，卻結集成爲阿含解脫道經典，所以只能夠稍微講一下中道，內容很少，也講不清楚。

這就是說外道及佛門凡夫們，對於五陰的內涵不如實知，當然也無法了知五陰的虛妄，所以不能離開常見；對於本識的眞實常住又不能信受，所以也無法離開斷見。因此，他們在色陰乃至四陰諸陰中，一一分別思惟以後，如果有智慧—世間智慧足夠的話—就會看見識陰是虛妄法；但是，你可以看見台灣佛教四大山頭，有哪一個大師如實知道識陰是虛妄法？都沒有！他們都落在識陰中；連蘊處界等世俗法上的觀察智都不夠——無法看見現法識陰的虛妄，也沒有智慧「現法見壞」，所以落入常見中，總是認定識陰或意識爲常住不壞心。假使「現法見壞」而不信有本識常住涅槃，則是斷見外道的觀行所得；然而斷見外道的智慧是遠比常見外道要好很多的，因爲他們至少能現見五陰全都虛妄；只是由於不知、不信有第八識本識常住不壞，所以主張死後斷滅，落入斷見中。

可是現前可見台灣佛教四大山頭對五陰的虛妄都無法觀行，你們可以察看四大山頭的堂頭和尙們（他們有的人著作目前可能比我還多），可是你曾看過他們哪一本書中在講色陰虛妄、受陰虛妄、想行識陰虛妄呢？都沒有！而他們所謂的開悟都是悟得離念靈知，說覺知心離開語言妄念時就是常住的眞心，或說就是眞如心，落入常見中。甚至慈濟和佛光山更簡單，連離念都不用，說現前的覺知心意識就是常住不滅的眞如心；可見他們沒有智慧於現法五陰中看見都是必壞的法，反而誤認爲是常住法。印順比較有智慧，他只是「於有相續不見」——對於三界有背後眞實存在的本識相續不斷的狀況看不見，但印順已經看見現法五陰都是虛妄法。印順之所以會建立意識細心常住說，是因爲想要逃避斷滅見而不得不建立，但其實他也知道意識是虛妄法。他只要一場大病就知道意識心什麼都作不了主了，所以他不是沒有智慧「現法見壞」，他只是對於「本識支持三界有相續不斷」的事實看不見，他只是先誤信了六識論而寫下許多書，又看不見本識眞實有的相續常住，所以落於斷見之後再作補救而建立意識細心常住說，結果只得又回到常見去，這就是印順的落處。

「妄想見故，於心相續，愚闇不解；不知剎那間意識境界，起於常見」：這一小段經文是說，眾生不能見道—不能悟入大乘菩提或者不能斷我見—原因都是因爲虛妄想和錯誤的見解；或者由於虛妄想，導致對於眞實心的相續不能瞭解，或者對於虛妄心的剎那變異而相續不斷的道理不能如實理解，因此處於愚癡、無明的狀態下，不能眞實理解就產生了一個現象：不知道意識生起後的境界是剎那、剎那變異而相續不斷的，不能理解意識是依止於剎那、剎那不斷變異的境界而存在的，誤以爲意識是相續不斷的常住不壞法。由於這個緣故，所以將意識誤認爲是常住不壞的，因此就認定意識覺知心是常，由這個錯誤見解而輪迴生死，不願意意識自我滅除，所以印順就成爲常見者。這就是台灣佛教四大山頭的落處，都不離常見，都執著識陰六識爲常住法，或執著意識覺知心乃至識陰六識的自性爲常住法，不離常見外道見解。

「於心相續」：這四字的意思是很難理解的，一般人心中都希望自己有一個心是相續不斷的。這個想法是一般人普遍存在的，在還沒有被作任何的邪教導之前，都是認爲有一個心是相續不斷；在這種情況下，其實是應該被大家所認同的，問題是：**哪一個法是常住不斷的眞實法？大家都不能理解。**

而常見之所以會被稱爲常見，之所以會在佛法中被破斥，問題不是出在於有心常住不壞的看法，而是出在於把生滅相續的虛妄法誤認爲常，在佛法中就評斷他是在眞實心以外追求常住法的外道——心外求法的常見外道。如果是被作了緣起性空的教導以後，去觀察蘊處界全都虛妄，但是又找不到常住法如來藏心，因此就會否定一切法，落入斷見中。因爲他有智慧能觀察：凡是所見的蘊處界全部都會壞滅，沒有一法是不壞滅的。可是他始終找不到一個相續的、常住的、不變異的心，因此就堅持死後斷滅而無來世，便落入斷見中，這就是「於有（對於眞實有的如來藏心）相續不見，起於斷見」。可是如果對於妄心的生滅變異而相續的狀況不能理解，不知道意識心是刹那、刹那生滅的，意識心體沒有常而不變的眞實性，不了知祂是刹那、刹那變異的，不了知祂是依於眾緣而生起相續的，所以誤認爲意識是常，他就生起了常見的見解，和常見外道同樣的認定意識心是常，因此就落在常見之中；這就是：「妄想見故，於心相續，愚闇不解；不知刹那間意識境界，起於常見。」

不幸的是，誤認意識心常住的現象，是自古至今就一直都存在佛教界中，而且是更普遍的存在一切外道中。也許有人認爲說：「蕭老師講這句話不正確，因為並不是只有常見外道存在，還有斷見外道；斷見外道是認為一切法空，終歸斷滅，死後空無所有。」可是有許多人沒有注意到：斷見的斷其實還是依常見的意識而生的；如果離開了常見所誤認的意識心，他就沒有見可說了。所謂的斷見外道，是在深心中認定意識是常，然後在意識表層觀行得到一個結論：意識等法無常。如果他是眞正的斷滅見，那倒也好，他就可以滅掉自己、不再執著自己，那他就可以成為阿羅漢。可是明明所有的斷見外道都不能成為阿羅漢，他們死後還是會繼續去投胎，表示他們眞的不是阿羅漢。為什麼斷見者都不能成為阿羅漢？因為他們深心之中還是想要保持意識心常住，所以深究斷見的本質以後，仍然會發覺他們深心之中其實仍然是常見外道，深心之中仍然是基於常見才能使斷見存在。

斷見與常見的存在，其實都是因為對於眞實有的相續常住—於有相續不見—對於非三界有的常住眞實有一直都相續不斷的事實不能親眼看見，導致產生斷見與常見。斷見外道其實只是從常見外道中加以區別，而說是斷見；本質還是依於常見而有斷見，所以斷見外道死後還是會繼續去投胎，仍然喜樂於自己覺知心的繼續存在，並沒有完全接受一切法空、一切法斷滅的想法。所以斷見外道仍然是屬於常見外道所攝，只是爲了區分他的不同見解而說是斷見外道，但他們骨子裡其實仍然是依常見而主張一切法空、死後空無。

意識的剎那變異，是古今許多凡夫大師們所不能知的，所以一直都認爲意識是常住的；古今都有許多佛門大師不免如此，何況是一般的學佛人？當然更無法斷我見、證初果；若是想要悟得如來藏心而開悟般若，那就更困難了。所以古時候如此，現代也如此；現代如是，未來世仍將如此，永遠都是沒有斷我見而自稱已經證果的大師居於多數。以現在來看古人，乃至以現在來看未來，不免都將如此。台灣雖然說是佛法非常興盛，常常有人認爲：**台灣的佛法、佛弟子們的知見，比起大陸地區先進了十幾年**。可是先進十幾年的台灣佛法比起落後十幾年的大陸佛法，眞的有殊勝之處嗎？答案是「沒有」，只是資訊比較多，佛經讀得比較多而已，但同樣都是落在意識上面——不離常見。

從號稱佛法導師的印順以及支持他的所有大小法師們，諸位可以用指頭來數：佛光山、慈濟、法鼓山三大山頭，加上以印順嫡傳自居的昭慧，都是六識論者。佛光山系統分出來的靈鷲山也一樣，只是後來走向密宗追求樂空雙運而成為標準外道了，但仍然是六識論的奉行者，同樣墮於常見中。不屬於印順系統的，譬如南部有個千佛山很有名，叫作白雲禪師，仍然是意識境界法；他們是否暗中也在追求樂空雙運的密法，暫時不得而知（編案：近年白雲法師已經公開修習密宗，亦屬外道）。不屬於印順系統的，還有中台山的惟覺法師，仍然墮於意識中，有時則是墜入識陰六識的自性中。這樣數一數，已經超過五個指頭了，這些全都是意識境界法；等而下之，你再數下去，除了意識、還是意識。如今，不管是南傳佛法或是北傳佛法，都一樣墜入意識境界中；想想看，赫赫有名的道場都是如此，小道場就可想而知了！台灣如是，大陸亦復如是；以此例彼，以彼例此，大致上都沒什麼差別，只是說法時有一些小變化而已，本質都是意識境界，所以都落入常見外道見解中。甚至於證嚴法師還在書上明明白白寫著：「意識卻是不滅的。」這就是他們的看法。由這裡可以看得出來，連名聞四海的大法師都如此說，何況是一般的學佛人？怎能要求他們斷我見？而斷我見卻只是三乘佛法中的基本修證。

所以，當我們會員把論文寄出去，法鼓山轄下的中華佛學研究所回覆說：**阿含中沒有說本住法，阿含中講的都是一切法緣起性空，總共只有六個**

識，沒有第七、八識。他們的意思等於是在指責說：阿含講的佛法就是斷滅空。只是他們不敢明文寫出來說：阿含的法義就是斷滅空。他們不承認阿含聖教有講到本住法，但問題是：他們主張意識是常住的，這究竟是要把四阿含聖教置於何處？因爲阿含聖教中明明白白地說：意識是二法爲緣生——藉意根與法塵二法爲緣才能出生。阿含聖教中有時又說意識的體性是：三法生意識，由於根、塵與觸三個法爲緣，才能由本識中出生意識。他們這些大山頭竟敢公然主張意識是常住法，他們到底信佛？還是不信佛？且不說學佛，光說「信」字就好！顯然他們對 佛的聖教是不信受的，所以才會公然與 佛唱反調，這是第一個部分。

第二個部分，回到本住法，他們說阿含沒有講本住法。如果阿含沒有講本住法，那麼阿含經說「本識入胎，出生名色」，請問這本識是不是本住法？阿含裡面 佛又說：「阿羅漢斷盡我執是我生已盡，所作已辦，不受後有，知如眞。」但是又說：「阿羅漢不受後有，是清涼、寂滅、真實。」那到底有沒有本住法？不是滅盡空，而是眞實。有時 佛又說：「阿羅漢證得無餘涅槃時，是寂滅、清涼、常住不變。」當蘊處界滅盡而無三界我以後卻不是斷滅空，這到底是不是有本住法？所以我說：**這些阿含專家到底是怎麼研究阿含的？還眞令人納悶！**依他們所說的道理，阿含就變成斷滅見，阿羅漢入涅槃時滅盡十八界以後當然是斷滅空，成爲標準的斷見外道。因爲他們主張一切法緣起性空而沒有本住法，人類總共只有六識而沒有第八識；可是入無餘涅槃時是要滅盡蘊處界——滅盡五陰、十八界，那不是變成斷滅空了嗎？到底他們對阿含是怎麼研究的？所以，從這些大法師們的說法，從這些大法師們的認知而寫出來的書籍中，處處可以看得見：**他們都是「於心相續，愚闇不解」的人，都不知不證本住法**。對於眞實有的第八識心相續不斷的存在，他們都是不知也不見的；由於不知也不見的緣故，恐怕滅盡十八界以後會成爲斷滅空，所以就返身執取有生有滅的意識，說是常住不壞法，又成爲不知意識覺知心刹那刹那生滅的愚人，於是就永遠住於凡夫位中，堅決主張意識是常住法，連聲聞初果都無法證得，更別說是實證常住的第八識如來藏了。

可是，你如果跟他們講：「**意識是常住法**。」他們又不接受了。他們明明主張意識是常住的，但是卻又不接受，因爲聖教說「**意識是意法爲緣生**」；他們既然不許阿含道是斷滅空，又不許阿含道的法義中說有本住法，那他們到底是什麼主張？又提不出來，卻不斷地自我矛盾而不自知。當別人爲他們點出矛盾所在時，他們又不肯接受。所有的佛弟子就在他們這種連自己都弄不清楚的狀況下被誤導了，所以就跟著他們一樣學佛二十幾年以後，依舊茫然不知所措。當有人問他們：「你將來捨報以後，要怎麼捨報？捨報以後你要往哪裡去？」大家都搖頭，都不知道。

好不容易終於有善知識出世了，於是來請問善知識：「你捨報時要怎麼去？」善知識就向他搖頭，可是專門講禪、修禪的大師們卻還是不懂，反而質問說：「你是善知識，你已經開悟而了生脱死了，怎麼對我搖頭？」善知識只好再搖頭告訴他說：「啊！沒辦法！」沒辦法中就這麼去，也只好這樣了。善知識這樣直下指示了，卻被當作是不懂怎麼去；結果度了他們沒有？還是沒有度成功，眞的度不了！根本不懂善知識的弦外之音，這就是「於眞實心相續，愚闇不解」；也不知道刹那間的意識境界如何虛妄，都落在意識生滅心上。不論你爲他們彈了多少的弦外之音，他們還是落在意識上，沒有辦法眞的度他們，所以他們永遠都落在常見中。在顯教眞實密法中悟不了，他們最後就不得不走入喇嘛教密宗去了。

可是廣義的密宗有兩條路：一個是眞密，一個是狂密。眞密就是依照《楞嚴經》講的，修種種福德，然後建立楞嚴壇，每天二六時中行道，晚上也不敢睡覺，不斷地繞壇修法，結果是二十一天以後還是夢不見佛、菩薩來幫他們斷我見，因爲他們的福德還差好大一截。所以，證初果眞的很難——要斷我見、三縛結，眞的很困難。如果運氣不好，走入狂密去了——走上西藏密宗那條路，那就不只是不能斷我見，而且還會「快樂的」暗中常修雙身法而使他們來世墮落三惡道。原因都是因爲沒有善知識教導，或是爲了名聞利養而不肯接受善知識的法教，而自己也不知道意識是剎那生滅的虛妄法。

然而眾生總是愚癡無明，當你把眞正的法送到他面前，告訴他：「意識是意、法爲緣所生。」他又不信了，因爲他的師父教導他說「意識是常住法」。你把阿含經典印出來，告訴他：「佛說意法爲緣生，所以意識是生滅法。」他說：「有嗎？我不信，因爲我師父告訴我：意識是常住法。」不信 佛的聖教，只信他師父的說法，那麼他怎麼可能有因緣可以斷結證果呢？當然不可能有因緣。所以一般眾生都是會落在常見或斷見裡頭，這是正常的。

只有你們已斷我見的人才會認爲他們是不正常的，可是他們不承認自己不正常，反而說你不正常；所以才會有一位大師說：「你學佛想要開悟，就要從正常變不正常，不正常以後才會變成正常。」可是人家講的不正常，是因爲忽略外境而異於一般人，看來似乎不正常；他講的則是要把自己搞亂成不正常，然後再去變回正常。所以，誤會了祖師的話以後，修行之路就差了十萬八千里；當他跑到十萬八千里外，你要再把他們拉回來，可就很困難了。他們不知道眞正學法的人一向都要很正常，一點點不正常都不許有；只是太專心而忽略了一些事情，使一般人覺得似乎是有一些不正常，心中卻是完全正常的，可是大法師卻在表相的不正常上用心。

人家不正常，是因爲正在參禪，忽略了外面的事情，所以常常你告訴他一件事情，他忽略掉了，所以弄出一個跟你告訴他的事情相反的事情來，可是他的心智是完全正常的，沒有一點點不正常。如果眞的要去不正常再回到正常，那麼想開悟的人都要先去榮總長青樓（精神病院）住一陣子，先當個瘋子再來悟。這眞是豈有此理！大法師講出這種話，都不怕人家笑話！所以說，末法時代的今天，有許多對意識的刹那境界不能認識清楚的人在當大法師。像法時期也有這種大師，正法時期更有這種大師，只是這種大師都在外道中，不在佛門中；因為這種人在正法時期的佛門中不可能成為大師的，只要他敢說出錯誤的法來，馬上就會有比丘、比丘尼向 佛告狀說他在誤導眾生，佛就會問：「那他怎麼說？」如實講出來以後，佛就說：「你拿我的話去告訴他，說世尊叫你。」等他來了，佛問：「你有沒有這樣講？」「有。」佛就會訶責他：「你不應該這樣誤導眾生！」所以，正法時期不可有那種誤導眾生的大師住在佛門中，因為他們不可能成為佛門中的大師，每一位比丘、比丘尼都會責備他：「你不該這樣說法，你這樣說法是在謗佛。」因為說法不如實，而說不實的法是 佛講的，那就是謗 佛，因為 佛沒有那樣講。以剎那生滅的意識作為標準來看，現在這些大法師們都在謗佛，因為他們個個都說意識是常住不壞的，都說 佛陀也是這樣講，可是 佛明明沒有這樣講。

所以，意識常住的見解是最難破除的，如果能夠眞實破除了，其他也就容易破了。只要意識常住的邪見破除了，前五識常住的邪見自然也會破除。六識都破了，就不會落在自性見裡面，因為外道所知的自性都是六識的自性。所以，針對意識虛妄而作的現觀才是最重要的，若能夠現觀意識是虛妄法、是無常法，其他的身見就能斷除。只要斷了身見，即使很快的悟了——

緣未熟之前就提前悟得如來藏了，也不會再退回意識中。所以，如果有人謗聲聞法或者謗大乘的第八識，我可以保證這個人是絕對沒有斷我見的。在當代，你如果能夠找到自稱阿羅漢的人（你想要證明他是不是阿羅漢，也很容易；假使他謗了本識、謗了如來藏，你就知道這個人鐵定未證如來藏，而且不可能是初果人，當然更不是阿羅漢），卻在毀謗如來藏，你就可以離開他了，因爲他一定還沒有斷我見。凡是已斷我見的人，他聽到如來藏常住這個說法，一定會去思惟，然後他將會瞭解：這一定就是佛所說的涅槃中的本際。除非有人告訴他說如來藏是有見聞覺知的，譬如印順法師那樣講。

印順認爲阿賴耶識是有覺有知的，他把這個意思寫在《妙雲集》中；那麼你憑這一句話就能斷定，印順還沒有斷我見；因爲凡是證得聲聞果的人都不會否定本住法，只有凡夫才會否定本住法。否定本住法以後，爲了避免涅槃成爲斷滅境界，他一定會回頭再把意識心建立爲常住不壞法，印順正是如此重新掉回我見當中。因此，凡是在佛法中不能證得聲聞菩提或者大乘菩提的見道功德，最重要的原因就是因爲對意識不瞭解，生起了常見；都是由於虛妄想而產生的錯誤知見，使他在外道法中以及在佛法中，無法如實了知外道法及佛法所說的眞實道理，產生了過或不及的現象；因此就產生了種種虛妄想、種種的分別，就落於斷邊、落於常邊。

所有的破法者都在這一句經文中被預告了：都是因爲過或不及而產生問題。不及，就落在常見裡頭。太過，就猶如二〇〇三年那一批退轉的人，而第一批退轉的人也是太過。二〇〇三年那些人退轉，都是因爲我見還沒有斷，所以當我們幫他們悟得阿賴耶識以後，他們還要再建立另一個能生阿賴耶識的法，這就是太超過了。第一批人也是一樣，但二〇〇三年那些人，是人家已犯的過失，他們再重犯一遍，不重犯一遍就不甘願。第一批人是怎麼樣呢？當我們幫他們證得阿賴耶識以後，他們說：「**我們現在找到阿賴耶識了，證得眞如了，可是這個眞如心，還得要有個所依。**」喔！眞如還要所依呀？那就要依個不停了！爲什麼呢？因爲你找到第八識，第八識得要有所依，就會建立第九識。於是他們建立一個第九識：**離念靈知**。結果是掉回悟前的第六識中，並不是第九識，而是重新落入常見之中。

就算是他們眞的能找到另一個第九識，未來將會有一個更聰明的人說：「**我們雖然找到第九識了，但第九識還得要有個所依啊！**」於是又弄出個第十識來：「**我的第十識比你的第九識厲害。**」未來他的徒弟還會說：「**我比我的師父厲害，因爲我證得第十一識。**」一代比一代厲害，永遠無窮無盡，那到底是誰能成佛呢？釋迦牟尼是證得第八識成佛的，這個人竟然能證得第十一識成佛，那表示 釋迦牟尼還沒有成佛了，是不是這樣？這顯然是謗佛呀！這樣一代比一代強的結果，未來將會有人證得一千一百一十一識，那似乎是更強了，但這些其實都是太過。太過的結果都會落回原來意識心的種種變相裡面去——建立種種意識的變相境界爲更高超的識。第一批人如此，第三批人也是如此。

第二批人則是迷信藏密，認爲藏密比我們更殊勝，所以他們轉入藏密去了，卻不知道我心中早就計畫要破藏密了。可是他們有一天邀請我去見他們所跟隨的藏密上師，那位上師見了我的時候，……（中略）後來我想要離去時都無法走人，被那位上師強行留下來，受他供養晚餐，也算是結了好緣。所以我說，那些人眞的愚癡，你把眞的黃金送給他們，他們卻說這不是黃金，要另外去找黃金，誤以爲電鍍的很光亮的鉛塊—西藏密宗—才是眞黃金。他們找來的確實是比我們給他的黃金光亮，因爲人家會包裝、會打磨，我們給的是黃金的金塊，並沒有先打磨到很亮，因為我們不想把它磨亮，要等到入門以後再慢慢打磨精製成莊嚴具。如果真的要比，我們會比他們更亮，把瑪瑙拿來推上幾下就很亮了，比電鍍的還要亮；可是我們不想作渲染、宣傳，都不作包裝，人家卻用鉛鍍了金，擦得雪亮來和我們比亮；那些人不懂，就被騙了，所以說那些人是太過。

第一批人說：「老師幫我們找到阿賴耶識了，阿賴耶識又名真如，我們現在證得真如，可是真如應當有所依，你還沒有找到真如的所依，將來死後要依什麼？」要依什麼？錯了！是要無所依，才能得解脫。就是第八識獨存而無所依，才稱為無餘涅槃；結果他們還要抓個東西作所依，那就只好在三界中繼續輪轉生死了，這就是太過。所以，我常常說爬山，爬到山頂時就應該要停住了，不應該再前進了；因為你想要到最高的地方，這就是最高的地方。他們卻說這裡不是最高，要繼續爬，就爬下去了！到了平地，他們說那裡才是最高的地方。世間就有這種人，第一批人如此，第三批人也如此。

第一批人倒是沒有說那是第九識，只說我們這個第八識還要有一個所依。找個所依以後，結果是落回意識心中。第三批人建立一個能生阿賴耶識的法，說那個法是佛地眞如。但我們探究他們的佛地眞如，結果還是離念靈知，仍然是意識心，原來都是由於我見沒有死盡，問題都出在這裡。因爲我們以前並沒有先要求大家作斷我見的觀行，雖然禪淨班有教，但是沒有要求作觀行；所以後來我們就改弦易轍，在禪淨班時要先作觀行來斷我見；並且在禪三起三之時，我還要費盡唾沫，再講一個半鐘頭來殺大家的我見。就是怕我見沒有先死，找到如來藏以後還會再爲如來藏找一個所依，但事實上是如來藏不可能再有所依，超過這個第八識就再也無一法可得了，他們卻掉回意識中，誤以爲是如來藏的所依；所以，想要斷我見，眞的很困難。有些人聽完五蘊十八界的虛妄了，問他說：「我見斷了沒？」「斷了。」可是等到參禪時，他找到的如來藏還是意識，這就是還沒有斷盡我見，斷盡了就不可能將意識當作如來藏。我見眞的斷了，最多只是找不到如來藏在哪裡，絕不會誤將意識認作如來藏。

所以，意識常住的邪見，是自古以來最難斷的法，因此在人間要找一個初果人眞的很困難。找一個初果人都很難了，想要找一個斷三縛結以後再證悟如來藏而不退失的菩薩，更難。可是，就在這麼難之中，我們這裡的要求是：你斷了我見，接著就要證如來藏。這樣才算眞的入了正覺的內門，否則只是進入正覺的外門而已。今天佛教界所有斷我見的人，都在正覺同修會中，你在會外找不到。會外如果可以找得到，也都是從同修會中告長假出去的人。將來如果外面已經有眞斷我見的人，那也是讀了《識蘊眞義》、《阿含正義》以後的事，仍算是由正覺幫助而斷我見，仍然要算是正覺弟子。

所以說，斷我見就已經這麼困難了，想要能夠證得本識而發起般若的智慧，更是加倍的困難。所以，如果你們出去外面看見人家連我見都沒有斷，那時應該要體諒他們，不要苛責；因爲連四大山頭的大法師都斷不了了，怎能要求跟著學習的居士們斷我見呢？所以，對這些眾生應該要有慈愍心，要體諒他們不能斷我見，而不應該開口說：「你這麼笨！到現在還沒有斷我見。」不應該責備他們，應該告訴他們意識是什麼樣的境界，讓他們瞭解意識生起的條件，以及最容易檢驗意識生滅性的方法；要讓他們瞭解到凡是與五種別境心所法相應的心都是意識，凡是有見聞覺知的就是意識，凡是五位之中會斷滅、會間斷的就是意識。讓他們藉這些道理而產生了自我檢查、自我抉擇的智慧，這才是最重要的，不要責備他們。至於他們以後能不能斷我見，就要靠你們爲他們種下的這些智慧種子，來引生將來見道的因緣。

所以，過與不及是很正常的，一般人都是不及。過呢，就是來到正覺同修會，我們幫他們找到如來藏以後，他再來頭上安頭，那就是過。學法者一定要離開過與不及兩邊，才能夠常住不退，否則都會退失。退失了，就產生異想分別，落於斷與常兩邊。異想分別就是與正理不同的想法，心裡面想：這不是如來藏，我另外再去找。找到老，找到死，都不可能找到另一個如來藏。我們幫他們開悟的這個如來藏，他又不敢承擔，因爲他是去禪三以前就由人家告訴他密意，並沒有體驗參究的過程，智慧出不來，所以就抱著眞心要另外找一個眞心。人家是不知道眞心在哪裡，他是抱著眞心要另外找眞心，所以般若智慧無法生起，就抱著一個斗大的問號死掉了。

不及的人是無法離開意識，一直在意識上作文章；所以，過與不及都會產生問題。因此，讀經、讀論、讀書，都應該像陶淵明說的：「**好讀書，不求甚解**。」甚就是太超過，讀得太超過了就會自己發明新東西，就鬧笑話，這叫作過——甚。不及呢，就是不明瞭那些文句是什麼意思，於是越讀就越昏沉，讀到後來就變成催眠書。晚上睡不著時就拿那本書來讀，讀到最後就睡著了，這眞是催眠的好辦法。可是讀我的書而睡著的人不多，因爲久學佛法的人拿到書以後，越讀越興奮，就讀到天亮。久學佛法的人第一次讀我的書，大概都是這樣，不斷地深入法義中，快樂地讀到天亮，忘了睡覺。所以，如果你想要治療你的失眠症，就拿香港那些唯識學專家寫的唯識書去讀，你完全不懂，他們自己也不懂，於是讀到最後就睡著了。所以說，異想分別的產生都是過與不及產生的。

甚解，在一定的狀況下會發生，那就是愛表現，想要當第一。他想：「每一次聽蕭老師講經，那個經文裡面都有一些東西；若是自己閱讀，總是不知道有那些內涵；他能講出來，太棒了！我也應該如此，並且要比蕭老師講得更好。」所以，他自己便臆測猜想了一些東西而講出來，結果卻是甚解而講出來的，是與經中的眞義相異的，這就鬧笑話了！所以異想分別都是不及以及太甚而引生出來的。說法時要能夠如實，要能處中而說，並不是靠想像去作勝妙的表現而說出來的；必須是眞修實證、觸類旁通而說出來的，才不會產生過與不及的現象。那就表示他所說的都不是異想分別所得，而是完全符合佛法，是眞修實證的如實語，才能成爲勝妙法。

所以，想要離開妄想見，眞的很困難。但是如果你有因緣，遇到眞正的善知識，本身的信根慧根也具足，就可以快速地離開妄想見。這就是學佛人最難的地方，因爲沒有正知正見以前，無法抉擇善知識——沒有能力判斷眞假善知識；等到將來有了抉擇分時，又不需要去判斷眞假善知識了，因爲自己就是善知識了；學佛的困難，就難在這個地方。沒有能力去判斷眞假善知識之前，要怎麼樣遇到眞善知識？那就是緣分了：**這一世有沒有好的法緣，是因爲上一世有沒有跟善知識結過好緣**。所以，過去無量世以來，一世又一世會遇見很多的知識，其中有惡知識也有善知識，都要靠自己有沒有世間法上的智慧加以辨別抉擇，以及有沒有廣結善緣，千萬別廣結惡緣。

所以，佛法中說**修學菩薩道，建立對三寶的信心需要一劫乃至一萬劫**，原因就在這裡。這一劫乃至一萬劫中要作什麼？要從世間法中去修出好心性來，要修出世間智慧出來。這個好知見、好心性，其實十幾年前，就有人在推廣，就是現代禪；李老師提出了許多主張，其實就在培養學人建立好心性、好知見，可惜的是中途而止，眞的很可惜。可是那個過程的訓練，快的話，一劫就完成了；有的人卻很慢，要一萬大劫，那表示他的世間法智慧不夠、心性比較偏執。那些人就是：你把正覺的書送給他，他一看正覺兩個字就說：「我不要看居士寫的書！」他們是從來不讀《維摩詰經》及《勝鬘經》的，因爲 維摩詰大士與勝鬘夫人都是居士。那些人就得要一萬大劫修集信心，不可能一劫、十劫就修成十信位圓滿，因爲他們還不懂大乘僧寶的眞義。

如果他們的世間智慧夠，會想：「我試著讀讀看，我師父說這蕭平實是邪魔外道、是破法者，我讀看看，到底他什麼地方是邪魔、是外道、是破法。假使眞的是邪魔、外道、破法者，我就好好的破斥他；不要像我師父一樣只說他是邪魔外道，眼看著有許多人被蕭平實這個邪魔外道誤導，我師父卻不肯寫書破斥他。」像這樣的人，他開始學佛以後只要一劫，就完成了對三寶的具足信，但這種人是極少數。所以，有時候我們同修們去發書，就釣到了一兩個品質很好的人。以前達賴喇嘛在桃園巨蛋辦法會，我們有人去發書；他們有的信徒拿了帶回家，以爲也是在弘揚密宗的書，拿回去一看，大吃一驚，原來都是在破斥密宗。可是讀呀、讀呀：「有道理！」讀到天亮時說：「這才是正法呀！」就這樣走進同修會來。這表示說，這種人一劫就能完成對三寶的信心。可是有的人先要問一下：「你這個是什麼書？」「正覺同修會的書。」

「**我不要！**」他就把手一推，走了！那就要修一萬大劫，才能具足對三寶的信心。

所以，想要斷除妄想見是不容易的，如果他自己本身的條件不夠，不願意實事求是去探討看看、去嘗試看看，他就跟正法無緣。很多人讀《阿含經》時都是隨便讀一讀，阿含中 世尊特地示現爲凡夫而一世成佛，祂的目的在哪裡？是特地示現給眾生看：**要一一親歷眾多外道，去證實他們錯誤**。這意思是告訴大家不要迷信、不要盲從，你要實際理解外道所說的法到底對或不對；要有親自的瞭解以後，才能夠說人家是外道、或是邪魔、或是破法者。可是現在的人往往是人云亦云，單憑錯悟的法師一句話就信受了，他們也永遠不可能知道心中敬仰的師父是錯悟的大師。所以，好多人看見我們的書就說：「**這個我不要讀！**」「**爲什麼不要讀？**」「**我師父說不可以讀！**」所以就喪失見道的機會了，而這種情形是很普遍的。

但他們爲什麼會這樣？都是因爲他們的世間智還不夠，所以無法作出基本的抉擇，因爲他們都是迷信的、盲從的。不幸的是，迷信與盲從是人間的正常事，理智與抉擇反而是人間的非常事。迷信與盲從，在世間法或者在學術界有一個很好的名詞——集體意識。集體意識就是群眾的迷信與盲從產生的。是由於群眾的無知而迷信一小群人的說法，無法爲他們說明爲什麼會這樣，他們反正就是不信正確的說法。而這個迷信與盲從往往有習慣性，很難去扭轉它；正因爲這個迷信盲從——集體意識，所以會造成共業的不可轉。共業的不可轉就是由於集體意識產生的，所以很多人走不進正法中，悟錯了還以爲眞的悟了，沒有證果也自以爲眞的證果了，然後反過來把別人眞正的證果當作是沒有證果，把常當作無常而責罵別人是外道、是邪魔。

所以「異想分別」耽誤學佛人的道業非常的嚴重。而異想分別、盲從迷信的集體意識，都屬於無智眾生專有的習性，這個現象是在一般眾生身上很容易看得見的；不單是人類如此，旁生類更是如此。譬如一個魚池裡面有幾十條魚，你撒飼料下去，大家吃得很歡喜。可是，如果其中有一條魚吃了一口以後尾巴用力一甩，逃開了，其他魚就立即跟著逃開；到底是爲什麼逃開？大家都不知道，那一條魚自己也不知道，這就是低等的集體意識。一群人、一群狗、一群生物都會一樣，只要突然間出現一個異狀，有一個人突然很緊張的跑開，大家就會跟著跑，這就是集體意識。乃至一般人也會有同樣的集體意識被漸漸地鼓吹出來，這是潛藏在有情心中已經無量劫的習性。

所以往年大法師們異口同聲說蕭平實是外道，大家就會相信了。要經過幾十年不斷地辨正法義，讓大家漸漸都知道原來自己的師父是顧慮名聞、利養、信徒流失而那樣說的，而那個被師父說成邪魔外道的人才是眞的菩薩，才是眞正了義正法的弘傳者；但是到這個地步時，你已經辛苦奮鬥二、三十年了。所以眞正的度眾生很困難，只有在表相上度眾生時才是容易的。因此，生起異想而作出錯誤分別的原因是什麼？就很值得探究了。異想分別，其實說穿了，就是經中講的不如理作意。由於不如理作意，所以產生了猜測臆想而產生了異想，於是就產生了與經中眞義不同的分別——異分別；由於異想、異分別，就使眾生走入歧途，九牛都拉不轉。所以悟了以後會發覺「斷我見跟證悟看起來都不困難」，可是你往往會忽略掉：假使不是因爲有蕭老師的書，假使不是因爲在正覺中親教師兩年半的正知見傳授，想要離開不如理作意所產生的異想，是很困難的。因此，當你走過來而發覺並不難時，卻往往會發覺：對一般學佛人來說，斷我見與明心仍然是非常困難的，絕對不是不難。因此，作意的正確與否就顯得非常重要了。

可是維持正確的作意，要靠什麼呢？這又值得探究了。想要離開不如理作意，要一直維持正確的作意，其實也不難，佛也早就講過了，就是多聞熏習。多聞熏習正法，一定是要經由多聞；如果肯多聞，固然惡法也聞進來了，可是必然也會聞到正法，當你多聞以後就可以把各家所說的法作一個比較。如果只獨䛗一味、單釣一池，那就表示這個人永遠只能釣到同一個魚池中的魚，不會有更好的魚種被他釣到。獨䛗一味，就永遠只能喝到同一種的酒，再也沒有別的勝妙味道可以比較，就沒有選擇更佳酒類的機會了。假使聽從眞善知識的勸告，不再獨䛗一味，那麼釣過這一池而知道總共就只有兩三種魚，就懂得要換別的魚池來釣了，才會知道別的魚池中另外還有好魚，才能夠比較而作更好的抉擇。

所以，善於喝酒的人，都是要喝遍天下高粱、茅台、大麴、清酒、紅露、燒刀子、二鍋頭，乃至最難喝的米酒都要喝喝看；外國的葡萄酒、麥酒也都要喝喝看，然後才有能力鑑別什麼才是最好的。不要像某些愚癡人獨䛗一味，永遠都喝同一種酒；有智慧的人是喝遍了很多種以後，才決定說：「我只要喝這一種酒，因爲這是最好的。」可是沒有智慧的人也跟人家說：「我只要喝一種就好，永遠喝米酒，獨酤一味呀！」他跟人家的獨酤一味卻不一樣，人家是已經都普嚐過而作過抉擇了。所以想要離開不如理作意的最好方法就是多聞熏習，因爲聽聞多了以後，一百種法之中只要有一個正法，你就增加了一分的抉擇力；對其他九十九個表相正法，你就有能力分辨了！所以佛常常強調要多聞，每一次舉說正面的例子時，也都說「多聞聖弟子……」；凡是舉說聖弟子時，都在前面加上多聞兩個字，因爲聖弟子之所以能成爲 佛陀座下證聖的弟子，都是由於離開了不如理作意的異想；能夠離開不如理作意的異想分別而成爲聖弟子，是由於多聞而來，多聞的重要就在這裡。

異想分別就是從與經中眞義不同的想法而作出來的不同分別，想要離開異想分別就得要從離開不如理作意而來。想要離開不如理作意，卻一定要從多聞熏習而來，因此學佛最怕的就是閉門造車。可是有一種人卻要吩咐他：千萬要閉門造車。因爲天下都沒有開悟的善知識，而他自己是再來人，那時可就一定要閉門造車了！否則多聞熏習來的知見都是錯誤的，永遠也悟不了！所以說，法無定法，不可以說：「我要多聞熏習，這是你告訴我的；所以我明天去法鼓山聞法，後天去中台山聞法。」大後天又去找林喇仁波切，可得準備著吃他的白菩提——精液。所以，對尚未證悟來說，多聞熏習必須是全面的，也需要是當時仍有眞善知識住世。所以多聞熏習時得要因時因地制宜，要有智慧衡量狀況。所以，凡是還沒有離開胎昧之前，都不能離開諸佛菩薩。所以，有的人很聰明，讀過正覺的某一本書以後，因爲自己還沒有明心，無力簡擇；而且單只讀到一本，這時心想：「糟了！這個說法與我師父講的完全不一樣，我要怎麼抉擇？我到底要不要去正覺修學？」有的人很聰明，拿了筊杯到佛像前擲杯請示，於是就來正覺修學，後來也證悟了！也有這樣的人來到同修會，還不少人呢！

所以說，學法時不能單靠一法，因此在這裡我就要跟大家講四個字，這是阿含裡面常常看見的字，叫作「趣『法、次法』」，有沒有讀過？這四個字要怎麼斷句？趣下面要加個上引號，法下面加個頓號，次法下面再加個下引號。也就是說，要趣向法與次法。趣向法，法就是眞實的三乘菩提，叫作法、眞實法。可是單單趣向三乘菩提還是不夠的，次法也得要遵循。次法，譬如修學三乘菩提時應該注意的事項，就是次法——次於法的法叫作次法。

爲什麼 佛特別要這樣交代？這意思是說：來正覺修學三乘菩提，不管是哪一乘的菩提法，想要修學時，親教師交代你的其他注意事項，你也要遵守、也要修學。如果你的老師指示：「**你要把性障修除，也要修集福德，還要修習定力。**」那麼這幾個部分就是次法了，這些法可以幫助你親證三乘菩提，而這些法並不是三乘菩提正法。至於眞正的法，如果是從聲聞菩提來講：你要怎樣斷我見？意識爲什麼是虛妄的？色陰爲什麼是虛妄的？識陰又爲什麼是虛妄的？這些都是法——聲聞菩提正法。可是在證這個法以前，必須具足次法才能證得這個正法；次法就是修除性障、修集資糧、修習定力；這些次法能幫助你證得正法。想要實證聲聞正法，要依靠這些次等的法來幫助；有了具足的次法來幫助，就可以證得心中趣向的正法。所以修學正法的人，法與次法都要趣向，不能單要趣向菩提正法，卻都不趣向次法；在這種因緣條件不具足的情況下證法，以後還是會退轉，這就是阿含中處處說到的很重要的四個字：趣法、次法。

所以，假使找到眞正的法了，親教師交代你說某一些書不要去看，你就不要讀；因爲在你腳跟還沒有站穩之前，智慧還不夠深妙之前，你去讀某一些書以後，往往會被轉變；因爲你可能會像剛出生而離開父母的小獅子一樣，妄認死對頭爲父母，將來死時是怎麼死的，自己都不知道。剛悟的人只有根本無分別智，看不出妄說法者的破綻，這是很常見的事情。譬如剛剛破參明心的人，聽到有人說：「我這個結論是經由文獻考證出來的，……。」也舉出一些根據。他想：「這個都是有考證的，應該可信。」卻沒想到人家所謂的考證，都是故意取材錯誤而作出的結論；與他破參而有的智慧是衝突而違背的，但是往往會因爲對方所謂的考證名義就相信他了。

剛明心時還沒有能力探究別人的考證有沒有問題存在：他的考證是不是如實？這是第一個問題。而他所謂的考證一定有所取材，他的取材是否正確？也沒有能力判斷。而他所謂的考證，你有沒有去求證？而你有沒有能力去求證？光是這三個問題沒注意到，就會被轉而退回凡夫位去了。所以，有一些人所謂的考證，是取材於未悟者或取材於錯悟者所寫的書或論，他拿來作考證的根據，有人就因此誤信而被轉退了，卻誤以爲自己是增上修。有人拿藏經中的論作爲根據來作考證，你把它核對過了：眞的是藏經中的論，而他的考證與藏經中的論是符合的。問題是，藏經中的論本身已經講錯法了。因爲古人寫論時就已經寫錯了，被凡夫編輯者收入《大藏經》裡面去，再被他誤引出來作考證。最有名的就是佛護、安慧、清辨，他們的謬論也被編進《大藏經》中，卻是與 佛所說的法義相違背的。更有名的是天竺坦特羅「佛教」的僞經、邪淫經，也就是今天西藏密宗的雙身法，也被日本人收進《大正藏》中，於是無智者就誤以爲是眞經了！這樣依據錯誤的論與僞經而考證出來的結論，可想而知，一定是違背 佛陀教誨的。

所以，法與次法，都要兼顧到，當善知識告訴你某一些法不是你現在應該去碰觸的，你就暫時放過它；等到你的見地夠了，有很堅固而且勝妙的抉擇分時，再來閱讀而作摧邪顯正的工作，就不會出問題。否則，一定要在善知識的指導下去摧邪顯正，以免見地還不堅固以前去閱讀了假善知識的書，就會被轉而退失了。也許有人不太相信，那我們講一個譬喻好了——智者以譬喻得解。如果譬喻講了還不信、還不懂，就不是智者。譬如獅子，是最強大的獵食者。你雖然是獅子，可是你才剛出生三天、五天，但是有一隻專門騙人的狐狸，牠不是獅子，當然沒有什麼威勢，可是牠已經幾乎成精了。那你這一頭剛出生三天、五天的獅子，鬥得過那一隻老狐狸嗎？

從這個譬喻就可了知其中的道理了，你如果才剛悟三、五天或三、五個月，雖然是正法中的獅子，但人家老狐狸已經在佛教界混幾十年了，你想要破他，談何容易呀！譬如二〇〇三年初那一批人，就是被印順老狐狸的唾沫給轉退了，還自以爲是增上呢！他們讀了印順所謂經過考證的書，心中懷疑阿賴耶識是不是最終心，就相信印順的邪說而創造新佛法，就退轉了！後來也證明他們是退轉而不是增上。因此，法與次法都要兼顧，親教師交代暫時不要碰那些東西，就別去碰觸。如果交代你什麼時候可以開始著手，那你就去著手。所以法與次法都要兼顧，千萬別說：「修集這些福德與斷我見沒有直接關聯，爲什麼我要去修集福德以後才來斷我見？爲什麼我要先修除性障才來斷我見？」雖然看來似乎沒有關聯，但其實是有關聯的，所以法與次法兩者都要兼顧到。

法，當然是有興趣，你才會趣向它；但是次法，不論你有沒有興趣，一樣要趣向它；這就好像一個鼎，如果不是具足三個腳，就會傾倒。能夠多聞熏習，就可以離開不如理作意而產生的異想分別，離開了異想分別就不會落在斷與常的兩邊；這時證初果是水到渠成的，想要再進一步取證如來藏，一樣是水到渠成的。這樣，佛菩提道及解脫道走起來就很順暢，不會有許多的遮障，學佛學得很快樂，證果也是快快樂樂的證；所以次法的趣向是很重要的，對於法的實證一定會有很大的幫助。當你把次法具足時，人家是很辛苦而作不到，你卻很輕易地達成，那不是很好嗎？爲什麼要自己另外去創造，去辛苦的模擬，結果還是弄錯了；妄想要佔先，最後卻變成灰頭土臉，那不是自找麻煩嗎？所以**趣**法及**趣**次法都很重要，這都是要靠多聞熏習來完成的。把握住了這一點，從此以後，邪見與岔路就永遠都跟你無關，每一世都是順順當當的邁向佛地，這才是眞正聰明的人。

關於這一段經文的義理，我們還是要看看印順怎麼註解的，用法義辨正來快速提升大家的見地。請看補充資料，印順說：【凡夫見有生滅，見生者必歸於無常滅，不了五陰無常相似相續，不了**如來藏為依**而不失不壞。於是就起斷見，以為不免無常，不免一死，終於是什麼都沒有。】（正聞出版社·印順法師著《勝鬘經講記》p.230）

我對他這段註解作了如下的評論：【都因有如來藏心作爲萬法的所依，故死後入胎滅除意識後，不是一世所修無漏法都唐捐其功，無漏法種都可以藉如來藏心的持種而轉移至後世，免於「此世斷見，後世無因生」之過失。

但印順說如來藏不是心，只是「蘊處界緣起性空之緣起性」，而印順認定的蘊處界中的識心又只有六識心，他有時所認為的如來藏又是佛地方有的種種功德，則印順此世所修的各類法種，將何以為依而不滅壞？如何能轉入後世而得重新現行？豈非正是斷見者？正是標準的凡夫斷見，墮於諸行無常中，非正見。】

我覺得印順自己的註解，應該用來指責他自己。天下常常有這種人：他一天到晚指責別人，不斷的指說別人都錯誤，可是他都沒有注意到自己所講的話都是正好在指責自己；當他一個指頭指著別人時，還有三個指頭正好對著自己，他卻沒注意到。世間法如此，社會上如此，政治上如此，佛教界也是如此。現在就只有一個人在講別人的時候，這三個指頭不是在指自己，就只有我們正覺。所以，我們如果要指別人之前，應該要先檢查自己有沒有錯誤。可是，當印順在指責別人落到常見、斷見、自性見時，講的都正好是他自己。以前昭慧法師回信說我主張如來藏常住，就是落到自性見裡面。結果卻是他們自己落入自性見中。

這就是說，當印順在說：由於不瞭解五陰無常的相似相續，不瞭解如來

藏爲依而不失不壞時，生起了斷見，以爲不免無常，不免一死，終於是什麼都沒有。你來看看印順，他認爲：如來藏就是緣起性空，如來藏就是佛地的無量功德性（編案：詳見第四輯中的舉證）。但印順的說法與 佛完全不同，結果他自己正是「不了**如來藏為依**而不失不壞。於是就起斷見，以為不免無常，不免一死，終於是什麼都沒有」，所說的正好是印順自己。印順在否定如來藏心常住的正法，而將緣起性空取代如來藏心以後，不得不重新建立意識細心常住說，不得不再建立滅相眞如常住說，以免落入斷見中；所以印順正是不曾了知如來藏爲依而使萬法不失不壞的典型代表人物。印順如此以文字責備了自己以後，卻又仍舊渾然不覺，怎能說是有智之人？所以，印順不該否定如來藏心的實存；因爲如來藏心確實可證，證後確實可以現觀萬法都以如來藏心爲依才能不失不壞。如來藏心是實體法、是常住法，雖然心體無形無色猶如虛空，卻有眞實自性，這樣才不會落到斷見裡面去。但印順把如來藏心定位爲方便說的假名施設名相，認爲**如來藏就是緣起性空，也是佛地的種種功德性**。當他這樣定位如來藏時，就正好落入斷見裡面去了。

所以，實際上都因爲有如來藏爲萬法的所依，所以死後入胎而使此世意識永遠滅除以後，此世意識所修的無漏法都不會唐捐其功，所有無漏法種都會依附在如來藏心而轉移到後世，免於「此世斷見，後世無因生」之過失。為什麼我們這麼講？因為六識論的應成派中觀見者，否定了如來藏心，又不許有意根存在，就變成這一世死後成為斷滅空，因為意識不能去到下一世——從理上及聖教中都已如是確定了。死後既已成為斷滅空，那麼下一世重新出生的五陰就變成無因而生了——純粹依靠父母及四大為緣而出生了五陰。這樣一來，應該每一個人都同樣是無因而生的，就應該每一個人出生以後的心性、智慧都相同，果報也應該都一樣，因為都沒有從前世帶了業種來，而每一世的意識也都是新的意識，所以每一個人的意識都不會與往世的業種、無漏法種、有漏法種相應。這樣子，每一對父母應該都是同一個模子鑄印出來的一樣，而且每一個子女也都應該是同一個模子鑄印出來的；因為五陰唯緣而生，都無前世之因，那就好像製造工業產品時從機器中不斷鑄出來的一模一樣。

可是眾生並不是這樣，眾生一直都是智慧有高低、福報有勝劣、異熟果報的五陰各有美醜勝劣的差別。乃至同一對父母所生的同卵雙胞胎，他們一生的果報也不一樣。這顯然是有帶著不同業種來出生的，是有過去世熏習的有漏、無漏及種種不同的無記法種帶到這一世來，所以各都不同。意識既不能來往三世，顯然不能執藏各類種子來出生。所以，印順的說法必然會變成「此世斷見，後世無因生」。可是從有情各各不同的狀況來看，顯然各人都有不同的業種，世間技藝等無記法及所熏習的貪瞋癡等有漏法種也各不相同，而且所修學出世間法的無漏法種也各不相同。所以同卵雙胞胎兄弟熏習同一種世間法時，一個人學得很快，另一個人卻可能學得很慢；一個人很聰明，另一個人智慧可能就遠不如他，這表示他們往世修學世間法的法種不一樣；由此證明有情確實是各有不同法種從前世帶來受生，而在此世現行時顯現互相的不同；所以有情的出生顯然都不是無因唯緣而生的，顯然都是有因有緣才入胎、出生的。所以一定各自都要有一個如來藏來攝持前世熏習或造作的種子而入胎，才能夠在來世顯現出來，才會看見有因果律昭昭不爽的現象表現出來。可是印順把如來藏否定掉，前世所有的種子就無法帶到此世來，他無法避免成爲「此世斷見，後世無因生」的過失，於是不得不新創佛法：**滅相眞如常住不壞、意識細心常住不壞而能受持業種**。他以這樣的思想來註解《勝鬘經》，當然會成爲不如理作意——扭曲經義。

印順既然說如來藏不是心，只是「蘊處界緣起性空的緣起性」，而他認定的蘊處界又只有六識心，他所認爲的如來藏又只是到佛地時才會有的種種功德，那麼印順這一世的所修，將何以爲依而能帶到下一世不會壞滅？豈不正是斷見論者嗎？所以他的看法正是標準的凡夫斷見墮於諸行無常之中，絕對不是正見。不管他所建立的滅相眞如常住說，或是意識細心常住說，這二者都不離行的範圍，因爲滅相眞如常住說，或意識細心常住說，都只是他的意識心中存在的觀念，是不離六塵境界的，是在有覺有知的意識心中的存在，所以都不離行；行是變異法，行的本身就是苦，所以印順這樣解釋「見諸行無常，是斷見，非正見」，當然就解釋錯了。

回頭來看經文：「**妄想見故，於心相續，愚闇不解；不知刹那間意識境界，起於常見。**」印順如何註解呢？請看補充資料，印順說：【有一類凡夫，「於心相續」的真義，「愚闇不解」。心雖是相續的，但以愚癡闇昧而不能如實了解，「不知刹那間」生滅的「意識境界」，所以「起於常見」；**這是唯心論者的偏見。**唯心論者，執有精神的常住；他們以為眼等諸根壞了，心是相續常住而不斷的。不知道心——意識是剎那剎那生滅的相續，如火焰一樣，流水一樣，是前後相續不斷的，但並不是常住。於心相續所起的常見，也是由於「妄想見」而生起的。】（正聞出版社．印順法師著《勝鬘經講記》p.231～p.232）

以下，我們把他的說法分段來辨正：【有一類凡夫，「於心相續」的真義，「愚闇不解」。心雖是相續的，但以愚癡闇昧而不能如實了解，「不知剎那間」生滅的「意識境界」，所以「起於常見」；這是唯心論者的偏見。】接著請看楷書文字中的第一點，我這樣評論他這一小段註解：【這是公然否定眞實心。印順爲何敢在此公然否定心的常住、眞實？因爲他只知道有六識心，不知或不願承認還有七、八二識，所以對唯心論者「認定第八識眞心常住，對『凡夫主張意識常住者即是常見』的說法」，公然表示不認同，認爲有第八識心常住不滅是唯心論者的偏見。】

當唯識學派主張說：「凡夫眾生主張意識常住，就是常見外道。」印順不認同，因爲他私心中認爲意識心是可以有一分無常而一分常住不壞的，那一分不壞的意識就是他所說的意識細心；然後將唯識學派所說的第八識如來藏常住說，扭曲爲「唯識學派主張如來藏常住不壞，就是將意識錯認爲常住心，起於常見」，就誣稱唯識學派是唯心論者的偏見。這是將唯識學派講的第八識常住，扭曲爲主張第六識常住，再指責爲偏見；這眞是指鹿爲馬的手段，也是做賊的人大喊捉賊的惡行；因爲他正是主張意識中的一分細心常住不壞的人，正是做賊的人。

印順的說法是公然否定眞實心如來藏的存在，自己墜入意識常見中，再來誣指別人墜入意識常見中；印順爲什麼敢在這裡公然否定眞心如來藏的常住與眞實呢？因爲他只知道有六識心，不知或不願承認還有七、八二識，所以對唯心論者「認定第八識真心常住，對『凡夫主張意識常住者即是常見』的說法」，公然表示不認同，認爲主張第八識心常住不滅的人才是偏見；他又認爲主張意識有一分是常住不壞的心的人，不是常見、偏見。所以他其實正好是自己所破斥的不知刹那間生滅的意識境界，所以才會建立意識細心常住的邪說。意識，不論是粗意識、細意識、極細意識，都仍然是意識。既然佛說「諸所有意識，彼一切皆意、法因緣生」，顯然不論意識細到多麼細，都是意、法爲緣生，當然都是生滅法。可是印順說「不知刹那間生滅的意識境界，所以起於常見」，卻說「這是唯心論者的偏見」，但其實正是他自己的偏見，因爲他正是**不知刹那間生滅的意識境界而起常見的人**，所以印順是打著紅旗反紅旗的。

印順表面上在註解《勝鬘經》所說的「意識是虛妄的」，可是他這幾句話卻是在認定意識是常住的，因爲印順這樣說：【心雖是相續的，但以愚癡闇昧而不能如實了解，「不知刹那間」生滅的「意識境界」，所以「起於常見」；**這是唯心論者的偏見。**】他就是這樣子打著佛法的名號在反佛法的。佛法明明講意識是生滅的，唯心論的唯識學派及禪宗祖師也都主張意識心是生滅的，同樣都說凡夫眾生因爲對意識的生滅不瞭解，所以把意識認定爲常，因此落在常見裡面，他卻反過來說這是你們唯心論者的偏見。他到底是不是佛教中的法師？爲何打著註解《勝鬘經》的旗號而在實質上公然否定《勝鬘經》。你說這樣的人，我們該不該出來揭穿呢？他這樣顚倒眞相的說法，我們該不該舉發出來破斥他呢？這就很明白了。

接下來印順又說：【唯心論者，執有精神的常住；他們以為眼等諸根壞了，心是相續常住而不斷的。不知道心——意識是刹那刹那生滅的相續，如火焰一樣，流水一樣，是前後相續不斷的，但並不是常住。於心相續所起的常見，也是由於「妄想見」而生起的。】我這樣評論他：【唯心論者所說的常住心是第八識如來藏，但印順卻以第六意識去評論，說唯心論者的說法錯誤，豈非栽贓及指鹿爲馬？但他其實才是具足斷、常二見者。】

若從印順所寫文字的表面上看來，他的說法好像對，其實卻是大錯特錯；因爲，唯心論者所說的常住心是第八識如來藏，又名異熟識、阿賴耶識、無垢識、心眞如；但印順卻以第六意識套在唯心論者所說的第八識上而加以評論，顚倒說唯心論者的說法是常見、是錯誤，這豈非是移花接木以後再指鹿爲馬？但印順自己正是落入意識常住說的常見者，因爲印順否定了第八識以後又怕墜入斷見中，於是發明了意識細心常住說，落入意識中，所以印順才是具足斷、常二見者。因爲唯心論者說的，明明是講第八識出生意識，所講的常住心是出生名色的入胎識，是第八識如來藏。唯心論者所說的虛妄心才是講意識，不是講如來藏。可是印順卻把唯心論者的說法顚倒過來扭曲之後說：「你唯心論者講的常住不壞的心是意識。」然後再指責說：「你是常見。」然後他自己說：「意識是生滅的，所以我們不是常見。」卻又說：「意識細心常住不壞，可以持種去後世。」那麼到底誰才是常見者？

移花接木的栽贓行爲，在佛教界中確實是存在的，特別是印順已經明顯地這樣做了！正因爲有這種人，因此佛教界的法義在這幾十年來已被印順派搞到亂七八糟了；本來一池春水很漂亮，卻被他們搞成波濤洶湧。終於有人出來說：「**佛教界應該平靜下來，別再波濤洶湧了。**」我們就出來作法義辨正，結果卻有一些愚人出來罵：「**都是你們正覺啦！弄得佛教界波濤洶湧！**」就這樣子，我們正是那個被扭曲之後再被指責的人。我們作了以上的舉證與說明以後，大家就知道：印順慣於用扭曲顚倒的講法來註解經典了。

這段經文最後五句是：「**妄想見故，此妄想見，於彼義若過、若不及，作異想分別，若斷若常。**」印順如何註解呢？請看補充資料，印順說：【過與不及，都不合中道正義。不及是**損減見**，太過是**增益見**。如見眼等壞滅，即否認業果不失的緣起法，起於斷見，即是不及的損減。**見到心識的相續，誤以為常住，這是太過的增益見**。這過與不及的斷常二見，即是上來所說的二見——邊見。】（正聞出版社．印順法師著《勝鬘經講記》p.232）

印順慣於評論別人落入損減見或增益見中，但他自己卻同時犯了增益執以及損減執而不曾離開損減見及增益見；因爲印順否定了第八識與第七識意根，把十八界變成十七界——損減了意根，成爲損減見；印順又把無餘涅槃中的實際第八識否定，就使得無餘涅槃成爲空無、斷滅，將實有法損減爲無，也是損減見。印順又把蘊處界滅盡相的斷滅空、無法、虛無，建立爲實有不壞法，那就成爲虛妄的增益見；印順又把本來不涉及般若智慧，也不涉及中觀智慧的二乘解脫境界，強行建立爲大乘般若、中觀智慧，妄說爲羅漢道所證的境界，這又是對二乘法虛妄的增益，也是增益見；印順又把不能使人成佛的二乘解脫道，建立爲能使人成佛之大乘法道，也是增益見。

印順的增、損二見，在他的書中其實是處處可見而舉不勝舉的。但印順最嚴重的損減見，是把唯心論者所證實有的第八識如來藏心的常住性，強行套在第六意識的生滅性上，然後評破爲偏執，這才是印順最大的損減見：對於常住不二而且無法損減的第八識如來藏心，印順在語言上強行加以損減；可是這個損減其實只是印順在思惟觀念上的損減，仍然無妨印順自己的第八識心毫無損減的繼續存在、繼續執持他，繼續實現因果律，讓印順在來世受果報。由損減見故，所以印順自己墮於斷常二見之中，從來不曾離開損減見、增益見，從來沒有斷離損減執與增益執。

印順完全無法遠離增損二見，卻自以爲已經遠離而寫出許多錯誤的論著來流通，因此才會造成台灣佛教界在二十世紀四十、五十、六十年代的紛擾。否則，四十年代太虛大師就不必破斥印順，也不必寫文章指責印順把佛法弄到支離破碎。五十年代汐止的慈航法師，也公開燒燬印順的《妙雲集》表示抗議。乃至現在二十一世紀初，我們還得要寫很多書辨正印順的錯誤，還得要成立正覺教育基金會每年出版學報，想要用學報進入佛學學術界來破斥印順學派的錯誤，希望可以將印順派邪說的毒素消除掉。想想看，一個凡夫竟然能夠產生這麼大的影響力，使我們不得不對他的邪見花掉許多的人力與物力，可見印順對佛教正法的負面影響眞的不能忽視！

釋提桓因有千輻輪寶車，有一位修成神通的外道學成了聲論，可以上忉利天，就用釋提桓因的法破壞釋提桓因，因此將釋提桓因的千輻輪寶車打壞，釋提桓因由此而下墮人間，不能再當忉利天的天主。所以有些凡夫還是很厲害的，除非遇見了眞實親證而悟得很深的菩薩，否則縱使有大神通也沒有用，還是會被凡夫所推翻，看來世間智也是很厲害的，所以學法時眞的要很小心。好在諸位進入同修會，有親教師攝受、傳道、授業、解惑，讓你可以在平順的坦途上不斷前進，這就是你們的幸福！

【「顚倒衆生於五受陰，無常常想，苦有樂想，無我我想，不淨淨想。一切阿羅漢、辟支佛淨智者，於一切智境界及如來法身本所不見。或有衆生信佛語故，起常想、樂想、我想、淨想，非顚倒見，是名正見。何以故？如來法身是常波羅蜜、樂波羅蜜、我波羅蜜、淨波羅蜜；於佛法身作是見者，是名正見。正見者是佛眞子，從佛口生，從正法生，從法化生，得法餘財。世尊！淨智者，一切阿羅漢、辟支佛智波羅蜜；此淨智者雖曰淨智，於彼滅諦尚非境界，況四依智？何以故？三乘初業不愚於法，於彼義當覺當得；爲彼故，世尊說四依。世尊！此四依者是世間法。世尊！一依者一切依止，出世間上上第一義依，所謂滅諦。」】

講記：勝鬘夫人又說：「顚倒想的衆生們對於五受陰等生滅無常法，總是誤認爲常住不壞法，對於五受陰有苦的種種法卻當作是快樂的法；對於無實我性的蘊處界或者山河大地等身外之法，又往往當作是眞實常住的我或者我所；對於不清淨的蘊處界則誤認而生起清淨的想法，執著爲清淨法。一切阿羅漢及辟支佛雖然都有清淨智，不至於把無常之法錯認爲常，不會把苦、無我、不淨錯認爲樂、眞實我、清淨法，他們雖然有這樣的清淨智慧，但是他們修解脫道而證得的一切智境界，以及對如來法身常樂我淨等清淨法所聞知的智慧，都不是他們自己所能了知的；」都要依靠親自觀行之前隨從佛菩薩多聞熏習，或者在無佛之世雖然有清淨智，卻無法證得如來法身的清淨、眞我、常住與寂滅樂的境界。「有時也有眾生因爲相信佛陀聖教開示的緣故，所以他們雖然知道諸法是生住異滅、其性本空，但也知道另外還有常樂我淨四法；而這四法所說的其實就是萬法本體的自心如來，所以他們不是顛倒見，是因爲信受佛的聖言量開示，使他們所知的常樂我淨知見成爲正見。爲什麼這樣說呢？因爲如來法身是常而到彼岸，是樂而到彼岸，是眞實我到彼岸，也是清淨法到彼岸；對於諸佛的法身有這種見解的人，就稱爲正見。有這種正見的人就是佛的眞正兒子，他是從佛口化生，從正法中出生，即是從佛法中化生的人，不但能知道如來法身是常樂我淨，並且還能夠從總相智去獲得別相智以及道種智，乃至成佛，得到佛所有的其他法財。」

勝鬘夫人又說：「世尊啊！所謂清淨的智慧，是一切阿羅漢、辟支佛的智慧到彼岸；這種清淨智慧雖然稱爲淨智，但是如果要說眞正的滅諦，其實他們還是不瞭解的——眞正的滅諦不是他們所能如實了知的，更何況是四依之智呢？」四依之智，講的是依法不依人，依智不依識，依了義經不依不了義經，依義不依語的智慧。「這四種智慧並不是他們所能知道的，我爲何這麼說呢？因爲在三乘法中即將進入見道位的人所修的初學之業，都不可以愚癡於法相，並且還要進一步對於諸法背後的眞實法的法性也不可以愚癡，否則那個初業的修學就是錯誤的，就是愚於正法。如果三乘學者修學佛法時，於初業中已能不愚於法，那麼於三乘菩提的眞實義理，他們必定在未來不久就可以覺悟、可以證得。正因爲這個緣故，所以世尊爲佛門四眾說要遵守四依的原則。世尊啊！這四依說的雖然是世間法——是意識相應的準則，但已不是二乘人所能瞭解的。世尊！所謂一依，就是一切法的依止處；是世出世間一切法的上上第一義依，所以是無上依，這個一依就是滅諦。」

我這樣語譯出來時，知道自己講的是什麼意思，但是你若還沒有破參，有可能誤會成另一種意思，所以還是得要回頭再詳細地說明一遍。顚倒想的眾生，他們一直都不離常、斷二邊。落在常見一邊的人，他們都說常樂我淨，

而　佛世尊出現在人間以後，也說自己的境界相是常樂我淨。於是問題就產生了，那些落入常見的人也認爲自己的境界與佛相同。然而　佛所說的常樂我淨是依如來法身說的，而衆生說的常樂我淨卻是在五陰的範圍之內來說——特別是以意識離念來說的，二者顯然是大不相同的。

正因爲有這個不同，接著才會產生另一個狀況出來；這是佛門中自古至今一直都存在的現象，因爲有些人修學佛法時都是在解脫道上用心，眞正在大乘佛法中用心的人少之又少。且不說一千多年前的俱舍宗，單說禪宗就好了：古時禪宗也是有許多祖師開悟明心是爲了想要入無餘涅槃的，所以了生脫死往往被當作第一個重要的目標，而且是最後的重要的目標，所以中國禪宗自古以來一直都有人捨報時入無餘涅槃去。可是這種人其實並不是禪宗裡的眞正修行人，本質都是聲聞人，一心想要求取自己出離三界的能力，只是因緣太好了，碰巧遇上了證悟很深的禪宗祖師，所以他一悟之下就有能力入無餘涅槃了，而這種人自古以來並不少。

可是眞悟的祖師若是悟得很深，又是菩薩種性人，當他知道求悟者有這種自利心態時，就會破口大罵。禪師們常常用很鄙俗的粗話罵人，不像我；

我從來不用鄙俗的話罵人，因爲我不想一直停留在禪師的階段中。古時禪師罵人的話總是很粗俗的，有些像現在的市場俗人；有時連三字經也可以拿來罵人，這是因爲禪師很痛恨那種聲聞人。甚至於阿羅漢有時還要被禪師罵，譬如黃檗希運禪師曾經與一位天竺來的僧人行腳，有一天因爲天雨，河水暴漲，那阿羅漢有五神通，就凌波而行；當他走到河中間時就向黃檗禪師招手：「來！來！來！一起過河來！」黃檗沒有神通，但他有智慧，卻是阿羅漢所不懂的；黃檗就招手要他回來繼續一起行腳，那阿羅漢卻不肯回來，於是黃檗就破口大罵：「若知道你是個自了漢，早就把你腳後跟剁了！」黃檗雖然還不是阿羅漢，卻指著河中央那個阿羅漢破口大罵，說要剁他的腳後跟。如果是一般人，聽了一定是老大不痛快就走人了，可是那阿羅漢反而讚歎黃檗，說黃檗果然眞的是菩薩，自歎不如。讚歎了以後才飛走，可見他還眞的是阿羅漢，但終究仍是自了漢。

這就是說，菩薩與聲聞所證的法並不一樣。大乘法中的菩薩們有些人確實有能力斷盡思惑，但都故意不斷除思惑；除非到了七地滿心時不得不斷，才加以斷盡（也同時斷盡思惑習氣種子）。從初地菩薩開始，諸地都是有能力斷盡思惑現行的；只要他下定決心想要斷除，就一定能在短時間內斷除，可是都故意不斷除。這樣修到了二地也不斷，到三地滿心能證滅盡定時，還是故意不證滅盡定而不斷盡思惑；這樣一直拖到七地滿心時，在這一大阿僧祇劫中，自始至終都有能力斷盡思惑而取無餘涅槃的，卻都不斷、不取，這才是眞正的菩薩。

自古以來禪宗一直有一些聲聞種性的離欲僧人，碰巧開悟明心了，他就知道無餘涅槃中是怎麼回事了；而他遇到禪師以前已經修得四禪的功夫了，於是明心之後就取證滅盡定，捨報時就走人了。有的人眞的是自了漢，只是無緣開悟，連明心的證境都沒有；但他一心想要入無餘涅槃，因爲他有四禪的功夫。對於這種人，禪師就會開罵：「鈍鳥逆風飛！」靈龜雖然走路很慢，看起來好像了生死很慢；可是牠很有智慧，順水而游，輕輕鬆鬆的照樣可以到涅槃。鈍鳥則是飛得很快，可是沒有智慧，往往逆風而飛，結果是半途就死掉了，都飛不到目的地。靈龜與鈍鳥，在中國禪門中一直都存在著，只是如今連一隻鈍鳥也找不到了，更別說是靈龜了。

洞山良价禪師座下，有一個弟子禪定很好，早就修得四禪了，他在洞山禪師座下參禪。有一天他悟了，就把自己所有的衣缽賣了，用那些錢來供養闔寺僧眾整整三年。然後向洞山禪師告長假，說他要離開了；然後回到寮房自己的衣單下就入滅了。他在悟前由於禪定很好，大家都認為他是開悟者，他也自認為開悟了；可是洞山禪師卻吩咐說：「取三兩麵粉來，供養這僧。」因為他只值得三兩麵粉的供養，因為只有禪定而沒有般若智慧。當他後來入滅以後，弟子們就問洞山禪師：「請問和尚，他走了，何時再來？」洞山說：「他只知一去，不解再來。」說他只懂得去，不懂得再回來人間，意思是早就看穿他是個聲聞人。那意思就是說，他入涅槃去了，永遠不會再來三界中了。但菩薩是懂得去，也懂得來的；是可以去，但是不想去，一定會轉生到下一世再來人間。所以那種人是標準的聲聞種性，只是運氣好，讓他遇到了洞山禪師而悟入涅槃的道理。可是洞山也是早就看穿了他，所以才會說他只值得三兩麵粉的供養，都因為他不是菩薩種性。古來大多數的中國禪師對阿羅漢的供養都是很吝嗇的，供養菩薩卻很大方，因為對阿羅漢覺得不屑。勝鬘菩薩的說法也是一樣。

現在勝鬘夫人這樣說，就表示：法至少是有兩種，一種是阿羅漢的聲聞道——解脫道，另一種是菩薩所修的佛菩提道。阿羅漢的聲聞道是專修解脫道的，目的只是為了解脫生死的痛苦，想要趕快離開三界的生死輪迴。既然有解脫道，有佛菩提道；而所有的眾生不可能每一個人都能實證解脫道或者實證佛菩提道，因為能實證的人永遠都是極少數，凡夫是永遠的多數。既然是如此，當他們不懂解脫道與佛菩提道的分際，誤將聲聞人所修的聲聞菩提解脫道錯認為菩薩所修的成佛之道時，問題就出現了！當他們無法在聲聞菩提上眞實證悟，因此免不了誤會聲聞菩提；又誤信應成派中觀的六識論邪說以後，誤以為聲聞菩提即是成佛之道，當然就不知道或不相信另外有一個佛菩提，就拿誤會後的聲聞菩提來取代佛菩提。

這樣一來，當他們聽到大乘佛法是常樂我淨時，心中就很不服氣；由於不懂大乘菩提，所以想：「**常見外道也說他們是常樂我淨，你們正覺同修會在佛門中竟然也在說常樂我淨，那你們正覺就是常見外道、就是自性見外道。**」就變成這樣了！這是我們十幾年來所遇到的狀況。自從我們十幾年前出來弘法以來，有的法師指責我們是自性見者，也有法師指責說我們是外道的梵我、神我。但是其中卻有很大的區別，因為我們所講的常樂我淨，是第八識如來藏，那些誤會二乘菩提的常見凡夫法師們，卻以常見外道所墮的意識套在我們頭上來指責。他們一向認爲：「一切都是緣起性空，而如來藏是方便說，並非眞有如來藏心可證；如來藏其實就是緣起性空的另一種方便說；而你們正覺講的如來藏是常樂我淨，那顯然跟常見外道、自性見外道、外道神我是一樣的。」都是因爲他們不懂三乘菩提的異同而產生了誤會。

後來我們漸漸一本書又一本書的寫出來說明：我們正覺所說的常樂我淨是講第八識，自性見外道、常見外道講的常樂我淨是講第六識意識。這是天南與地北，怎麼能把第八識與第六識等視齊觀呢？我們作了這樣的說明以後，他們就不敢再寫文章貼出來了。雖然如此，但是他們爲了既有的利益與名聲，又不能不講，只好顧左右而言他：「蕭平實是邪魔外道，別讀他的書。」至於邪魔與外道的根據，就都不敢明文舉證。因爲他們都知道自己其實沒有開口的餘地，自知沒有證量而不足以開口的，這一點他們都有自知之明。

是什麼人沒有自知之明呢？就是索達吉、上平居士黃明堯、義雲高、喜饒根登等人，都是完全不懂佛法，才敢亂寫文章來指責我們。眾生一向都在蘊處界中把無常的法當作是常，把苦當作樂，將無我當作眞我，再把不淨法當作眞實清淨法，這就是顚倒想的眾生。而這種顚倒想眾生，在古今佛門中是處處存在的，包括影響了中國佛教五、六十年的印順法師及他的門徒們，全都不能自外。當你探究印順所謂的常住法時，原來還是意識的細心，有時則說是直覺；而印順所謂的常住法，原來只是滅相眞如，原來還是斷滅空，只是一個名言施設而已，所以印順正是勝鬘菩薩所說的顚倒想眾生。

一切阿羅漢與辟支佛固然都有清淨智，但是他們的清淨智只能稱爲一切智，不能稱爲一切種智。這個一切智總共有十智，從世俗智、知他心智，到盡智與無生智，總共有十個智慧。但聲聞人這十個智慧全都只是解脫道中的智慧，不能使人成佛。雖然他們實證了聲聞菩提的四聖諦，是以聲聞法中的八正道去實證，可是實證以後雖然有了滅諦，而這個滅諦只是佛菩提中很小的局部而已。從諸佛菩薩來看聲聞羅漢的滅諦，只是佛菩提道中非常小的範圍，因爲阿羅漢們的滅諦都只在世俗法蘊處界上去觀行所得來的智慧，不涉及法界實相的智慧，也不涉及蘊處界與法界實相的互相關係，所以他們的滅諦範圍非常狹隘。並且他們所得的智慧，還是得要由 佛爲他們解說以後，才能證得；因此說聲聞緣覺的一切智境界，都是本所不見的，他要經由聽聞佛陀說法，他才能夠觀行而實證，所以這十智，他們是本所不見的。

至於如來法身——無垢識（無垢識在菩薩位名為異熟識，在七地以下又名為阿賴耶識，統名如來藏。這個如來藏經由三大阿僧祇劫的修行成佛以後，種子究竟清淨了，就稱為無垢識，祂就是如來的法身），更是阿羅漢、辟支佛們本所不見的智慧，因為他們的證果都不必證得第八識。辟支佛的一切智雖然不必經由聲聞的過程而從 佛陀說法的音聲之中證得（阿羅漢會被稱為聲聞，是因為不是獨自覺悟的，而是要經由音聲聽聞——聞佛說法以後才懂得實修四聖諦，才知道有八正道的法可以修四聖諦，所以阿羅漢們被稱為聲聞），辟支佛是處於無佛之世，自己有智慧去觀行因緣法，由因緣法的觀行來實踐四聖諦與八正道，他自己可以通達，但是對於如來法身，一樣是本所不見的，所以勝鬘夫人說他們對於如來法身本所不見。

辟支佛在作因緣觀時，必須先推究名色從來之處（編案：詳見《阿含正義》依教證及理證所作的舉述）。從現前現象的老病死憂悲苦惱，去推求是從哪裡來的，結論是因為生，所以才會有老病死憂悲苦惱；生又從哪裡來？因為上一世積聚了後有種子。這樣一直往前推到名色，知道一切苦痛都是從名色來的，那麼名色又從那裡來？不會**無因唯緣**而出生名色吧？假使說是單以父母四大爲**緣**就能出生名色，將會有一堆問題。於是探討：難道不必有**因**嗎？從現象界去觀察明明是應該有**因**的，那又以什麼爲**因**才能藉緣而生？一定是另外還有一個常住不壞的**心**，以那個心爲因才能出生了這一世的名色。可是那個心識又在哪裡？辟支佛不必實證這個心識，只要能從十因緣法中推斷確實有這個心識常住，不怕斷了名色以後會落入斷滅空，就可以了。然後再從十二因緣法中現觀名色純粹是虛妄法，把我執無明斷除了，願意滅除自己名色的全部，未來世不想再有名色了，死後就不再入胎，這樣就解脫生死了。

所以，辟支佛都知道另有一個本識存在，能出生名色；因爲我愛、我執無明所遮障，把名色錯認爲常住不壞法，因此每一世死了都會去投胎，不樂意名色全部斷滅。辟支佛知道這個正理，也知道名色爲何是虛妄的，如實觀行以後就能斷除我愛、我執。這是依本識的常住作爲前提，來斷除對於自己名色的貪愛執著，所以死後不會再去投胎，就入無餘涅槃了。他們知道這個道理，並不是經由音聲而聞，而是自己觀行悟出來的，所以他們的智慧顯然遠勝過阿羅漢，才會被名爲獨覺。可是他們雖然推知有本識能夠出生名色，但是那個本識在哪裡？祂無形無色，怎麼找也找不到，杳杳冥冥、恍恍惚惚。道家就是這麼講的。他們知道「其中有精」，可是究竟在哪裡？還是不知！

《道德經》其實也有一些東西，雖然談不上解脫道，也談不上天道，最多只能是欲界天的天道，但是也應該要偶然涉獵一下。我是在三十幾歲時在書店看到一本線裝本，就買回來讀。你如果要當菩薩出來弘法，有很多東西都應該或多或少讀一些；譬如仙宗、丹道、參同契，包括道家的《洞玄術》，我都研究過了！《洞玄術》，可能你們聽不懂，講白一點就是《黃帝素女經》，有沒有人聽過？喔！終於有人聽懂了。這些你都要懂一點，未來遇到了那些外道，由於你悟得般若，又知道那些外道法，就可以和他們對談了！你可以一一破他，讓他心服口服，或者心服口不服，他們可能十幾年後就會來學佛了！若是心服口服，就馬上來學佛了，就能接引他們進入菩薩道中。

辟支佛知道有這麼一個本識存在，問題是這個本識在哪裡呢？找來找去找不到，當然知道是五陰之中「其中有精」，可是依舊恍恍惚惚、杳杳冥冥，始終找不到，只能說「其中有精」。老子也是想要探討這個法，可是他探討不到，因為沒有福報，無法遇見佛法，也學不到因緣法。辟支佛推斷而知必有本識，但也只知道有這個本識而已：從推斷確認必須有這個本識作因，再配合父母與四大爲緣才能出生名色。而這識是他們證不得、找不到的深妙法，因此這個如來法身，他們也是本所不見的。所以辟支佛雖然也具足了聲聞阿羅漢的一切智，並且加上了因緣觀的深妙智慧，可是若要談到如來法身，仍然是本所不見的；一直到他們入無餘涅槃了，還是不見如來法身的。

假使有衆生由於相信 佛陀聖教的緣故，聽聞 佛說有一個法不是五陰所含攝的法，而是出生名色的心；說那個心是常，性如金剛永不毀壞，是常住法；說那一個法只要證得了以後，就有了一即一切、一切即一的智慧。就不必急著入無餘涅槃了：**世間有好吃的照吃不誤，可以享受的照享受不誤，但是不會去強求，而無餘涅槃的境界是可以現觀的，是眼前就在的。**所以世間受樂之境界，有，又有何妨？如果有個很好的天冠，不論是出家菩薩或在家菩薩，都可以拿來戴在頭上，就如同 文殊、普賢、觀音一樣莊嚴，也是不錯的。你們沒看到那些出家的等覺菩薩們嗎？大部分都戴天冠，彌勒菩薩如今在兜率陀天，也是戴天冠、穿天衣、瓔珞莊嚴。如果阿羅漢看見身上有這些莊嚴具，早就趕快丟棄了，他們認爲這些東西猶如毒蛇。

如果托鉢時，獲得很好吃的食物，有的阿羅漢甚至於還拿水沖洗一下再吃，他們恐怕心生貪著而落到我所裡面，可能就會退回三果去，死後就入不了無餘涅槃了，心中有恐懼呀！所以像《維摩詰經》天女散花時，天花落到菩薩們身上時，菩薩們想：「小意思！我身上帶的瓔珞、臂釧、天冠、天衣，都比天花價值超過萬億倍，那天花算什麼？」都不在意。因爲心中不在意，所以都不著，所以天花碰到菩薩身體時就都掉到地上去。可是阿羅漢們看到天花掉下來時，心中開始擔憂：「萬一落在我頭頂上，正在聞佛說法時又不方便動手把它撥掉；或者萬一落在肩膀上停住了，或者落在袈裟上剛好黏住了，那可眞不像樣。我是阿羅漢，若是身上有花，可就難看死了！」他們心中有恐懼，正因爲恐懼，所以偏偏會黏在身上。可是菩薩根本無所謂，掉到天冠上也沒關係，點綴點綴也好！正因爲覺得無所謂，所以都黏不住。

阿羅漢們非常恐懼五欲，因爲不知道所有的五塵都只是自心內法；他們卻認爲是外法，覺得外法是眞實有。當他們看見別的阿羅漢身上黏住了天花，覺得很難看，所以心生恐懼：「我身上大概也有，眞不像樣。」有情所見的外法，其實都只是見到自己的內相分；阿羅漢們雖然相信這個道理，卻還不曾實證，所以認爲身上有花是很不如理的。但菩薩說：「我不管看見什麼，那都是我自己的內相分。」既然如此，好吃就吃，何必再用開水洗一洗？因爲吃到好吃的味道時也只是吃到自己的內相分：一切法本來都是如來藏中的法，你能逃到哪裡去？問題就在這裡：你能逃到哪裡去？

假使有一天你終於遇見一個所謂的南洋阿羅漢（以我的判斷現在是沒有阿羅漢），假使眞的有而被你遇見了，你就把家裡漂亮的老婆找來，故意化妝得很漂亮地坐到他身邊去，保證他會趕快閃開而坐到旁邊去；你就故意再靠過去，他到最後一定是沒地方坐，你就問他說：「你要逃到哪裡去？」因爲他所見所觸其實都只是自己的內相分，既然是自己的內相分，又何必逃？自己的內相分本來就沒有淨與垢的差別，都是覺知心在生起垢淨的區別。他認爲那是外法，是實有的，而這個外法得要逃離。菩薩卻說：「這些都是自心內法，我不必去追求，也不必逃離，因爲都是自心內法，這還能逃到哪裡去？」菩薩看見了這一點，所以有時說：「太快樂了！太快樂了！」因爲阿羅漢不許開名車，可是菩薩若是錢太多了，一千萬元的名車也可以買來開：「咱家多的是錢！我布施的比自己花用的更多，每一世都這樣，所以我每一世都很有錢，當然沒什麼不可以。」而且親眼看見都是自己的內相分，所以菩薩無所畏懼。可是阿羅漢一定要往外推，所以菩薩看見阿羅漢時，把他們拿來作個對比，心中就覺得好快樂！

菩薩修行成佛之道三大阿僧祇劫，雖然也有不愉快的時候，因爲眾生難度；可是法樂無窮，爲什麼還會不快樂呢？因爲一就是一切。請問：一是什麼？（有人答：如來藏）對！是如來藏，你們都知道。一切又是什麼？一切就是萬法：你所知、所觸、所見、所聞、所嗅、所嚐，統統都是一切法所攝；可是自己所觸知的一切法都是從如來藏來，所以都是自心內法。「原來如此！那我何必逃避妙五塵？就在一切妙五塵當中，在勝妙萬法當中就已經是解脫了。」菩薩把自己的證境與阿羅漢的證境拿來互相對照，所以說：「太快樂了！」這才是眞樂——法樂無窮。

可是馬上就有人又誤會了，不論 佛說了什麼法，凡夫都會誤會，你沒有辦法要求他們不誤會。所以有的人說：「我在人間五欲享受時，現前就很快樂，這就是涅槃，這就是佛說的常樂我淨。」結果是變成等而下之，就引來西藏密宗的雙身法了！爲何我把它稱作等而下之？因爲那是在一般世俗人的水準以下——喇嘛們比世俗貪欲者更貪行淫欲之樂。所以，如果遇見了那些穿著紅衣、紅裙的人，你可以在心中罵他們：「賤人！」因爲他們比世間人更下賤，是人間最極貪淫的人，事實正是如此。世間人都還懂得要昇華心靈，人家學藝術者，或者文人雅士們，不是努力在昇華心靈嗎？喇嘛們卻不是，他們是一直往物欲沉淪下去，所以叫作等而下之。既然是一般人層次之下，當然叫作賤人。這就是誤會常樂我淨四法的愚人。

菩薩悟後進修而看見自己相較於外道或佛門凡夫時，才知道原來相差那麼大，這時心中難道不會有一絲絲的快樂嗎？不會才怪！當你證得如來藏以後，把祖師證悟的公案翻開來：原來大部分我都看懂。可是別人拿來讀時，全都是無頭公案。那你不會有一些快樂嗎？當那些大法師們在安板以後，在寮房中私下點著一盞小燈，偷偷地讀蕭平實的書，結果總是讀不懂。你卻覺得不是很難懂——除了一些比較深的以外，因爲蕭老師都解釋到很詳細。可是你看大法師們還是不懂，你心中難道不會有一絲絲的快樂嗎？那這也叫作樂，所以菩薩常、樂二法都有。

那個常——如來藏，只要你證了以後，一定要認定祂是常，也會自己認定是常；除非全無智慧而無法觀行祂是否爲金剛心的人——他所知的密意是探聽得來而非自己參究所得的。如果有人不認定祂是常，主張說祂是生滅法，那他在事相上將會倒大楣！不只是捨壽後應受謗法的無量世惡報——也許當場，也許未來，也許幾十年後，也許幾百年後，會有菩薩寫書破斥他；他若是仍然在世時，也將全無辯解的空間。因爲眞正證得常住的如來藏心以後，你將會發覺沒有任何一個辦法可以把祂消滅。即使是一隻小螞蟻的如來藏，你都消滅不了祂；法界中沒有一個法可以消滅祂，就算你有能力集合十方諸佛的威神力爲一個特特偉大的威神力，也無法去毀壞一隻小螞蟻的如來藏；所以說祂是常，性如金剛永遠無法毀壞。

這樣親證金剛心了，菩薩在法上當然是有常也有樂。既然是常，既然是樂，是不是眞我呢？（有人答：是）當然是眞我！如果是聲聞菩提講的苦、空、無我、無常，那都是在五陰的範圍之內說的：五陰中不論哪一陰，觀察的結果都是無常。五陰中最堅固的就是意根，祂可以去到未來世中繼續輪迴不斷；可是這個意根，阿羅漢還是可以破壞祂、能斷滅祂，所以能入涅槃；雖然凡夫不行，但終究是有辦法可以滅壞的心，仍然屬於無常。至於意識，腦後打一棍就中斷了！當然更是無常。也許有人說：「**我證得第四禪，意識總不會斷滅吧？**」還是一樣，後腦勺打他一棍，他的四禪境界就消失了。所以凡是落在五陰之中觀行的結果，最後一定是無常、苦。既然是無常與苦，你願意那是眞正的我嗎？有沒有人願意這個無常、苦的覺知心是眞正的我？你們都不願意。可是有的外道很至誠的接受與苦相應而無常的意識是眞我，所以他們每天五熱炙身、臥荊棘林，種種苦痛勞役其身。

有的人卻認爲「**覺就是常**」。覺，在阿含經中有時又稱作神，所以有外道說「**神是常**」。如果精神就是常，每天把他拉去作苦工，或者強迫他唱卡拉ＯＫ去，連著三天三夜教他享受，那時還認爲這個覺是常嗎？因爲太苦了！他怎麼願意覺是常呢？苦了，就不願意祂是常。所以覺或者神都不可能是常，因爲祂永遠都會與苦受相應，既是無常、苦，當然不可能是眞我。佛地的如來法身是常住法，性不可壞，而所含的種子也都究竟清淨而不再變異，已離變易生死苦了；已離眾苦，就是眞實我。因爲無垢識是眞實我，一切都攝歸於祂以後，一切法當然就是這個眞實我；這時說祂不受一切苦樂，離一切苦樂，所以無我，所以是眞樂。佛說的常樂我淨的眞樂是這個意思，不是密宗在雙身法中五塵上的快樂。能夠如此，當然就是眞實的我，這個眞實我是有智慧的人願意接受的。這樣就有常、樂、我三法了。

再來看「淨」這個法。阿羅漢絕對不會認定意識是清淨的，因爲他每天午前去托缽，就怕看見路旁漂亮的花；托缽受施時也不敢看女主人，恐怕萬一看見的是漂亮的女主人，並且是往世曾經結過很深厚的緣，腦中就留下了深刻的影像，他害怕會因此而退失。因爲害怕的緣故，他就很清楚知道：**我雖然成爲阿羅漢了，還是應該要繼續藏六如龜、防意如城**。一定要把六根的功能往內收，不要放出去攀緣；要像烏龜一樣把六處收進來，防守意根與意識，別讓外面的六塵侵進來；好比防守城牆，不要讓敵人侵進來。所以阿羅漢們都很清楚知道，意識心是不清淨的，當然不會對意識存有淨想。阿羅漢所謂的淨想是斷見惑與思惑，不再留存見思二惑而執著自我與我所，這樣認爲自己是清淨的。可是他心中很清楚瞭解意識是會向外攀緣諸法而生起貪厭的心行，所以不是眞正的清淨法。

可是菩薩證得的是如來藏，如來藏離見聞覺知，不對六塵作了別，所以根本無所謂貪、瞋或愚癡的事情——不貪、不瞋也不癡。可是你如果想證得祂，我們會告訴你：祂癡癡呆呆的。等你證得祂以後，你才知道原來祂一點都不癡呆，是世間人誤以爲祂癡呆。禪師說祂癡癡呆呆，那只是爲了幫助你實證祂。菩薩看見這個心不對六塵起一絲一毫的貪染，祂不是修行以後才這樣，而是無始劫以來一向如此，那你說祂是不是清淨？當然是清淨。菩薩也看見阿羅漢、辟支佛入了涅槃以後就只剩下祂，祂就這樣清淨的安住於無餘涅槃之中；這是方便說祂安住，其實祂根本就沒有住，因爲涅槃本來就在說祂，而祂從來不起六塵中的見聞覺知，也從來不會返觀自己。那你說，祂是不是清淨？當然清淨。如果祂不淨的話，涅槃就不淨了；而涅槃中離十八界法、離六塵、離萬法，當然是清淨法，是一點點的貪染都不存在，所以菩薩是現前觀見法界實相的清淨相。這樣才是正見，這才是不顚倒見。

可是那些佛門凡夫大師及常見外道們，總是把五陰中的某一法建立爲常樂我淨；他們都不知道 佛說的常樂我淨，是在講如來藏法身，是在講因地眾生的第八識，他們都不知道。因此他們所說的常樂我淨是顚倒見，不是正見。這樣的如來藏法不是二乘聖人所能證，更不是佛門中廣大的凡夫所能證。而你今天證了，難道不會生起常樂我淨之想嗎？生起了這四法以後，你要不要依止於祂？當然要嘛！這麼好的法為什麼不依止呢！這時若是還要去依那個無常的緣起性空，那不是腦袋壞掉了嗎？

為什麼說有眾生相信 佛開示的緣故，心中生起了常想、樂想、我想、淨想，而不是顛倒見，說他是正見？這就是我們剛剛說的：如來法身是常而到彼岸，是樂而到彼岸，是眞我到彼岸，是清淨到彼岸。阿羅漢到底有沒有到彼岸？（眾答：沒有）對呀！你們很有智慧，知道阿羅漢沒有到彼岸。可是會外還有許多人仍不知道，因此我們還是得要講一講阿羅漢的解脫生死。阿羅漢們沒有到彼岸，因為他們沒有常，所以不能到彼岸——他們解脫生死以後並沒有到達生死的彼岸。近代是我第一個提出這麼講，寫在《邪見與佛法》裡面，那是一個演講而記錄下來，事隔一年以後才印出來，流通到大陸去。大陸有些少聞寡慧的大法師就教徒眾去收集起來燒掉，還斥罵說：「這個是邪魔外道寫的書！」那就表示說，他們是孤陋寡聞，不是多聞者。既不是多聞者，當然就不是聖弟子。

即使是阿羅漢讀了那本書，也不敢開口罵一句話，更何況去收集來燒掉？我們台灣送書去大陸很貴，運費、郵資加起來大約是印書成本的兩倍；

印書如果是一塊錢，寄到那邊去，大概要加上兩塊錢，總共三塊錢；他們卻不識好人心，收集去燒掉。如果是一般人聽了，可就爲之氣結；但我們不會！還要繼續送，送了一百本以後只要能度到一個人就夠了，不但成本回來了，還賺了好多倍功德。但他們爲什麼會毀謗跟燒掉？不外乎兩個原因：第一、照那本書的說法，已經顯示他們都悟錯了。第二、阿羅漢爲什麼沒有到彼岸呢？他們不懂。而這樣的說法是百年來的佛教界所沒有聽過的，由於沒有聽過而自己的智慧不足以瞭解這個道理，所以不信。

阿羅漢爲什麼沒有到彼岸？他們明明解脫生死了，爲什麼沒到達生死的彼岸？這話可奇怪了！但其實不奇怪，這就像世俗人有一句話說：「江湖一點訣，講破不值一文錢。」這是說，能在江湖上混生活的人，就是因爲懂一點訣竅；這個訣竅若是說破了，其實不值一文錢。我們就來講講阿羅漢沒有到達生死彼岸的訣竅吧！一定是有一個常住法作所依，才能到彼岸；到彼岸時一定要所依存在，而能依的自己也仍然存在，這才叫作到彼岸——有所到的彼岸、也有自己存在著。阿羅漢入涅槃後一樣也有常住法如來藏作所依，成爲他們涅槃的所依；可是他們入涅槃後已經把自己五蘊十八界滅盡而沒有能依的自己存在，所以說他們入了涅槃卻沒有到達生死的彼岸。這樣講，破參的人一定能聽懂，沒破參者還是不太懂。

能依，講的就是五陰的身心，所依是五陰所依止的如來藏。阿羅漢是把能依的五陰身心滅了，剩下他的如來藏心獨自存在；但這個涅槃中的如來藏心，他們都沒有實證，只因爲 佛陀告訴他們：你們入無餘涅槃以後，這個本際—識—仍繼續存在而非斷滅空。這個本際就是如來藏，就是出生名色五陰的如來藏，四阿含中叫作識，佛學研究者叫祂作本識，在聲聞部派佛教中有一派也說有本識，似乎是大眾部講的吧！這個本識是萬法的所依，所以也是無餘涅槃的所依，而本識就是生死的彼岸，永遠不生不死，由於本識常住不滅所以涅槃是常。能依的五陰身心則是無常，阿羅漢斷了見惑與思惑以後，我執斷盡了，所以捨報以後這個五陰身心消滅而不存在了，只剩下所依的如來藏心獨自存在，而他們生前沒有找到這個本識，所以不到生死的彼岸；當他們捨報以後又滅盡了五陰身心，自己都不存在了，當然就沒有到達無生無死的彼岸。所以我說阿羅漢證得無餘涅槃，卻沒有到達生死的彼岸，所以沒有人可以反駁我的說法。

事實上，菩薩所見的眞相是：**本來就沒有生死的如來藏，繼續存在於無生死的彼岸，不必阿羅漢滅了自己才去到沒有生死的彼岸，所以不用他們去了生死——不必把自己滅掉**。阿羅漢滅掉自己而不在了，如何有自己到達解脫生死的彼岸？所以說，阿羅漢們沒有到達生死的彼岸，只是斷除了分段生死罷了！波羅蜜就是到彼岸，所以說阿羅漢們沒有波羅蜜，因爲他們沒有常住不壞的法。但是菩薩不同，菩薩五陰身心具足，也找到了五蘊所依的本來涅槃的本識；這時是能依的五陰身心存在，所依的本來涅槃的如來藏本識也在，所以有五蘊可以現前觀察自己雖然還在生死中，可是自己所依的眞我如來藏心其實本就沒有生死——無始劫以來就沒有生死過；而我現前就已經住在如來藏的境界中了，一直都跟如來藏在一起而依止於如來藏，而如來藏從來沒有生死，我住於如來藏中而轉依了如來藏，所以我已經到達生死的彼岸。

這樣講，大家應該都聽懂了，連沒有破參的人也應該都聽懂了，所以菩薩所證是「**常波羅蜜**」。二乘聖人並沒有常波羅蜜，因爲他們沒有證得常法、本住法；既沒有證得常住之法，而他們離開生死時是自己滅掉了，滅掉了以後當然沒有自己住在生死的彼岸。打個比方：比如一個生死大海，到達生死彼岸時，是要自己到達沒有生死的岸上去；到達生死彼岸時才叫作已經到達生死的彼岸，若沒有自己到達而住在生死的彼岸，又怎能說是已到彼岸？菩薩是親自到彼岸，然後繼續在眾生的生死海裡打滾——跟眾生打滾在一起而設法使眾生同樣到達生死海的彼岸。阿羅漢卻是捨報時把自己滅掉了，就沒有五蘊流轉在生死海中的痛苦，那時他自己是滅盡十八界而灰身泯智了，這樣有沒有到彼岸呢？當然沒有到嘛！因爲他們生前都不知道彼岸在哪裡，入涅槃以後自己也不存在而無法了知無生無死的彼岸。

菩薩卻很輕鬆地說：**無生無死的彼岸就在我這裡，我不必像阿羅漢一樣在生死海中辛苦地游泳**。阿羅漢卻必須不斷的游，游到累死了，結果是把自己在生死海中化爲齏粉，什麼都滅盡了，自己不存在了，卻還是沒有自己可以到達彼岸，這樣講就很容易懂。當阿羅漢把自己在生死海中滅掉時，正因爲他們沒有實證常住法，所以到不了彼岸；而這個常住法是一定要在生前就證得，然後以常住法作所依，能依的身心證得常住法如來藏心而依止於常住法，就是住在生死的彼岸。由此可知親證常住法，對於菩薩的般若智是絕對重要的法。

阿羅漢們很怕享受，恐怕五欲會導致退失道業，所以往往故意把容易托鉢的地方讓給別人，他就去找某某比丘：「我聽說你去托鉢的地方，食物都不好吃，是不是？」對方說：「是呀！」「這樣好了，我去托鉢的地方，食物都很精美，入口即化，色香味全，我們來交換好了。」那些凡夫比丘當然樂死了，求之不得，一口答應；然後阿羅漢就故意去較貧窮而布施粗糲之食的地方托鉢，就是怕落入我所之中。對阿羅漢來講，三界之法無一可樂，因爲他們的法是要在觸上面用心的：眼觸色，每觸一次就當作被一支長矛刺到身體一樣。耳聞聲，每聞聲一次就當作又一支矛刺到身體了；這樣每觸一次六塵，就當作被刺一支長矛。佛說，你如果要修斷我所貪愛而取證解脫道時，就是要這樣修。

佛在最後作個結論說：「你每一天見色聞聲等等，就概算爲三百次吧！那就等於是每一天都被三百支長矛渾身刺過了，這時身上還有沒有一個空缺處是完好的呢？」弟子們說：「沒有。」佛說：「你們就這樣修出離吧！」所以阿羅漢去托鉢時都是看著前面地上，都不看兩邊；不管旁邊人家怎麼互相大聲呼叫，他都不會轉頭去看，只看前面地上三尺到七尺遠；所以阿羅漢出門時有四個字可以形容：威儀庠序。他們都很有威儀，都是因爲怕被五塵之樂所繫縛，所以他要不斷的離開五塵之觸，只保持最低限度的觸，所以他們並沒有在快樂中到彼岸。

菩薩卻不是，菩薩出門時無妨東張西望，即使是沒有悟的菩薩也做得到這一點；譬如你們剛來同修會學法時，無相念佛一旦學會了，東張西望時也都是淨念分明，別人都看不出你是有淨念相繼功夫的人，這才是菩薩的密行。如果菩薩修法是要每天打坐，聲音來了：「討厭！」如果有時雲來了，變成很暗了：「討厭！」烏雲快速的走了，突然明亮而刺眼時：「討厭！」怎麼可能會有樂波羅蜜——快樂到彼岸呢？菩薩不然，菩薩證得如來藏以後，深觀而發覺這一切都是我深心中物，並無一法是外法；既然是我深心中物，我又何須逃避？又如何能逃避？能逃避的唯一方法就是入無餘涅槃，可是入了無餘涅槃，嗷嗷待哺飢於法食的眾生該怎麼辦？而我自己又如何能成佛？所以菩薩從來都不逃避五塵：「好吃！好吃！」照樣吃。家裡同修煮出一頓好吃的來，菩薩說：「你今天煮的眞好吃！」不知道的人就說：「原來菩薩也會貪吃喔！」其實沒有，菩薩好吃時就說是好吃：只是自己的內相分嘛！但是一定不吝於讚歎。

多讚歎幾次，好吃的食物就越來越多；但是菩薩不會起貪，是因為現見都是自己的內相分。既然只是自己的內相分，無妨心中無貪而多多讚歎；多多隨喜別人的善心與辛苦，有什麼不好？所以菩薩在享受美食時，夏天有冰淇淋也很好。人家說：「春有百花秋有月。」我們就說：「夏有冰淇淋，冬有厚棉襖。」那不是很好嗎？好啊！快快樂樂地過人生，正在快樂中就已經在彼岸了，還可以把這個法界中的眞相教化給有緣人同樣親證。但阿羅漢們沒有樂波羅蜜，阿羅漢是把自己滅掉，生前又很怕快樂；所以是把自己滅掉而解脫生死，從來不是快快樂樂地在彼岸；菩薩則是快樂地住在無生無死的彼岸，卻又無妨示現有生死。請問：你要選哪一種？當然要選擇作菩薩嘛！

所以以前我去台中帶過一個三年的禪淨班，每一次回台北時，在火車上都有點心宵夜。如果是阿羅漢（阿羅漢雖然不會流口水，如果是初果、二果人，可能嘴裡就有口水分泌出來了）又不能吃，怎麼辦？好在他們都不必熬夜，所以日中一食也就夠生存了！只有菩薩才爲眾生熬夜，不得不晚餐，以免把胃弄壞了，可就不方便行菩薩道了；但是卻無妨享用宵夜，因爲有無窮的法樂而常住不壞。所以菩薩才有樂到彼岸，阿羅漢們都沒有；因爲樂到彼岸，是要依如來法身的常住不壞，才能有樂到彼岸——樂波羅蜜。

接著說「我到彼岸」，阿羅漢有沒有我到彼岸呢？沒有！因爲阿羅漢是把五蘊十八界全部自我都滅掉的，他們所觀行的都是五陰、十八界、六入、十二處的虛妄，都在這上面觀行；觀行的結果證實都是生滅法、染污法，都是污穢不淨，所以要滅除掉；滅除五蘊十八界以後就不會再有自我，也就沒生老病死等八苦。滅除自我而成爲無常，無常就沒有自我存在了，所以解脫道中一定要講無我——蘊處界無常無我。既然是要把自己滅掉，當然就沒有眞我到彼岸了。

談到這個，又引生出一個問題出來：大乘法到底是說實我，或是說無我？（有人答：都有）確實都有嘛！如果你只選了其中一樣，那你就掉入陷阱了，也是尚未通達般若的人；一定是我與無我具足，才能說是眞正的成佛之道。大乘法中也講無我，並不是沒有講無我。但是大乘法中爲什麼說無我？這有兩個層次，第一個層次是與二乘法一樣，是在五陰身心上面來觀察蘊處界苦、空、無常，無常所以是苦，苦則無我。既然蘊處界是苦而無我的，所以求證常住的如來藏心；證得如來藏以後，如來藏本身有沒有眾生我？是不是眾生我？（有人答：不是）不是！因爲眾生我是五陰身心，會病痛、老死，也會貪著諸法，或厭惡一些諸法而逃避；但如來藏從來都沒有這些現象，所以如來藏心本身也是無我性的；但卻是永恆常住的心，所以又說是眞我。

五陰是會壞的，因爲會壞，所以不是眞實我。但在大乘法中卻不一樣，大乘法中認爲會壞的五陰也是我；這個會壞的五陰是沒有實我性的，但是轉依如來藏以後而說五陰也是眞我。當菩薩證得如來藏時，轉依如來藏以後而說五陰是無實我的，但如來藏雖然是常住而眞實的，心性卻也是無我性的——從來不自覺有我，也不貪著任何一法而無我性，卻由這裡來反觀五陰的無常所以無我。如來藏從無始劫以來就是沒有五陰貪著性的，所以祂本身也是無我性的。但由於如來藏常住不壞，不同於五蘊的念念變異、終歸壞滅，所以說如來藏是眞我，這又是有我了。

大乘法就這麼妙，你要說無我也行，要說有我也行，兩邊都通。你想要聽有我，我就告訴你：有我。怎麼樣有我：「**你老是落在五陰中，所以你有我；我不落在五陰中，所以我無我。**」那麼應該無我才對嗎？菩薩又開口說：

「你講無我也不對。我說無我，是對的；你說無我，那就不對了。因為你講無我時，不知不證如來藏心，所以你錯了，你會落入斷滅空。我實證五陰無我，但我不落入斷滅空。」「原來五陰是眞我。」「錯了！我不說五陰是眞我，五陰還是無我、無常，可是另外有一個眞實法是眞我。」那你想不論什麼人來，到你面前都弄不清楚了！因爲有我或者無我，都由著你去講，而你只是從不同的層次來說。

即使是在同一個層次中說法，但你從不同的面向來說時都可以通，對方就講不通，他怎麼說就怎麼錯，到你面前都會被你破斥。當你能這樣說法時，諸方大師各個都怕見你。假使哪一天你打電話去說：「某某大師啊！我是某某人，我想去拜訪你，好不好？」「對不起！我沒空！」假使你冷不防突然間不請而來，他正在大眾之中而不得不見時，你若說明了你的身分，他與你對話時嘴角都會抖，拿水來喝時手也會抖；不是因爲**年紀老了**所以手會抖，而是緊張才顫抖。

所以大乘法中這個眞我很重要，一定要有這個眞我存在，才能有到彼岸可說，否則阿羅漢們的無餘涅槃都會變成斷滅空；因爲不論是前面所講的常到彼岸，或者樂到彼岸，都是依這個眞我而施設的；而且是要這個眞我及能依的五陰身心同時存在——兩個並行存在，才能有「我到彼岸」。因爲無常的我就在眞我無生無死的彼岸之中不斷的生死，證得這個眞我時，發覺自己其實一直都住在無生無死的眞我之中，當然是「我到彼岸」了，所以不論你要怎麼說都行。如果對方說：「那就是這個五陰身心到達眞我的彼岸？」你就說：「錯了。」「爲什麼錯？」他當然要問你，那你就說：「你這個五陰身心到不了無生無死的彼岸，你看阿羅漢不是滅掉自己了嗎？他並沒有自我能到彼岸。」一聽也對，於是又試探的問：「那就是眞我到彼岸了？」你說：「也不對。」因爲蘊處界我滅了，而如來藏不會自己反觀正在彼岸，所以他的說法並不正確。

他因爲還沒有悟，當然都落在一邊，你就說他不對；因爲眞我本來就在彼岸，祂本來就沒有生死，何必要你去幫祂到彼岸？這下他該怎麼辦呢？怎麼說就怎麼錯。然後你就有話講了：「你如果想要知道這個『我到彼岸』，就來我們正覺同修會修學，那不就得了？」我們確實也眞的能教導他到彼岸——眞的有我到彼岸。因爲這個無我的身心當下就住在眞我的彼岸中，是本來就在無生無死的彼岸中，而且這是可以實證的。這總不能騙人吧！如果騙人，還能有你們那麼多人留在增上班繼續學法嗎？一定會四處爲人說明：「我被印證以後，發現原來正覺都是騙人的。」早就全都溜走了。而你們越學越歡喜，這就是菩薩法道的勝妙處：我到彼岸。

我到彼岸以後，是不是清淨的到彼岸？確實是清淨的到彼岸！可是清淨的到彼岸其實是本來就清淨，本來就住於彼岸。但是如果他自以爲懂，跟你說：「那就是這個不清淨的身心到達清淨的彼岸。」你就告訴他：「錯了！因爲眞正的清淨到彼岸是佛地的境界，是把如來藏心中所有的染污種子都滅盡了，才是眞正究竟的清淨。」「那你的意思就是說，菩薩沒有淨波羅蜜了？」你說：「你又錯了。因爲你所到的彼岸是常住法如來藏心，而常住法是自體本來就清淨，祂從來不起貪瞋癡；而我們五陰身心的染污種子都寄託在祂裡面，流注出來時就成爲不清淨的心行；可是如來藏自己都不受那些不淨種子的影響，祂繼續是清淨的彼岸。」結果他想：「三年不見，刮目相看。」於是問你：「才三年不見，你的智慧爲何這麼好？」你就說：「當然啦！要是不信，你回去再怎麼刮目，也是無法想像的。不信的話，明天再來聽我說常波

羅蜜乃至淨波羅蜜。」可是你心中卻是無慢的，你只是說實話而已。

要有這樣的法，才能夠說是眞實的佛菩提道。你說，像這樣的常波羅蜜、樂波羅蜜、我波羅蜜乃至淨波羅蜜，是不是眞正的滅諦？當然是眞正的滅諦。因爲這種滅諦是你在因地時就可以開始的，當你證得如來藏心以後就轉依祂，轉依祂以後就開始轉變自己，如來藏中能與自己相應的染污種子就開始淨化，最後當然可以成佛。所以，這個「**常樂我淨波羅蜜**」是在因地就已經開始的，只是不究竟而已，要到達佛地時才是究竟的。

「於佛法身作是見者，是名正見」：有這四種波羅蜜的人，對於諸佛的法身能夠這樣去知見時，就是正見。懂了這些正理以後，再從這裡來看印順法師說的一切法緣起性空，他有沒有常波羅蜜？當然是沒有！他的法是無常而非波羅蜜，因爲他不能到生死彼岸——不能到常的彼岸。緣起性空有樂嗎？蘊處界都是生滅法，全屬生滅法當然就沒有樂波羅蜜。緣起性空有眞我嗎？沒有！蘊處界全都是無我，那就沒有我波羅蜜了。緣起性空是清淨法嗎？答案是染污法，因爲緣起性空是依染污的蘊處界來說緣起性空，所以緣起性空的本質還是染污法。印順也沒有淨波羅蜜，因爲他落入意識細心中了，仍然具足常見，所以顯然印順不懂成佛之道，所以知見不清淨。將來這一段整理成文字而出版時，當然是很震撼的，他們讀了以後可能會自問：我們懂不懂成佛之道？

由於這個常樂我淨的不如實知，就會導致那些誤會二乘佛法的人誹謗眞實的大乘佛菩提道；他們當然會把眞實的成佛之道當作是外道的神我、梵我，於是就在誤會的情況下毀謗正法了。可是毀謗佛菩提道這個本住法，他就成爲謗菩薩藏；所有的成佛之道就是菩薩藏中的法教，而所有的菩薩藏都是依這個本住法常住法，來講解、來完成成佛之道。《楞伽經》說：**謗菩薩藏者，一切善根悉斷，成一闡提**。一闡提人就是斷盡善根的人，不管他在人間作了多少善事，都仍是斷善根者，因爲這是無間地獄罪。所以，於佛菩提中能生起正見的人是極爲稀有的，這是從佛教傳入中國以來就一直是如此的，並不是現在才這樣。

既然如此，號稱爲最具有慈悲心的菩薩，當然要把這個道理淋漓盡致地講出來，救護那一些人，讓他們讀懂而不再謗法，而懂得在捨壽以前大力懺悔滅罪，以免下墮惡道。當你有了常樂我淨的知見，也知道常樂我淨指的是第八識而不是外道講的第六意識；並且知道究竟的常樂我淨是佛地的事，不是因地的事。這樣領受正確的知見以後，悟前就會知道修學佛法就是要親證這個常樂我淨的如來藏，悟後就會知道原來如來藏中的七識心的種子還沒有究竟清淨，還不是眞正究竟的淨。要眞實究竟的淨，才會是眞實究竟的我；成爲眞實究竟的我，才有眞實究竟的樂；有眞實究竟的樂，才是眞實究竟的常——因爲種子都不再變易了，這才是究竟的常。具足四種究竟的常樂我淨時，才是眞的證得佛果，否則都還沒有到達佛地果位。若是連如來藏心都還未實證，就說他成佛了，那都是地獄人。

知道了這個道理，自然就不會生起輕慢心，這樣的人才是具足正見的人，具足這種正見的人才是 佛的眞正兒子。佛子是這樣定義的。若是 佛陀的眞正法子，不管你剃了髮或留髮，即使燙了頭髮，穿得花花綠綠，或者穿著一身名牌衣服，如同大菩薩 文殊、普賢、觀音、勢至一般，如果確實有這樣的正見，你仍然是 佛的眞正兒子。

勝鬘菩薩特地說「眞子」二字，表示這不是假的兒子；因爲在末法時代佛陀的假兒子太多了，每一個人都說他是 佛的眞子，因爲他們以爲出家去戒場燙了戒疤，就算是眞子，其實並不是。即使出家後修到阿羅漢位時都仍然不是眞子，佛都不承認阿羅漢是眞子；因爲阿羅漢無法挑起如來的家業，一心想的就是捨報了入無餘涅槃。阿羅漢也沒有實證成佛之道所依的第八識如來藏心，沒有能力挑起弘揚佛法的大擔子，佛當然不會承認他們是眞子。所以眞正的兒子是在大乘法中見道了，眞的證悟佛菩提，不願意獨善其身而入無餘涅槃，不想只顧自己離開生死，心中想的是「獨樂樂不如眾樂樂」，能承當得起 佛陀的家業而不是承當起羅漢家業，這才是佛的眞子，勝鬘菩薩說的正是這樣。

所以，即使妳去買了一頂名牌的帽子，又裝飾了香花等等戴在頭上，還燙了頭髮，也仍然是 佛的眞子。只要眞的實證本來自性清淨涅槃的如來藏心，也能爲人解說而住持如來這個家業，就是 佛的眞子，佛是這樣看待眞子的。這樣的眞子，爲什麼是眞子呢？因爲眞子是從佛口所生，佛所說的法都聽進心中去了，也付諸於實行而親證了；親證了佛法密意，就是從佛口出生的人，是 佛的眞正兒子；縱使妳穿得花花綠綠而且燙了頭髮，仍然是 佛的眞子，永遠都不是女兒，因爲諸佛都沒有女兒。所以妳們女眾將來寫書時

也可以說自己是 佛的眞子，不必說是 佛的眞女。因爲只要悟了，就不在男女相中了，就是 佛的眞子。而且也不會急著入無餘涅槃，寧可在無生法忍上去努力進修而求證，也能在未來的生生世世中都不入無餘涅槃，自度而同時度他，這才是眞的從佛口所生，是從正法所生的法子。色身無妨是父母所生，但是你的法身慧命是從佛口中出生了，這就是從法化生的佛子，這才是佛的眞子。

正因爲這個緣故，菩薩不但如此，還能夠從 佛的正法當中得到其餘的法財。那些不迴心大乘的阿羅漢卻都不行，阿羅漢只能夠從佛法當中得到解脫道的法財，而那個法財是非常少的。假使用距離來比喻 佛所有的法財，比如從這裡出發往前頭一直前進，繞了地球一圈而回到這裡，以這樣的距離比喻 佛的法財，那麼阿羅漢得到 佛的法財就只有這麼一寸而已。也許你會懷疑：「**你講這個話，未免太誇張了吧？**」其實一點都不誇張。你想想看：譬如證阿羅漢果，如果你有因緣遇到眞正的善知識，一生就可具足證了，可是成佛卻要三大無量數劫。你想，我說的有沒有誇張？一點都沒有誇張。但是不迴心的阿羅漢們只在 佛那邊得到這麼一點點的法財，就心滿意足而捨壽後進入涅槃去了；而菩薩卻要把 佛的所有法財都得到，要生生世世隨諸佛修學。那麼諸佛的法財多不多呢？無量無數呀！

接著勝鬘菩薩又說：**「世尊！淨智者，一切阿羅漢、辟支佛智波羅蜜；此淨智者雖曰淨智，於彼滅諦尚非境界，況四依智？」**

「世尊！清淨智慧的意思，是說一切阿羅漢、辟支佛的智波羅蜜；這四個智慧雖然也說是淨智，可是相對於眞正的滅諦來說，阿羅漢、辟支佛依他們所證的淨智還是無法懂得的。」因爲一切阿羅漢與辟支佛的清淨智慧，都只是在蘊處界的無常、苦、無我、不淨等四法上面用心。這與菩薩們從四依法來依止常樂我淨的如來藏妙法是不同的，所以二乘聖人對於眞正的滅諦其實是不懂的。阿羅漢所觀行的都是五蘊的範圍之中，而五蘊中的每一法都是無常法，所以違背常波羅蜜。阿羅漢觀行的五蘊全部都是不樂的法，因爲都會與苦相應，所以違背了樂波羅蜜。阿羅漢觀行的五蘊全部都是無我之法，因爲無常當然不是眞我，違背了常樂我淨的我波羅蜜。阿羅漢觀行的五蘊全部內容都是不淨法，不淨法違背了常樂我淨的淨波羅蜜；而 佛教授的常樂我淨才是究竟的滅諦，這個部分的滅諦並不是阿羅漢、辟支佛所能知道的，因此說他們四種清淨的智慧雖然也是淨智，但是大乘菩薩得自 佛陀的眞正滅諦，仍然不是他們所能證得的境界，何況是要以四依之法來依止常樂我淨等四波羅蜜？所以常樂我淨四波羅蜜，不論那些不迴心的二乘聖人如何窮究四依之法，還是無法依止這常樂我淨四法。

時間過得很快，一年、一年就這樣過去，不知不覺中就這樣老了，可是如果要問說：「請問您老貴庚？」那就答覆說：「半庚也無。」或者像清涼國師答覆皇帝說：「不知。」因爲到底是幾歲呢？不知道！你說世間眞的有這麼笨的人嗎？連幾歲都不知道？這當然有兩個意思，一個是說你既然轉依了如來藏，而如來藏是無始的，要怎麼算祂幾歲呢？即使是用劫來算，也沒有辦法說明到底有幾劫，更何況一歲不過三百六十五天。若從事相上來說，還眞的是常常會忘記自己到底確實是幾歲了？所以突然間遇到有人問，我還眞的要想一想、要算一下；因爲歲數其實不重要，重要的是健康而能爲有緣眾生作事，能繼續爲眾生的法身慧命付出。不然的話，即使能很健康的活上八百歲，超過彭祖的壽算，也沒有意義。所以人呢，從世俗法來講，有歲數而一直都是健康的，並且廣有餘財、子孫滿堂，這確實可以說是壽考之相。但是菩薩不單如此，還要有法，能幫助眾生解脫生死及親證實相，利樂無數有情，這樣而說具足壽考富貴之相，才算是有意義的，否則終究與俗人無異，只是醉生夢死。

《勝鬘經》講的正是這個道理，所以身爲菩薩，不該只是滿足於解脫的實證，還要能夠親證法界的眞實相，所以不應只滿足於二乘菩提的聲聞智。因此上週最後說到：**淨智是一切阿羅漢、辟支佛的智波羅蜜，方便說他們有波羅蜜**。可是又說阿羅漢、辟支佛的清淨智，雖然也說是淨智，眞要談到究竟的滅諦，就不是阿羅漢、辟支佛的清淨解脫智所能了知的；因爲大乘道的滅智——寂滅的眞實諦，絕對不是那些不迴心的二乘聖人所能猜測的。

「**何以故？三乘初業不愚於法，於彼義當覺當得；爲彼故，世尊說四依。**」

既然說大乘的滅諦都已不是阿羅漢與辟支佛的解脫清淨智慧所能了知的，更何況是四依呢？四依的智慧爲什麼如此難以了知？又爲什麼要說四依的智慧？這四依又究竟是爲誰而說？這就值得探究了。

四依的智慧，我們前面有提過：**依智不依識，依法不依人，依了義不依不了義，依義不依語**。可是這四依，是依什麼法而說四依？又是什麼原因要爲三乘中的修道者來說四依？這四依其實是依佛果的常樂我淨來施設的，所以常樂我淨是四依的所依。換句話說依智不依識等四依，還得要有所依；假使不是依如來藏心才能進修到佛地的常樂我淨，就沒有這四依可說。印順舉這四依智，說古人有解釋作二乘所修苦集滅道四聖諦的智慧，可是勝鬘菩薩所說的明明是二乘人沒有四依智，分明是以大乘的滅諦來說四依智，那麼這四依智怎有可能會是二乘菩提的四聖諦智呢？顯然印順連經文都讀不懂。

我們且回過頭來先說四依的道理，然後來說四依是依常樂我淨而成就，最後才說爲什麼要爲三乘中人講四依。大家所熟知的四依，先說依法不依人好了！不！依法不依人還是留到四依的最後再來說，這樣大家比較容易懂，先講依義不依語好了。

讀經典或者讀菩薩的論、註，最重要的是**依義不依語**。然而依語不依義，正好是自古以來廣大佛教徒的落處，他們總是把經論中的文字表義當作是眞實義，因此所理解的解脫道或佛菩提道就都誤會了。誤會之後而爲眾生說法，眾生就跟著他依語而不依義。可笑的是，那些依語不依義的人，卻要求依義不依語的菩薩要隨順他們的說法，辯稱他們才是依義不依語，這種顚倒的現象是自古以來就一直存在的。且看古時候的佛護、清辨、安慧、寂天、宗喀巴、阿底峽，這些人有哪一個人不是依語不依義呢？最好笑的是安慧的徒弟般若趜多。般若趜多自己是依語不依義，在他所熟知的《俱舍論》上面，他都已經是依語不依義了，而且這還只是解脫道的法；可是他卻想要收依義不依語的玄奘菩薩當他的徒弟。

所以玄奘菩薩告訴他：「**我是要去天竺學根本大論，只有《瑜伽師地論》是我所嚮往的，你所熟知的《俱舍論》不是我想要學的法。**」般若趜多說：「**俱舍論的法義甚深極甚深，你怎麼看不起它而不想修學呀？那《瑜伽師地論》只不過是外道論，你學它作什麼？**」等覺菩薩寫的論—根本論—他竟然說是外道論。那你想想看：今天我蕭平實被少聞寡慧的人罵作邪魔外道，根本就不算一回事！所以還眞是不記掛這種事情，覺得這是末法時期理所當然的事。當我剛出來弘法時，如果大眾都普遍讚歎我，那一定是時光倒流了，一定是回到正法時期了，才不會罵我是邪魔外道。

玄奘菩薩聽他把《俱舍論》講得玄玄妙妙的，就問他：「**既然你自稱是《俱舍論》的專家，請問你《俱舍論》中的這句話是什麼意思？**」玄奘菩薩問的這句話，是《俱舍論》一開始就有的，等到般若趜多解釋了出來，玄奘菩薩聽不到幾句就說：「你錯了！並不是你所講的意思。」就告訴他道理，那般若趜多也不能反駁，就說：「不談這個，你再問別的。」玄奘菩薩又從論中提出幾句話來問，般若趜多又解釋錯了，又說：「不再談這個，你再問別的好了。」玄奘菩薩乾脆就問後面的論文，這回般若趜多根本不懂，就推說：「論中沒有你問的這幾句話。」剛好國王的叔父也出家，那時也在場，就當場提出來說：「有，論中有這句話。」隨即把《俱舍論》拿出來證明，這般若趜多就說：「我老了，所以忘了。」你看，他連自宗的法義都誤會了，都已經是依語不依義的，卻要求依義不依語的玄奘菩薩要隨順他，當他的弟子。

這般若趜多以前接見玄奘菩薩時，都是坐得高高的，玄奘菩薩則是坐在下座與他對談，但是自從那一次以後就不敢了，他甚至於一直逃避玄奘菩薩，不想再見面。玄奘菩薩三天兩頭就往他寺裡來，因爲大雪阻住了雪山，過不去，得要等雪退；閒著沒事就常常往他寺裡來，後來他都躲避不見了。這表示，依語不依義的現象是古時候就已經存在了，以古方今，就可以知道現在當然也是普遍存在這種現象的。所以，依語不依義，依義不依語，這個道理中的差別眞的要弄清楚。

佛法中有許多道理是不爲外道明說的，所以在四阿含中，諸位破參以後去閱讀時，會發覺當初大迦葉尊者，他們眞的有用了一些心機。所以，「識入胎生名色」，其實可以乾脆就講入胎識，但他們偏偏只用一個識字；至於意識，也是用同一個識字，故意不表明這是哪個識。爲什麼要這樣呢？因爲即使是淺如解脫道，也不能隨便讓外道從閱讀經典中去修得。連解脫道都要這樣處處弄玄機，何況是大乘的佛菩提道？當然更是玄機無限。眞的是玄機無限——處處玄機。所以外道須深奉命進入佛門來盜取解脫道的法義時，世尊當然早就知道，但因觀察他是可度的，所以故意爲他說法，讓他成爲阿羅漢。當他成爲阿羅漢以後，必然不會再歸依原來的凡夫外道老師了，所以須深就當場向 佛懺悔，發露自己盜法之罪。佛就告訴他：「**你如果沒有懺悔盜法之罪，即使你是阿羅漢，也免不了要受重報。**」正因爲這個道理，所以在四阿含中才會處處用**識**字，而不說明這是什麼**識**。

你得要有智慧，才能判別不同地方所講的識是指什麼識；要是自己還沒有智慧，就得跟著你的師父學。不但如此，連入了無餘涅槃以後剩下的那個本識，也都不明說那裡面是本識，只說是本際。誰會想到無餘涅槃中的本際就是那個入胎識，眞是沒有人想得到。可是到了現在末法，大乘道的弘揚已經非常艱難，不斷的有凡夫大師主張意識是常住法，也用意識的離念來作爲開悟的標的；因此我們不得不把阿含道釐清，釐清了以後，那一些堅執六識論邪見的印順派法師、以意識離念爲證悟境界的大法師、密宗黃教的法王們才能得救，才不會再否定第八識；這樣，大乘道的弘揚才會有光明的前景。

現在距離佛世才二千多年，已經是這樣了！未來月光菩薩來人間時，將會千般困難、萬般橫逆，非常難以弘法的。而一般人讀經論時都是依語不依義的，所以才會把聲聞道弄到一塌糊塗，連最淺的斷我見，他們都作不到，那都是依語不依義的緣故。我們現在把四阿含所說的聲聞解脫道眞實道理寫出來，所以書名才會叫作《阿含正義》——顯示四阿含中的眞正義理。這就是要他們依義而不依語，不要再依於四阿含的文字表面來理解阿含道。在阿含道中已是這樣的隱覆密意，大乘道當然更是隱覆密意而說的。這個隱覆密意，到下一段經文時我們可以稍微談一點，看諸位能不能理解。

所以諸經中的隱覆密意而說，必須破參了以後才有可能讀懂，否則是讀不懂的。因此在大乘法中，不論第二轉法輪的般若或第三轉法輪的唯識種智，都是隱覆密意而說的。這樣隱覆密意而說的作法，可以保護佛法的密意不會輕易洩漏於外道中，外道就沒有能力來破壞正法，這是制敵機先的作法。但我們打開天窗說亮話，就算外道竊取了佛菩提的密意，他們還是沒有能力破壞正法。假使人間有智慧深妙的菩薩住世，也是不怕他們破壞的，因為法界中的眞相本來就如此，不容外道竊得密意以後來否定。如果是眞相，就不可能被扭曲，假使外道獲得密意以後強行扭曲而說，就一定有許許多多的破綻，會被菩薩提出來辨正，而他們絕對無法自圓其說。所以就算外道竊取了密意，我們還是不怕他們破壞正法，但會損害緣淺者的悟道因緣。

但是大乘法中許多的法義都是隱覆密意而說的，因此有很多人在無知、不如實知法界眞相的狀況下，讀經閱論時就會產生猜測臆想的現象，因此只能依於文字的表面來理解經論中的眞實義，當然會誤解。誤解以後自以為知、自以為證，轉說給座下弟子熏習，就成為誤導眾生的嚴重破法惡業，也是破壞廣大徒眾法身慧命生起的因緣；聽聞的徒眾越多，他破法的罪業就越嚴重。而且錯說佛法就是謗佛，這在四阿含中是常常有記載的。淺如解脫道，當阿羅漢們遇到外道時，爲外道說了一些法，回來見 佛時，都要重新再複述一遍，然後請示 佛說：「我爲某某外道這樣說，有沒有謗佛的嫌疑？」爲什麼會這麼嚴重？當然大家要參究一下。這意思是說：當某一個人爲眾生說法時，他當然說這些法都是 佛所說的；可是他所講的法卻與 佛所講的顚倒，卻又說那是 佛所說的法，這樣當然是謗佛。因爲 佛明明不是這樣講的，而他對外公開說這是 佛所講的，當然是有意或無意之間造作了謗佛的惡業。可是有智慧的人聽了會這樣說：「如果你所說的這些法眞的都是佛所講的，顯然佛的智慧就太差了，連這個法也會講錯。」那麼講錯法的人說那是 佛陀所講的法，那他當然就是故意謗佛。

所以，想要依義而不依語，並不容易。在解脫道中要能依義而不依語，至少得要見道、斷我見、證初果，否則講經完了一定要這樣說：「我所知道佛說的法應該是這樣的，但我沒有絕對把握，將來假使有更正確的說法，應該轉依更正確的說法。」應該這樣講，否則就有謗佛的嫌疑了！因爲 佛確實不是那樣講的，而他卻說 佛確實是那樣講。阿羅漢們若知道了，當然要說：「你是在毀謗佛。」事實當然是如此的。所以大乘法的隱覆密意說法，比二乘經中更廣泛；因爲有許許多多的法，並不適合初機學者所知；乃至有的菩薩學了一萬大劫以後，都還不適合爲他們說。因爲有的人一劫就能具足十信，可是有的人卻要一萬大劫才具足十信，當然還沒有滿足六住位功德——未斷我見。若爲這些人直接明說佛菩提的密意，那是在戕害他們，因爲他們一定無法生忍，後來一定會毀謗妙法。

所以，三乘菩提的法義全都有隱覆密意而說的地方，但是無明未破的人，一定要虛心就教於善知識，否則不免依語不依義，因爲很多的法義都是隱覆密意來講的。所以，佛陀特地告誡三乘法中的學人，應該依義而不依語。不幸的是，現在絕大多數的弘法者是讀了三五年的經論就說：「**佛法我全懂了。**」而一般的學佛人學過兩年就覺得：「**我全部都懂了，佛法就是四聖諦跟八正道，大不了再加個十二因緣，再也沒有別的法了。**」諸位想想看，你這一世初學佛時，是不是也如此？百分之九十的人都是如此。如果一開始就進到正覺講堂，都還沒有學四聖諦、八正道、十二因緣，直接就學明心、學見性，那眞是福報太好、太好的人；才會先證悟大乘般若以後，再來反觀二乘法中的四諦八正、十二因緣法。所以，佛陀必須要告誡大家要依了義而不依不了義，並且讀經學法時要依義而不依語。

第一依止的**依義不依語**，已經很不容易了；因爲現前可以看見的是，絕大多數的大師們自己把法誤會了，卻要求我們要依照他們誤會後的法來弘法。在我們弘法早期，甚至於還有一位居士放話給我說：「你的法錯了，你的道場必須關門，不許弘法了！」然後我就把他說的法，不指名道姓而寫在《宗門法眼》中，從此以後沒聽他再講過什麼話。而那一些大師們**依語不依義**以後，卻堅持說他們才是對的，反而說我們錯了，包括佛教界由於作風強勢而有名的昭慧法師在內。因爲我告訴她要證如來藏才是眞正的佛法，我也知道她沒證，她卻說：你堅持說要證如來藏，堅持說如來藏眞實有，那就是自性見外道。可是等《眞實如來藏》出版了，我在扉頁上題了些字，寄給她以後，爲什麼又要求見我？一個不懂解脫道又不懂佛菩提道的人，我見顯然未斷，卻要求我們要依照藏密應成派中觀的六識論邪見來修證，這不是顚倒嗎？所以依義而不依語是很難作到的；但是往往依語而不依義的人都會自覺自己是依義而不依語，然後指責別人是依語不依義，反而要求證悟的菩薩要追隨他們的腳步，所以第一依就已經很困難了。

再來說**依智不依識**。在這句聖教中說的識是指意識的識知，凡夫意識所認知的都是三界中法，三界中法都是意識（包括識陰等六識）所能認知的；所說的智，則是指眞正悟得實相者所得的般若智慧，悟錯的人所謂的智慧並不是這句聖教所說的智。如果依於「識」，就一定會落在三界法中；既落在三界法中，就不可能出離三界生死了。三界中法是指什麼？是指五蘊、六入、十二處、十八界，以及再經十八界爲緣而輾轉引生出來的種種法，全部都是三界中法；都是無常生滅必壞而不可能常住，這些法都是世俗人的意識所能認知的。智，就是證得三界外法而引生的智慧，這個智慧所知的是一切三界法的根源。假使你證得法界的根源而引生了涅槃智、法界智——本來自性清淨涅槃，就表示你是**依智而不依識**的聖者。

可是這樣講，可能太抽象了一點，舉例來說好了。（佛法應該要說到使人聽懂，才是眞的佛法。如果善知識講了兩個鐘頭以後，你還是聽不懂，那不是你的過失，而是法師的過失；是因爲他自己也沒有實證，所以講不出所以然，當然你就跟著聽不懂了；所以你到各處道場去聽法，如果聽不懂，不需煩心，因爲不是你的過失。）這個**依智不依識**，譬如佛教界數十年來很常見的兩個現象：

第一是講緣起性空，第二個是講離念靈知。這是這幾十年來海峽兩岸佛教界常見的錯解佛法的現象，我們就一一來解釋。

一、緣起性空，大家初學佛時聽到大師說五蘊緣起性空，六入緣起性空，十二處、十八界緣起性空，你剛聽到時一定想：「沒有錯呀！因爲這一切都是苦、空、無常、無我。」你不會發覺到他所講的有什麼過失。可是 佛說的緣起性空是這樣講的嗎？不是！佛說的緣起性空是依本際、本識爲大前提，來說諸法的緣起性空，這樣講緣起性空才是正確的。有一個事實是大家都應注意到的：佛在解說諸法的緣起性空以後，往往會說：**阿羅漢所作已辦、梵行已立、不受後有、知如眞**。並且有時還會加上「**寂滅、清涼、眞實**」，有時則是加上「**寂滅、清涼、常住不變**」，那表示緣起性空的所證並不是斷滅空。

如果阿羅漢所證的涅槃是**常住不變**的，一定有一個眞實法是出三界而獨存的，那樣的出三界才是**眞實**，才是**常住不變**。佛又說「清涼」，可是清涼這兩個字，大師們也都是**依語而不依義**。什麼是清涼？假使是以意識爲常住法，不論是意識細心或者意識極細心，必然都是意識。既然是意識，一定會接觸到三界中法；接觸到三界中法，譬如夏天冷氣吹了當然覺得清涼，可是如果再冷下去，那個清涼就變成冷凍，冷凍就會在覺知心中變成熱惱了。凡是會接觸到六塵的識，都不可能是眞實、清涼，只能在比較性的層次上來說清涼。比如六十歲了，退休了；退休後就不再忙於公事，心中沒有煩惱，所以說有清涼。可是太太還沒有退休，他就得要自己下廚，這時候就有熱惱了。所以，意識沒有永遠的清涼，不是究竟的清涼。清涼的意思是說永離一切熱惱，有誰能永離一切熱惱？只有無餘涅槃中的本際，因爲祂不與六塵諸法相應，才能夠永遠清涼，永離熱惱，這才是依義不依語而解說。

可是現代的大法師們都依語不依義，都說：「你只要把煩惱放下，心裡就清涼了。」可是你當場突然給他一巴掌，他氣起來問你：「你爲什麼打我？」「請問你放下了沒有？請問你現在還清涼而不熱惱嗎？」他不可能永遠放下的，然後他問你：「那要怎麼樣才是永遠的清涼？」你就自打一巴掌說：「這樣就清涼了！」他當然很懷疑，你就告訴他：「其中有清涼，也有不清涼的，不清涼的熱惱心正在清涼心中住。」他就請問你：「阿哪個是清涼的？」你就大喝：「參！」等到他參出來了，才知道原來你眞的是熱心爲他，讓他證得眞清涼者，他也會知道其實是當時就爲他明講了。假使他還不懂，那就是他的事了，與你無關。

這意思就是說，你找到了那個眞實清涼的——找到了常住法，這個常住法不是三界中法，不是凡夫眾生所能認知的，也不是阿羅漢、辟支佛所能認知的，這才叫作**智**。解脫道中所講的**智**，有一個前提：涅槃本際如來藏識常住；依這個大前提來講緣起性空，才能於內無恐怖，於外也無恐怖，才能眞的斷我見、斷我執，否則一定無法斷除我見與我執（編案：詳見《阿含正義》舉證的聖教）；依這樣的解脫道來修證，才是依義不依語。所以緣起性空的法義，如果是依否定涅槃本際如來藏的邪見而說諸法緣起性空，那絕對是依語不依義的凡夫。這是第一種人，由於依語不依義而同時成爲依識不依智。

二、參禪者錯悟而落入離念靈知意識境界中。當你指著他的鼻子說：「參！」結果他怎麼參呢？「參來參去都是我呀！因爲我離念了，沒有妄想，我一念不生了，我煩惱都放下了，可是我清清楚楚、明明白白呀！我這時候都沒有煩惱、很清涼。我死的時候就要用這個心去入涅槃。」因爲他覺得離念靈知很眞實，然後他去翻了一些經論來印證自己，可是他找來印證的經論本身沒有錯，只是他依語不依義，誤解爲自己錯悟的境界了。然後又想：「禪宗祖師的開悟公案，我應該可以拿來印證。」他找來一些公案作印證以後，就說：「對呀！我這個沒有錯呀！因爲禪宗家裡人相見，打一拳、放一掌就走了。」他想：「沒有錯呀！大師突然打一拳、放一掌時，因爲太突然了，學人被驚嚇而使念流停頓了，那時是離念而清清楚楚明明白白的，我也是一樣離念的。對呀！」他們是這樣想的，這也叫作依語不依義。

或許他又想：「也許他們講的不是這個吧！」所以後來想：「應該是離念靈知，就是前念已過，後念未起，這中間有個短暫的靈知，這靈知其實是一直存在的，只是被語言遮蓋了。」他想：「這樣就對了。」可是有一天，突然遇到個眞悟的人，問他說：「你這個離念靈知是不是萬法的根源？」他會馬上答：「是呀！沒有錯呀！所有的法都從我這個離念靈知想出來的。」然後善知識問他：「請問你的離念靈知從哪裡來？」「沒有呀！離念靈知本來就存在呀！」「請問：你睡了，離念靈知哪裡去了？」「喔！我倒沒想到這一點。」現在才想到，已經太遲了！

這些都是因爲落在意識所知的範圍之中，所以悟錯了。凡是意識所知的境界，即是一般眾生都能理解的，不超越外道五種現見涅槃，所有外道都不超過五現涅槃。問題是，反觀今天的佛門大法師們，有沒有誰超越了外道的五現涅槃？結論是沒有！他們全都落在外道五現涅槃中最粗淺的第一種，因此他們所說的法，其實都是你所能理解的——憑你的意識就能認識他；可是他怕你知道這仍然是離念靈知，所以就故弄玄虛而學起祖師的機鋒來。譬如香港月溪法師，他也學祖師，上座後拂子一甩就下座。可是他的所悟是什麼？還是離念靈知，仍然不脫意識範圍。這個所謂的「證悟」內容既然都不脫意識的範圍，只要說出來了，眾生都知道，而且都是眾生平常就知道的。有哪一個凡夫眾生不是落在意識心上？都是在意識心中打轉，這就是凡夫依識而不依智。

終於後來遇到有個善知識說：「法離見聞覺知，法不可見聞覺知。」也許他想說：「你講的是法，我說的是眞心，法與心不一樣。」不然，我們就換一句好了：「一切諸法無作無變無覺無觀，無覺觀者名爲心性。」好，這會兒終於口似扁擔，不敢再講話了。也許他又問：「你說的法是哪個法？」就戳著他的鼻子講：「參！」當然他還是茫然無知，其實你已經爲他明講了，但他還是茫然，你也無可奈何。那就表示說，你是依智，他是依識。**依智不依識**，聲聞道中應當如此，菩薩道中亦復如此。

「**依了義、不依不了義**」：三乘菩提是經過三轉法輪才講完的。初轉法輪是二乘道，講的是聲聞人所修證的解脫道，只管出離三界生死，不論及法界的實相，所以不是般若智慧。四阿含所說的是二乘菩提，也就是聲聞菩提、緣覺菩提，這兩種菩提在初轉法輪時已具足宣說了。可是證得阿羅漢果以後，到底是不是已經實證大乘了義法呢？其實不是。阿羅漢相信 佛的開示，說有一個識常住不壞，即是無餘涅槃中的本際。這個無餘涅槃中的本際常住不壞，阿羅漢們都不必親證，只要相信有這個本際就夠了；然後現前觀行，把自己的五蘊、六入、十二處、十八界是如何的虛妄，一一現觀完成，把我見、我執都斷盡了，他捨報時就可以入無餘涅槃了，都不必親證無餘涅槃中的本際——如來藏。

可是他們成爲阿羅漢，已經是人天應供了，是諸天及世間一切人都應當供養的阿羅漢；可是阿羅漢遇到剛悟不久的菩薩——這隻金毛獅子才剛出生，阿羅漢遇到這位菩薩就開不了口了。因爲這個剛出生的金毛獅子，雖然走路還是有一點蹣跚，走不很穩，但他畢竟是獅子。這剛證悟的菩薩由著阿羅漢說法，等阿羅漢說到一個段落了，口水乾了，需要喝水了；當他正在喝水，這位新悟菩薩就問他：「請問你將來入了無餘涅槃，那裡面是怎麼回事？你知道嗎？」這阿羅漢一聽，嚇得幾乎嗆著了，因爲他已發覺：「原來這位新悟菩薩問我的問題，我貴爲阿羅漢，竟然也答不出來！那無餘涅槃中到底是什麼呀？」還是不知道。他只知道佛說無餘涅槃中有本際識，那個識是常住不變的，是清涼、眞實、寂滅的，可是究竟在哪裡？那裡面的識獨住的境界又是怎麼回事？都不知道。

他縱使到處去問別的阿羅漢們，還是問不出個所以然。假使他遇到一個洋人出家了，他問：「你這位洋人，既然出家成爲阿羅漢了，請問無餘涅槃中是什麼回事？」對方一定會說：「I don't know.」如果他問到另一個人，對方可能說：「俺不知。」（客語）都不知道，不管是哪一位阿羅漢，都問不出個所以然。他眞的想不通，可是也不太服氣，有一天就回來問這位剛悟的菩薩：「請問你，無餘涅槃中是怎麼回事？」這新悟菩薩就指著他的鼻頭大聲喝道：「參！」這阿羅漢那時才知道：「原來我這個阿羅漢，即使證得解脫道中的極果，成爲俱解脫的三明六通大阿羅漢，爲什麼我還是不懂？而這個菩薩才剛開悟，爲什麼就懂？」也許他不服氣，去問 佛：「佛陀啊！這菩薩才剛悟，爲什麼我不懂的、他卻能懂？」佛陀就告訴他：「沒有別的辦法，你必須迴小向大，等你悟了才會懂。」

阿羅漢如果對了義法有很深厚的信心，已經願意發起悲願，不怕生死而迴入大乘以後，當 佛陀在世時，想要開悟是很快的，沒有什麼困難。可是如果害怕生死苦而不肯發大心，那就只好繼續當阿羅漢，直到死了入無餘涅槃。可憐的是，他入了無餘涅槃以後，還是不知道無餘涅槃中是怎麼回事。由此可見，菩薩剛悟入時雖然只是般若的總相智——根本無分別智，而這個般若的總相智已經不是阿羅漢所能知道的，所以顯然般若才是了義的，阿羅漢們所證的解脫道智慧仍是不了義的。

假使有一天出來一位辟支佛（我說的是假使，機會很小），他講了一大堆的因緣法，這位菩薩好整以暇慢慢地聽。等他講完了，菩薩客氣地請問：「大德辟支佛！將來你捨報入了無餘涅槃，那裡面是怎麼回事？」他會答覆你：「裡面是本識獨住。」菩薩說：「我不問你本識，我問你入了無餘涅槃以後是什麼境界？」他也不知道，因為他也沒有證得本識，所以無法現觀本識獨住的無餘涅槃中的境界。所以辟支佛也會知道：**原來我這個因緣法仍不是了義法，原來菩薩的所學所修才是了義法**。他對這位新悟菩薩就不敢小看了，因為吃一回虧就學一回乖，以後就不敢亂質疑菩薩了。這問題就出在這裡：聲聞解脫道是不了義法，菩薩所修的佛菩提道才是了義法；不了義法不能證得法界的實相，了義法可以證法界的實相。有一天看到這位新悟菩薩對他的師父畢恭畢敬，他想：「**那位被禮拜的菩薩，修證一定更高**。」可是又看見那位被禮拜的菩薩遇見了 佛時，還得要五體投地、行頭面接足禮，並且還在 佛前右繞三匝才敢坐下；而且正襟危坐，不敢隨意坐。他想：「**佛陀可真是不得了**！」阿羅漢們只能從事相上這樣看 佛陀，無法猜測 佛陀的證境；所以他們知道解脫道是**不了義**的，不是究竟的解脫。可是阿羅漢、辟支佛知道這些事相，凡夫們就不知道，才會敢隨意輕視、毀謗大乘證悟者。

因此，百年來多少凡夫不斷地主張：**四阿含的解脫道就是成佛之道**。問題來了：如果解脫道就是成佛之道，那麼 佛陀在世時，人間就應該已經有一千二百五十一位 佛陀了。是不是呢？當然是呀！因為解脫道既是成佛之道，而阿羅漢們的解脫道都已經是「所作已辦、梵行已立」，那當然也是成佛了，可是爲什麼那些「阿羅漢佛」都不懂般若呢？他們那些人的腦袋不知道怎麼生長的，人家腦袋是長在頭上，他們好像是長在背後，所以對這些淺顯可見的道理，他們竟然都沒有覺察。因此，三乘菩提絕對是有了義與不了義的差別；解脫道是不了義的，因此四阿含當然不是究竟的法依止；究竟的法依止，應該是大乘的般若，並且要函蓋第三轉法輪的一切種智諸經，才能說是究竟的了義。

現在又有問題了，當你依止於了義法、了義經，說如來藏才是禪宗證悟的標的，可是現代禪宗裡絕大多數的錯悟大法師卻罵：「如來藏是外道神我，你們落到外道法去了。」我們出來弘法十幾年來，不都是這樣被罵的嗎？他們罵了好幾年，後來我乾脆就寫出《眞實如來藏》讓他們瞧瞧。《眞實如來藏》是怎麼起心動念寫的？是因爲有個居士向我說：「印順法師講：如來藏是外道神我的思想。」我聽了當場就說：「他這樣是謗法，這是很嚴重的事情。」所以，那次聚會論法完了，回家當晚我就開始著手寫那本書。不過一、兩個月，就把它寫完了；印好了，又親自去郵局寄給印順法師。我在書中講了誰，我就寄給誰；我就是這樣作，明人不作暗事。

那一些悟錯的人聽到說：他們正覺同修會開悟的內容是證如來藏。他們心裡面第一個念頭就是想：「如來藏是什麼？我有沒有證？」第二個念頭是：「我沒有證，我該怎麼對付蕭平實？」因爲當他知道自己沒有證，而別人親證了，他會知道：「對方即使不指名道姓指斥我，他的書也會顯示我的錯悟，至少會顯得我的證量很差。」所以種種耳語就開始出現了，最後就逼得我開始不指名道姓的辨正法義。可是不指名道姓辨正了幾年以後，還是沒有絲毫的效果，堵不了大師們的嘴、救不了任何人，於是我乾脆就開始指名道姓。剛開始指名道姓的決定作下了以後，我是有被告的心理準備；可是我知道他們不可能去告，有兩個原因：第一個原因，他們不會爲了被指名道姓而去告我，因爲告了以後，他們會更沒面子。第二個原因，這不屬於法律管轄範圍，他們告不動，而我們也有法律專家。

所以，你的法若是了義的法，當你出來弘揚時，他們終究會知道你是了義法；但是凡夫大法師們爲了名聞利養、法眷屬貪著的緣故，不可能承認你的實證，反而會想辦法把你誣衊，所以他們一直抹黑我。佛教界的抹黑，就是無根毀謗爲邪魔外道。可是問題來了，他們儘管抹黑，但我們提出來說：「你們所悟的意識仍然是從如來藏來的，而外道的神我仍然是意識；如來藏是出生了外道神我的識，是第八識，你怎麼可以說如來藏是外道的第六意識神我？」所以聰明人就不敢再講話了。正因爲了義的緣故，所以我們從七、八年前開始指名道姓評論諸方，橫挑著扁擔不曉得已經撥倒多少人了。只要是聰明人，被撥到了，自認倒楣，不敢寫文字回辯。沒有智慧的愚癡者卻自以爲是，不能自我反省，才會寫文章、寫書出來亂罵。

其他的大師們，有哪一個人敢寫文章出來罵我？我們爲什麼能夠如此？在四面楚歌的情況下，我們卻不必學項羽那樣自刎，反而是越挫越勇，原因就在於這是了義法。所以，有一些哲學教授在研究佛學，看到我書裡面說：「阿羅漢來到我們面前，也沒有開口餘地。」他們心中眞的氣壞了！可是他們有人開口說要寫書破我，如今兩年多過去了（編案：這話是 2006/9/26 所講的），爲什麼連一篇短文都還沒有發表出來？因爲這是了義法，連阿羅漢都沒有開口的餘地了，他們凡夫哪有開口的餘地！這就是了義法的威德。假使這不是了義法，我們絕對沒有辦法如此。

現在，三個依講完了，接著最後一個：**依法不依人**。諸位破參之後，在外面已經遇過很多人，有好多人告訴你要依法不依人。但是你卻覺得很好笑，因爲那個要求你依法不依人的人，他正好是依人而不依法，因爲他告訴你：「我們師父講的才對，離念靈知才是眞心，你們講如來藏，如來藏是外道神我。」問題是你們都沒有想到一點反問他：「如果這樣，你師父應該出來救我們正覺同修會這麼多人，爲什麼是由你來救，不是你師父來救？難道你師父比你更沒有慈悲心嗎？你師父比你更沒有智慧嗎？」應當這樣問，如果有人再不死心，你這樣問了以後，他還要繼續跟你辯論，你就告訴他：「請問是你的智慧比較好？或是你師父的智慧比較好？如果是你的智慧比你的師父好，我就跟你談；如果你的智慧不如你的師父，就請你的師父來跟我談，你不要來跟我談。」應當如此呀！這個度眾的方便善巧，諸位都要學會。

佛陀往往孤身一人，沒有帶侍者，直接到放話要挑戰 佛陀的外道五百人、八百人、一千人中，往往是單獨一個人去。佛陀開口就說：「你是釋迦的奴種。」當場就講，說你是我們釋迦族的奴婢種類。外道的弟子群起義憤塡膺，大家都責備 佛；佛等他們責備完了，輕輕一句話：「是你們的智慧比你們的師父高？或是你們師父的智慧比較高？如果你們的智慧比你們的師父高，我就跟你們談。」結果沒有一個人敢開口，安靜下來了，佛再跟他們的師父談，爲什麼「你是我們釋迦族的奴婢種」，把他祖宗八代都翻出來證明無誤。佛陀的這些身教，我們要學；祂的度眾方便善巧，我們也要學。既然他們的師父不敢開口說話，徒弟們開口作什麼？如果所證的不是了義法，即使他是眞的證阿羅漢果了，來到了義法實證者面前，仍然不可能有開口的餘地，都因爲他的法是不了義。了義法的親證者與不了義法的親證者，向來是高下立判的，一句話就見眞章了；所以師父所證的法若是不對，就不該依止他，應該依止正確的法，這樣才是依法不依人。但現在各大道場都是依人不依法，都是一味的信受錯悟大法師所說的錯誤佛法。

所以，禪師聽說有人開悟了出來弘法，就得要前去勘驗。「入門須辨主、當面分緇素」，進了門要看你有主無主，當面要分清楚你是黑衣或白衣，雙方要互相勘驗明白。所以老趙州「八十猶行腳」，他還要去勘驗那些新出來的禪師到底有沒有悟。這就是說，只要所悟錯了，在了義法中是沒有開口的資格的，眾人不該依止他說的法，否則就是依人不依法了。證不了義法的阿羅漢來到菩薩面前，也沒有開口說話的資格，因爲他是不了義。可是往往不了義法中修學的人，本身正是**依人不依法**，卻來要求菩薩要**依法不依人**，而他講出來的法卻是**依人不依法**。因爲菩薩早就已經把他所說的法，包括他師父所說法的落處，以及錯在什麼地方，從理與教兩方面都爲他辨正清楚了，而他們卻仍然不知道，甚至於根本就讀不懂，反而要求我們要**依法不依人**。

我們書裡面講得很清楚，講得夠白了，老婆到無以復加，可是大法師們很努力讀，最後還是讀不懂，還是誤會了我的意思，然後反過來私底下不斷的罵：「**你們要依法不依人，不要去學那個邪魔外道蕭平實的法。**」可是他自己所說所修的卻都是**依人不依法**：依止的是他師父教給他的錯誤的意識境界。所以想要眞的**依法不依人**也不容易，即使是在善知識幫助下證悟了，都還有可能如此的；因爲大乘見道所應斷的異生性既深又廣，要到初地才能斷盡的。所以，**依法不依人**不容易，眞能作到**依法不依人**的，一定要先作到前三樣，一定要能**依智不依識**，**依了義不依不了義**，還要**依義不依語**，這三個作到了才能依法不依人，所以這個四依是一切學佛人的依止；這不只是學阿羅漢者的依止，學佛者更要依止這四依。

這四依，爲什麼是依常樂我淨而安立？這又是個大問題，先來談談**依義不依語**。在大乘法中，不論是第二轉法輪的般若，第三轉法輪的唯識種智，都是依究竟佛地時無垢識的常樂我淨來施設的。而佛地無垢識的四種常樂我淨是究竟佛法的所依。凡是究竟佛法一定要依這四法，以這四個法爲依，才能談到依義不依語。而佛地常樂我淨的部分功德，其實是在因地就已經存在了，也就是第八識的本來自性清淨涅槃。這個本來性、清淨性、涅槃性、自性性，是在因地就已經存在的。由於第八識的本來性所以是常住法，才會有菩薩明心時所證的本來自性清淨涅槃，才能夠有將來佛地無垢識的究竟常樂我淨。可是因地的第八識，雖然還不是佛地的常樂我淨，卻在因地中就已經顯示祂的圓成實的眞如法性，可是這個眞如法性卻是法界中的大秘密。

一神教一直要尋找永恆的上帝，但上帝在哪裡？在各人身心之中呀！就是出生名色、出生三界有情的第八識心呀！這才是眞正的造物主，但一神教信徒們卻都找不到上帝。哲學家也一直提出來質問：「上帝在哪裡？」有誰能夠找到上帝而讓我同樣能找到上帝，我找到以後也能幫別人一樣找到他，這樣才是眞的。如果只有你能找到，別人找不到，那就不是眞的。問題來了：

當大家都找不到時，連最信仰上帝的全球所有主教都找不到，哲學家就下了一個定義：人造上帝說。然而上帝是誰？其實就是大家的如來藏，祂能「遍興造一切趣生」，祂才是眞正的造物主，這是法界中的大秘密。

婆羅門說：「我們婆羅門種姓都是大梵天所生，從大梵天之口化生，所以種姓尊貴。」有一天 佛就向那個婆羅門提出質疑：「你有沒有父母？」「有。」「那你怎麼從大梵天口中化生？」婆羅門可就不敢答話了。可是 佛常常說：「一切眾生都是如來所生。」哪個如來？自心如來。沒有人能質疑 佛陀這個說法。婆羅門教都說是大梵天所生，他們心中想像的大梵天其實就是如來藏。所以這是法界中的秘密，這個秘密都是依常樂我淨的如來藏說的。

這個法界中的最大秘密，也是最久遠而且盡未來際都不可能被改變的祕密，當然不能夠輕易就明明白白寫出來，所以才要隱覆密意而說：以種種語言文字的表相寫在裡面，讓有智慧的人能讀懂，沒有智慧的人讀不懂。所以，依義不依語講的就是常樂我淨四個所依，而這個常樂我淨的道理，卻是絕大多數的學佛人都不懂的。可是一般還沒有破參的人說：「佛經我讀過很多遍了，明明就沒有看到哪個地方明講如來藏。」這就像雲林老人告訴我說：「《大藏經》我讀過六遍了，我就欠一個悟。」眞的就只是欠一個悟。在沒有破參之前是讀不懂的，就以爲佛經講的太隱晦了，沒辦法讀。可是你去請問一切眞正已悟的人（悟錯的人不算數），當你請問那些眞正已悟的人，他們都會認爲 佛已在好多部經典中明講了。

不但在大乘法中如此，四阿含中阿羅漢聽聞了 佛所說的大乘經以後結集起來，裡面也是有一些明講的地方，只是結集的阿羅漢們自己不懂，所以仍然是阿羅漢而不是菩薩。他們把大乘經典中明講的本識結集出來以後，自己卻仍然無法成爲菩薩，捨壽後就入無餘涅槃去了。所以阿含中明講的部分，阿羅漢們自己也不懂。當你找到如來藏而讀懂了，才眞的瞭解什麼叫作依義不依語，你就會恍然大悟——原來依義不依語是依常樂我淨的第八識來施設的。這時終於懂了！所以由此證明，依義不依語是依第八識的本來自性清淨涅槃以及佛地的常樂我淨來施設的。依義不依語，難道只有大乘法中才有嗎？不！四阿含中也一樣；所以 佛要爲三乘初業不愚於法的初學者說依義不依語。因爲即使是四阿含的聲聞道，也是同樣要依本識的常樂我淨，來說阿含、來說聲聞緣覺的解脫道。如果是愚於法的聲聞道修學者，爲他講依義不依語就沒有意義了！因為他不懂，不懂的結果就會否定了無餘涅槃的本際而說一切法緣起性空，成為外門勤修解脫道的人。

至於依了義不依不了義，當然一定要探求什麼才是了義，什麼是不了義了。二乘的解脫道，所證的都是在現象界中，都是在世俗法中，從來不涉及實相，不知名色與萬法的本源，所以滿證以後仍然無法成佛，所以是不了義法。現象界世俗法講的就是蘊處界，他們就是要斷我見、斷我執。把我見、我執斷了以後，就可以入無餘涅槃，不再受生了。可是斷我見、我執所斷的是什麼？所滅的又是什麼？都是蘊處界，就是滅掉自己。換句話說，誰如果想要去修學阿含解脫道，他其實是想要自殺的人，但他自己並不知道這個事實。這就是講白話，不講官話。講官話，是說「你來學阿含解脫道，你就是要證得解脫」，這叫作官話，官話是會騙人的。

官話一向是騙人的，官方語言往往是不可信的。這種官話為什麼不可信？因為他說「你可以得到解脫」，表面上看來是覺知心可以證得解脫，似乎是覺知心永遠常住不滅而不會再來三界中輪轉生死。眾生聽了這種說法，會覺得是覺知心永遠不再去輪轉生死；可是等他瞭解那是官話的時候，他其實已經上當了。可是上當以後仍然會很高興：原來上當還是對的，因爲只要有覺知心存在，就一定有痛苦無法逃離；把覺知心、把所有的自我都滅盡了以後，不再出生名色時就沒有苦了。這才是眞話，才不是官話。

但是問題來了：滅盡自我，而自我都是三界中的世俗法，把自我滅盡了當然就沒有生死，因爲不再去投胎而滅盡自我了，就沒有來世的名色了，當然是不會再有生死了！可是解脫道智慧所觀行的對象都是蘊處界，是三界中的世俗法，所以二乘菩提就因此被稱爲世俗諦，原因就在這裡。可是這個世俗諦是了義的嗎？答案是不了義，因爲世俗諦修證到究竟位的人是阿羅漢，但阿羅漢遇到剛悟的菩薩就開不了口了，那當然是不了義法，所以菩薩的法才了義。問題是：菩薩的了義法是依什麼而說是了義法？菩薩的了義是因爲他所證的是如來藏，而如來藏的體性就是本來性、自性性、清淨性、涅槃性，祂能生萬法，但是出生萬法而且配合著萬法在運作的當下，祂自己卻是涅槃，這才是了義法。這個了義，顯然是依如來藏而建立的，既然是依如來藏而建立的，而如來藏是常樂我淨的法，請問依了義不依不了義，是不是依常樂我淨而建立？還是依祂。

可是現在的學佛人都很可憐，因為當代大師們連了義、不了義都弄不清楚，一向都依語而不依義，誤會經中所說的眞實義。也許諸位不太相信，那我們來舉個例子好了！證嚴比丘尼算不算大師？有沒有人認為她不是大師？請舉手！（無人舉手）第二講堂、第三講堂呢？也沒有人舉手。第一講堂有兩位、三位、四位，因為你們知道她的落處，所以說她不是大師。可是會外的人看到她的信眾有幾百萬人，當然認為是大師了。可是她並不是佛法中的大師，她只是表相大師。她怎麼解釋世俗諦跟第一義諦呢？她在書中這麼寫：**在家人用財物供養出家人，讓出家人可以生活無虞，這樣供養出家人，就是世俗諦。出家人修學佛法、證得佛法以後，用佛法回報給在家人，這叫作第一義諦。**她在書中的大意是如此說的。天下也有這種大師！怪不得說現在是末法，連大師都不懂世俗諦、第一義諦。

所以，了義法才是第一義諦，因為不是世俗法中的觀行，它所觀行的內容不是三界中法，是無餘涅槃中的本際，所以不是世俗法。二乘聖人所觀行的對象內容是世俗法的蘊處界，而世俗諦中所觀行的蘊處界全部是苦、空、無我、無常，都是緣生性空，是無法推翻的眞正道理，所以是世俗法中的眞理，才被稱爲世俗諦。由於只能觀察世俗法蘊處界，無法觀察到法界實相，因此說是不了義法。依世俗法蘊處界而建立的法，雖然能使人出離三界生死，但卻只是在世俗法上面觀行所得到的結果，所以說是世俗諦。但第一義諦講的是能出三界的法，是能在三界外存在的唯一的法，是法界的實相，不屬於世俗諦的蘊處界所函蓋，那才叫第一義諦；因爲永無一法可以在祂之前存在，一切法都是由祂所生，所以是萬法的本源，所以是第一義諦，這才是了義法。但第一義諦了義法，卻是依如來藏的本來自性清淨涅槃而施設，是依如來藏未來成佛時的常樂我淨施設，所以**依了義不依不了義**，四依中的這一依，仍然是依這個常樂我淨來施設的。

又如**依智不依識**。智是什麼？識是什麼？應該先弄清楚。凡是三界中所能認識的都叫作識，依於意識所能知解的法而安住其心，就是依止於識的境界。阿羅漢所知道的都是現前法：五蘊的每一蘊、六入的每一入、十二處的每一處、十八界的每一界，都是現前可以觀察到的法。可是法界的實相如來藏在哪裡呢？他們觀察不到。所以從大乘法來看，阿羅漢、辟支佛的所知，仍然是**依識不依智**。從凡夫的立場來看阿羅漢、辟支佛，往往說他們是依智不依識；因爲他們所斷我見、所斷我執的智慧境界，不是凡夫所能觀察得到。可是當阿羅漢回頭來看菩薩，兩位菩薩大庭廣眾說話很大聲，講得很快樂，都是在講法界中的實相，可是阿羅漢們都聽不懂，所以正是依識而不依智，才會聽不懂。

古時中國也有這樣的禪師，兩位禪師講話很大聲，可是旁人都無所聞。「無所聞」並不是聽不到聲音，而是聽不懂。這難道只有古時候才有嗎？不，我們同修會裡就常常是這樣。某甲幫某乙背負了行囊，某乙就向某甲道謝說：「謝謝你，我正好病得沒力氣，讓你爲我辛苦。」某甲回說：「又不是我背的，都是祂背的。」某乙說：「對呀！是祂背的，不是你背的，但還是要感謝你。」結果某甲說：「所謂感謝，即非感謝，是名感謝。」旁邊的人聽了迷迷糊糊，都不知道在講什麼，兩個人講得很大聲好快樂，因爲法樂無窮，可是旁邊的人震耳欲聾都無所聞，不就是這樣嗎？

爲什麼能夠這樣？因爲菩薩是依智，阿羅漢在菩薩面前卻只能說是依識了。因爲阿羅漢所證的都是三界中法，菩薩所證的是三界外法，將來入了無餘涅槃的那個法就是三界外法。從這裡可以看得出來，依識或依智，其實還是依如來藏來施設的。是依如來藏的本來自性清淨涅槃，依如來藏將來成佛以後的常樂我淨來施設。菩薩依智不依識，阿羅漢依識不依智，所以阿羅漢在菩薩面前沒有開口說話的餘地，不是因爲阿羅漢在長菩薩的威風、在滅自己志氣，而是因爲他在菩薩面前想要開口時都是膽顫心驚的，因爲一句話講出來不曉得菩薩會怎麼斥責他；而菩薩爲他說的，他卻聽不懂。所以依智不依識，於此分野。

所以，有淨智的阿羅漢、辟支佛來到菩薩面前，而這個菩薩還只在三賢位中，他們已經無法跟菩薩開口了，這就是因爲菩薩證得法界中的眞實相，不是三界中法，所以如此。這樣看來，菩薩這個出三界的如來藏法，不是三界中法，是第一義諦，不是世俗諦；而四依卻是依如來藏的本來自性清淨涅槃，也是依如來藏將來到達佛果的常樂我淨來施設的。如果三乘菩提的初學人有智慧，佛就爲他說這個依智不依識。四依其實是依如來藏而說的，是依常樂我淨作爲所依的。我爲你們這麼詳細說明，今天諸位能聽進心中去，表示你們是不愚於法的人，「於彼義當覺、當得」。你如果破參了，你今天這一席法聽了，就是已覺、已得。如果你聽了能信受進去，將來好好修行就是當覺、當得，除非你不信，咱家就無可奈何了！

最後一個是**依法不依人**，還是依這個四依—常樂我淨—而來。**依法不依人**，法是什麼？人是什麼？人是五蘊，是六入、十二處、十八界。若是依人，不管是依什麼人，不管他自稱證量多高，若是依於那個人所說的，那就錯了，一定要依於法。法是什麼？法是常住不壞心，就是萬法的本源心；譬如經中說：「**法離見聞覺知，法不可見聞覺知。一切諸法無覺無觀，無覺觀者是名心性。**」這才是眞正的法，這個法才是你所應當依止的。

如何是法？大精進菩薩出家以後，帶來一幅佛的畫像，他就開始觀行：**如同佛的畫像，無出息，無入息；諸佛如來亦復如是，無出息，無入息。**這才是眞正的佛法。「**如同佛的畫像，無覺無觀，諸佛如來亦復如是，無覺無觀。**」這才是眞實佛法。如果你依法時是依這樣的法，才是眞正的依法。依於任何人所說的法，都必須與經中了義法相符合；若是所依的大師說法不符經中的了義法，卻還是繼續依止他所說的法，那其實是依人，不是依法，所以要如實的依法並不容易。換句話說，你要找到這個法：**無覺無觀的，一即一切，一切即一，處在有覺觀之中祂卻是無覺觀而能生萬法。**找到這個法，依止這個法，不依止任何人所說，除非他所說的法與此完全相符。若是所說與此不相符，即使是我告訴你的，你也不該依止。你要依止這個法，當你證得這個法而生起實相般若時，你就是依法不依人。

問題來了：**到底是要依止哪個法？當然要探究到底所依的法是哪個法？**當然是要依如來藏，只有如來藏才符合這個法。可是二乘聖人的法都是依人，因爲他們都是依蘊處界起觀，蘊處界正是人我，不是實相法——不是依如來藏這個法。當代任何大師所說的法都不離五蘊、不離蘊處界，當然也是依人，不是依法，因爲都落在離念靈知意識境界中。所以，依法不依人，是依如來藏的本來自性清淨涅槃來施設的，是依如來藏未來成佛時的常樂我淨四法爲所依，所以四依是依常樂我淨四個法作爲依止，才有意義；若是以無常生滅的人—蘊處界的緣起性空—作爲究竟所依，就無意義了！當然要以常樂我淨作爲所依才有意義。而四依所依的常樂我淨四法其實仍是一依，就是以自心如來爲所依，因爲常樂我淨四法是如來藏顯示出來的境界。爲了這個緣故，所以 世尊爲三乘初業學人中能夠不愚於法的人，認爲這些人於這個實相法當得當覺——不久之後應當會覺悟，應當會得到這個法，所以是爲這些人的緣故才講四依。而四依，其實是依常樂我淨四個法，常樂我淨四個法其實是一依：依如來藏。

上週我們的大意是說：三乘菩提中初業學法的人，如果能不愚於法，對於大乘法的滅諦是不久應當會覺悟也應當會得到的。但我在這裡還是要強調一下：於三乘諸業中能夠不愚於法，並且於大乘滅諦當覺當得，這應該是指什麼樣的人？我想諸位心裡大概有數，知道我要講的就是諸位菩薩；因爲如果是於大乘滅諦有愚，在可見的未來於大乘滅諦不能覺悟，也不能獲得實證，那就是愚於三乘初業的新學者。所以，從依法不依人的世間法中講四依，而說到是以佛地的常樂我淨作爲四依止，再引生到一切有情的如來藏也有因地的常樂我淨四依，最後歸結這三種四依其實都只是一依，就是依如來藏。如果離開了如來藏，根本就不可能有任何一種四依。所以，以如來藏作依止，從這個一依才會有大乘的滅諦可修可證，才會有二乘的滅諦可修可證，才會有一切可滅的法、可斷的煩惱、可證的菩提，才會有依法不依人等四依，才會有因地常樂我淨四依，才會有將來佛地常樂我淨四依。因此說，最後其實還是要歸到一依，就是前面〈一依章〉所說的唯如來藏爲依。這樣才是眞正的大乘滅諦，這樣以大乘法函蓋了聲聞菩提、緣覺菩提以及佛菩提，是以這個道理來爲大眾宣講三乘菩提的入門。佛都是因爲不愚於法的三乘初業學人有因緣可以在將來覺悟以及得證，所以才會說這三種的四依。

接著勝鬘菩薩又說：「世尊！這四依是世間法。」爲什麼勝鬘菩薩說四依會是世間法？因爲只有一依的大乘滅諦才是眞實的出世間法。不論是從常樂我淨的四依來說，或是從依法不依人等四依來說，乃至從如來藏在因地的常樂我淨四依，其實都是在三界中才能言說、才能顯示出來。如果是唯一法界，那就是如來藏自住的境界，其實是無餘涅槃的無境界境界，那時根本就沒有一法可說、沒有一法可立，就談不上世間、出世間，乃至也談不上世出世間的上上法；只有自心留在三界中運作之時，才有三種四依可說，所以說四依其實是世間法。可是勝鬘夫人的這一句「此四依者是世間法」，她所說的此，其實主要是在說二乘菩提——特別是指聲聞菩提所說的無常、苦、無我、不淨，是依於這一段經文最前面所說的二乘滅諦來說的；而這四依仍然是世間法，不可能離世間而有這四依；可是眞實的依止還是要歸結到一依，一依說的是一切法的依止。換句話說，世間出世間一切法都要依一法而存在、而建立；假使離開這一法為依，就沒有任何的世間、出世間法可說了；所以說，如來藏一依，才是一切法的依止，這個一依正好就是世出世間上上法第一義的依止。

什麼是世間法呢？譬如欲界境界所有法，色界、無色界境界的所有法，都是世間法。可是世間法的一切修為都不可能出離三界，只有聲聞菩提、緣覺菩提可以出離三界。這是屬於世俗法的真諦，是不可推翻的。聲聞菩提、緣覺菩提可以使人出離三界生死，它會被稱為諦，是因為它是世間法中的**道理極成**，是不可被推翻的。由於不能被推翻，所以其道理極成，即使是諸佛菩薩也不能推翻它，因為世俗法的蘊處界永遠是無常、苦、不淨，永遠不是真樂，永遠是無我的，永遠是世間道理極成，所以叫作世俗諦。諦就是道理極成、不可推翻。而這個世間道理極成，是依蘊處界而有的，但蘊處界卻是依如來藏本識而有，所以在阿含中 佛問阿難說：「**如果這個本識不入胎，能有名色出生嗎？**」諸位當然會跟阿難尊者一樣回答說：不能。可是名色的緣起性空既然從本識這一個法來，而名色的緣起性空，當然緣起性空觀還是要依止名色之後，再由名色來依本識這個法才能存在、才能出現、才能被人體認，所以這個世俗諦還是不離一依——不能離開如來藏究竟依。若是離開如來藏爲依，就沒有世俗諦可說了，所以聲聞、緣覺菩提還是必須一依。但二乘聖人並不瞭解，所以說：阿羅漢、辟支佛沒有一依。

菩薩所修的法也能出三界，可是這個出三界的法，不同於二乘法。二乘法是出世間法，一旦證得阿羅漢果，在三界中不論是一切人、一切天都應供養他。假使有一位阿羅漢只是慧解脫，連神通都沒有，天主一旦來到人間見了他，還是應該供養他。應供—阿羅漢—夠偉大了吧？因爲耶和華如果見了慧解脫阿羅漢，一樣要供養，不能不供養。而阿羅漢所證的涅槃，天主們根本不懂，所以耶和華、阿拉遇見了慧解脫阿羅漢時，一樣要作供養，因爲他們都不能出三界，而阿羅漢可以。可是這樣的阿羅漢還不夠瞧，三明六通的阿羅漢可夠瞧了吧？既有三明又有六神通，可是他們看見了菩薩，還是沒有開口的餘地。因爲菩薩的所證，不但有聲聞菩提、緣覺菩提，而且還有佛菩提，這個佛菩提的證量是三明六通的阿羅漢們無法想像的。

假使有兩個明心很久的菩薩正在說禪——家裡人以本來面目相見，講得很大聲，高高興興的口沫橫飛，聲傳十里之外，但是三明六通的阿羅漢坐在他們身邊卻仍將充耳不聞：不是聽不到聲音，而是聽不懂他們在講什麼。這是事實。古時候也有這樣的典故，兩個禪師很大聲在講話，旁邊的人聽到是震耳欲聾，可是沒聽到他們講什麼東西，因爲聽不懂。那你想，菩薩這樣的實證，是不是遠勝過二乘菩提的世俗諦？是不是遠勝過二乘菩提的出世間諦？當然呀！所以這叫作**世出世間上上第一義諦**，因爲這不是像解脫道那樣可以用思惟整理去取證的。解脫道，只要你有善知識的教導，如實的、不漏失、不誤會的聽聞熏習了以後，你好好去加以思惟—透過思惟—一面現前觀察，就可以知道蘊處界就是這樣的無常、苦、無我、不淨，就可以實證聲聞果，所以說它是可以思議的。所以古時有很多阿羅漢聽聞聲聞法以後，獨一靜處去思惟，就可以證得阿羅漢果，在阿含中處處可以看到這樣的記載。

譬如外道來向 佛請法，佛知道這個人可度，所以依照諸佛常規：凡是外道來請法時，照例先爲他說施論、戒論、生天之論。也就是說，要告訴他：**你要護持三寶，要布施眾生，救濟貧窮**。施論——布施的論議，是告訴他：**這個布施的因，將來會得到什麼果，得到什麼樣的回報**。一面宣講，一面觀察他的根性，看他能不能信受。如果他確實能信受，接著告訴他持戒：持戒有些什麼內容。再告訴他持戒的因果，持五戒得什麼果報，持一日一夜的八戒齋得什麼果報，然後告訴他持菩薩戒、持聲聞戒有什麼果報。若是他聽了也能接受，這兩個論就講完了。這時再告訴他生天之論：怎麼樣可以生天？因為布施是得福，而持戒可保人身；可是如果要生天，要有什麼樣的資糧才能生天，告訴他要修十善，修十善生欲界天。如果他能聽得進去，再開示：你應該要修四禪，從證得初禪到四禪，都是生色界天，就脫離欲界生了，你要是修四空定，就可以生到三界頂。如果生天之論，他也信了，表示這個人如果證悟聲聞菩提以後，就不會再落到色界乃至欲界天的境界中，是不會退轉的人。

諸佛說法的常規就是這樣：施論、戒論、生天之論。瞭解了三界二十八天的境界，然後看他這時若是猶如白氎、易爲染色（說羊毛織成的輕柔而潔白的好布料，你想要把它染什麼色都可以染成功。如果它是很髒的顏色、很深的顏色，你想要染黃時就染不上去，想要染紅也染不上去，永遠就是那麼髒的顏色，都沒辦法染）；佛的意思是說：當這個人能接受施論、戒論、生天之論，已經知道天界二十八天都是三界生死境界了，已經具足信心了，這時心性調柔，容易調教了，才會跟他講解脫法：所謂「欲爲不淨」，要他離開欲界；然後再告訴他蘊處界無常、苦、不淨、無我。

通常這樣詳詳細細的講下來，最快最快也要一二個鐘頭——講得簡略一點都要一兩個鐘頭。因爲我在禪三起三時殺大家的我見，光講五陰十八界如何虛妄，而且只是概略的講，就用掉一個半鐘頭，我還沒有講施論、戒論、生天之論呢。所以，如果 佛陀看對方可度，這樣略說，那至少要兩個鐘頭。如果覺得可以，再跟他講「欲爲不淨，蘊處界無常、苦、無我、不淨」，通常聽法者都會在尚未起座的情況下就得到聲聞法中的法眼淨了，也就是證初果了。可是證初果以後，距離慧解脫的阿羅漢境界還是有一點距離，那麼接著該怎麼樣呢？要去參禪嗎？不是！而是去思惟剛才 佛陀開示的法義中，有什麼更深的道理？因爲一兩個鐘頭不可能講到很細膩，都會是提示性的說法。他就獨一靜處思惟，然後就成爲慧解脫了，在阿含經中這樣的記載是非常多的。

這意思是告訴我們：二乘菩提是可思議的，只要對所聽到的開示如理作意而沒有誤解，而且有透過如理作意的思惟；這樣經過深入思惟以後，半天、一天以後就可以成爲阿羅漢。當然這一定有他的基礎條件，也就是他本來就已經離開欲界愛了，就這樣經過思惟而立即成爲阿羅漢。這個例子在四阿含中的記載是太多、太多了，可見二乘菩提是可以經由思惟而現觀去取證的，顯然是可思議的，那當然不是上上第一義；雖然同樣是出世間法，但已經不是上上第一義了。可是佛菩提道—菩薩所修的佛菩提—是不可思惟的，都是一念相應而實證的。當兩位禪師在那邊講得很大聲、好快活，法樂無窮，可是三明六通的大阿羅漢坐在旁邊卻聽不懂——他怎麼樣去思惟都聽不懂，即使全程錄音下來（古時候是沒有錄音機，都是每一個人記住幾句，然後集合起來記錄下來，禪師語錄都是這樣來的。且不說是記錄，就算是有錄音機給他錄音好了），他回去把耳朵聽到長繭了，也是思議不出來的。因爲這是要證悟如來藏的，而證悟如來藏是一念相應慧，不是用思惟得來的，因此是世出世間的上上第一義。

可是這個世出世間的上上第一義，其實還是一依，還是要依如來藏一法。假使沒有如來藏這個法爲所依，世出世間上上第一義也不可能存在。所以由此就能瞭解，其實眞正的大乘菩提不是可思議法。假使它是可思議法，今天就不必有蕭平實在這裡講經了。假使世出世間上上第一義是可思議法，今天我出版六十幾本書（編案：此書出版時已有八十餘本），那些大法師們暗地裡努力閱讀思惟以後，應該也可以實證了，但爲什麼還是證不了？問題出在哪裡？正是因爲不可思議。

想想看，沒有人教導我唯識學，結果我今天寫出來的唯識增上慧學法義，是唯識專家們無法提出批判、也無法提出辨正的，他們只能支持我。一般而言，唯識學如果沒有人教，大膽講出來時都會笑掉行家大牙的；可是我並沒有人教導，爲什麼我能夠寫出這些唯識的法義，讓唯識專家無法提出辨正？其中的原因就是因爲我有一依，而他們沒有這一依，問題就出在這裡。如果你有如來藏爲所依，你親證祂了，你就能依止祂；依止於祂以後，那一些法你就漸漸可以通達，因爲你必然會深入唯識學中。當然你會先通達般若，通達般若後你必然會進入唯識學中，因爲成佛之道就是這麼走的。當你進入唯識學以後，你將會一分一分的通達，然後你寫出來的法義，未曾證得如來藏的唯識學專家是無法評論你的。所以，歸根究柢，還是在這個一依；一依在修證佛菩提上是如何的重要，由此可見。如果沒有證得如來藏，那麼所談的一切唯識學，終究只是戲論，都與實證無關。

所以，玄奘菩薩才會在《成唯識論》中說：在大乘法中的見道，有眞見道，也有相見道。相見道的智慧是遠遠超過、遠遠勝妙於眞見道所得的智慧，因爲相見道的智慧是要在眞見道以後才能進修的，那個智慧是遠比眞見道所得的智慧勝妙過很多倍的。眞見道所得的智慧只是根本無分別智，只是總相智，仍很粗糙。但是，相見道所得的智慧稱爲後得無分別智，它勝妙於眞見道的智慧很多倍，是非常多倍的。可是玄奘菩薩卻說：前眞見道勝過後相見道。爲什麼要這樣說呢？相見道的智慧是很勝妙的，遠超過眞見道的智慧，可是他卻說後面相見道的深妙智慧所得功德比不上前面那個很粗糙的、粗淺的根本無分別智的眞見道智慧所得的功德，爲什麼會這樣？

這意思是說，證得如來藏這個法時，名爲眞見道，智慧雖然還很粗糙，但它是以後進修相見道的基礎。如果沒有這個眞見道的智慧，你無法進修後面的相見道，所以說眞見道的功德勝過後面相見道的功德；但是相見道的智慧，其實是比眞見道的粗淺智慧更勝妙的，因爲後得無分別智是悟後再進修而得到的智慧。至於相見道以後的一切種智，就是唯識增上慧學的修學了，眞見道位的根本無分別智距離太遠了，可就完全談不上了。換句話說，相見道位很深妙的智慧、越來越深妙的道種智，乃至未來到達佛地所得的極爲深妙的智慧，其實都依這個如來藏一法而成立。如果不是依如來藏這個一法，根本就沒有成佛之道可說；也不可能有出世間法的聲聞世俗諦可說，甚至於連山河大地也都不可能存在，一切有情當然也就不可能存在了。所以說，這個一依，是成佛之道的根本，否定了這個一依就沒有成佛之道可說，乃至沒有任何一切法可說；因此說這個一依，是出世間上上第一義諦的所依。

而這個所依已經證得之後，你才能有大乘第一義諦中的滅諦可說，否則就沒有大乘的四聖諦可說了。這個一依也就是大乘滅諦——依如來藏而有大乘的滅諦。當你證得這個一——如來藏，大乘滅諦才有可能成就，大乘滅諦也是依這個一而建立的。所以，大乘法中說，無上出世間的第一義、出世間上上諦的第一義說是滅諦，可是滅諦還是依這個如來藏而有，若沒有這個如來藏就沒有滅諦可說了。所以，所謂滅諦其實就是一，一就是如來藏。這很像世間法學習算術：算術要從一開始，沒有一就沒有算術可說，不管多少的數目都從一開始學起。譬如小孩子出世不久，你教他說這是五個，很困難！

你得要告訴他這樣是一個，再擺上另一個以後，告訴他這是兩個，這樣慢慢的教；所以算術的基礎是從一而來的，若沒有一，就沒有數學。可是孩子懂得一的時候，他所知的算術其實是非常粗淺的；眞見道時證得如來藏而獲得根本無分別智時，從整個實相般若的智慧來說，就如同小孩子剛學會「一」的時候。學會「一」是很重要的，因爲「一」若不會，就學不會二、三、四、五乃至加減乘除了。也許你想：「**那麼，小數點應該就不是一了。**」請問：「**小數點要從什麼開始學起？**」還是要從一學起，然後再學零點一，所以還是一；然後才有零點二、零點三、零點幾，最後才是一萬分之幾、幾萬分之幾……；所以仍然是從一開始，沒有辦法離開一。同理，三乘菩提或者世間法無量無邊的世界，其實都是要從一開始，哪個一呢？就是如來藏。離開了如來藏這個一，就沒有一切法可言；只要這個一不在了，一切就都不在了。

大乘法說四聖諦最究竟的就是要依滅諦，因爲大乘四聖諦的苦諦、苦集諦以及苦滅道諦都是爲了達到滅諦。可是難道這個滅諦會像印順法師講的**蘊處界都滅了以後成爲空無嗎？**不是。是蘊處界都滅盡了以後剩下第八識如來藏獨一存在，這樣才叫作滅諦。大乘的滅諦是要依於「一」的獨立存在而說的，一就是如來藏，祂才是眞實的滅諦。實證這個眞諦以後，能把一切染污種子都滅盡，仍然依於這個一而存在，再依止入初地時所發的十無盡願，行無盡事，度無盡衆生。所以，有情如果有一人不成佛，諸佛就要繼續度下去，永遠不入滅度，但並不是因爲有業種去輪迴，而是因爲十無盡願的緣故。

而這個十無盡願的動力是從這個一來的，有這個一才能有大、小乘的二存在；有了二，才能有聲聞、緣覺、佛菩提三乘法的存在，然後就有五根、五力、六入、六處、六思身等等，隨後才有七法、八法、九法、十法，無量的增一出現了，於是萬法就成立了。這樣實證的人，才是眞正懂得一生二、二生三、三生無量，萬法歸一，一攝萬法。這絕對不是否定如來藏的人所講的禪：一、多、無。如果沒有這個一，否定了這個一，你連無也不可能存在，講了一大堆的一多無，結果都只是戲論。所以，修習眞正的一依，目標是實證大乘滅諦。一定是要經由大乘的苦聖諦、大乘的苦集聖諦，然後修學大乘的苦滅道諦來滅掉一切，滅掉以後成就大乘滅諦，而大乘滅諦成就之後，其實仍然還是一——如來藏境界。

這個一，眞實存在——依如來藏的存在而說一的實存；然後依這個一來發十無盡願，利樂眾生永無窮盡，因爲這時候是以這個一爲究竟依止。有了究竟依止，一切法都可以否定——都確認它們的無我性，而以這個一爲眞實我，這樣來滅掉一切法；然後無妨再留著這一切法來利樂有情永無窮盡，這才是大乘滅諦。所以，出世間上上第一義依，所謂的滅諦還是這個一，一切的依止推究到最後還是這個一，永遠脫不了這個一，這就是〈一依〉的眞實義。而一依就是大乘的滅諦，就是一切法的所依，所以也是四聖諦的所依，八正道、十二因緣乃至大乘四聖諦都依於這個滅諦，因爲當你證得這個一，你依於這一法來看一切法時，一切法都不存在了！一切法不再存在了，都滅了——你都會否定，都不會認爲有一法是眞實法，這樣就是眞正的滅諦。

二乘法爲什麼不能說是眞正的滅諦？除了煩惱障習氣種子的未滅，以及所知障無明隨眠未滅以外（這兩個法我們暫不談它），除此以外爲什麼二乘法不是眞實滅諦？二乘人即使已經修學四聖諦圓滿成阿羅漢了，仍然不是眞實滅諦；因爲阿羅漢心中還有個疙瘩，那個疙瘩是拿不掉的，因爲阿羅漢不想學菩薩道，他已經確定自己不受後有，害怕再來人間度眾時會有種種痛苦；可是他心中一直會掛念著一件事情，就是：**本識究竟在哪裡？入了無餘涅槃**

以後仍有本識存在，本識就是無餘涅槃中的本際，也是眾生生死苦的本際，但是祂在哪裡？這是他心中的大疙瘩，這個大疙瘩除不掉，所以不是眞正的滅諦——心中有物，怎麼是眞實究竟的滅諦呢？

所以，眞正的菩薩遇到有人自稱他開悟般若了，菩薩當面就開口索取：「在哪裡？拿來給我看！」當然要看呀！所有野狐在這一句話下都要倒下，因爲這不是空口說白話的，必須當面口說手呈的；不管對方口才多麼辯給，經論讀非常多，都是一樣。眞悟的人就是有這種功夫——空手入白刃，要讓野狐的白刃化爲齏粉，所以當面就問：「在哪裡？」能當面捧出，這就夠了！否則，講得長篇大論都沒有用，禪師就要有這個本事。所有野狐來到這樣的菩薩面前，各個都要夾起尾巴，閉嘴默然無言。菩薩們本來就是這樣，這才是禪門法戰，禪門法戰中從來沒有那些長篇大論的語言。

禪師們正因爲證得這個一，從這一法的如來藏作爲依止，來看待一切。假使他有一天突然轉變成聲聞人（當然這是不可能的，我是說假使，是假設性的提問），有一天他突然想入無餘涅槃，那就變成聲聞種性了；當他入涅槃時將不會有罣礙，因爲他心中沒有絲毫疙瘩。因爲那個一，他很清楚的知道；

假使入了無餘涅槃以後，將會變成怎麼回事，他也都知道；這樣才能夠說是眞正的滅諦——滅盡一切，沒有一法是他會牽掛的。但是阿羅漢還是會有一絲絲的牽掛：我可以入無餘涅槃，但是無餘涅槃的本際是怎麼回事？我進去了以後，那個本際在哪裡？這個問題始終存在他心中，所以就不是眞實的滅諦，只是能滅除分段生死罷了。因此，眞正的滅諦，要等你悟了如來藏以後，才能夠理解爲什麼說這個一法就是滅諦。

關於這一段經文，印順是怎麼樣誤會的，我們來瞧一瞧吧！請看補充資料，印順說：【「此」上所說的「四依」，「是世間法」，是隨順四預流支而說為四依。論到究竟，實只有一依。這「一依」，是「一切依」中的最「上」依。從世出世間說，是「出世間」依；從上中下說，是「上上」依；從二諦說，是「第一義依」。這一依，即是常是諦的，非虛妄的無為的，無作四諦中的「滅諦」。生死也依此，涅槃也依此，為一切的究竟依。】（正聞出版社・印順法師著《勝鬘經講記》p.238 ~ p.239）

我對印順這段註解，作了這樣的評論，請讀楷書的文字：【既然無作四諦中的滅諦是常，非虛妄，則不可是斷滅空也！但印順又說：「什麼是依？

就是如來藏——滅諦。依此而有生死，依此而有涅槃。」（《勝鬘經講記》p.237）印順的滅諦既然是如來藏，而如來藏又被他說成是佛地的功德性，佛地的功德性在因地是尚未現前的，如何能作爲因地凡夫的生死所依？又如何能作爲阿羅漢的涅槃依？所以究竟一依的依，所謂大乘眞實的滅諦，固然是如來藏，但如來藏絕非印順所說的佛地種種功德法，而是因地就一直存在著的第八識心；否則就無有情的生死，也無聖者的涅槃常住不滅了。】

既然無作四諦中的滅諦是常，不是虛妄，那就不該說它是斷滅空了！可是印順卻又說：什麼是依？就是如來藏——滅諦。依此而有生死，依此而有涅槃。印順的滅諦既然是如來藏，而如來藏又說是未來佛地時的功德性，這功德性在因地時是尚未現前的，如何能作爲因地凡夫的生死所依呢？尚未現前的佛地功德法又如何能提早作爲阿羅漢的涅槃依？所以究竟一依的依，所謂大乘眞實的滅諦固然是如來藏，但如來藏絕非印順所說的佛地種種功德法，而是因地就一直存在著的第八識心；否則就沒有有情的生死，也沒有二乘聖者的涅槃常住不滅了。所以，印順每解釋一句話或一段經文，都是錯誤連篇的；而這些問題都是出在他否定如來藏，都是由於印順用自己的施設建立來取代可修可證的如來藏心，才會出現這些問題，否則印順就不會誤會佛法到如此嚴重的地步。而這些問題的癥結所在，都不是印順派的大法師與學人們所能知道的。

經文中這句「此四依者是世間法」，這個「此」，印順把它解釋爲大乘的四聖諦智，這是錯誤的。既然經文中說的是「此」，當然要依經文中所講的「二乘菩提的淨智是世間法，二乘菩提的淨智講的就是無常、苦、不淨、無我」來解釋；所以印順的解釋，當然與勝鬘菩薩講四依智以大乘滅諦的常樂我淨作爲所依，是完全不同的，所以印順的四依智說法是錯誤的。勝鬘菩薩說常樂我淨的四依仍然是世間法，「此」字是指四依，絕對不是指一依的如來藏，絕對不是指大乘四聖諦中的滅諦，更不是印順所說的佛地功德性的「如來藏」或二乘解脫道的四聖諦。所以，如果你從另外一個譯本，也就是唐譯的《勝鬘經》，是翻譯作四種入流智；這個譯本的入流智翻譯，就很相符相契了；因爲四種入流的智慧就是初果人斷我見、斷三縛結的智慧，這個入流智不可能是常樂我淨的，因爲常樂我淨是菩薩隨 佛修學才能證得的。可是二乘或大乘通教初果人的入流智，正是二乘菩提所說的無常、苦、無我、不淨，絕對不是講勝鬘菩薩所說的常樂我淨的四依止，也絕對不可能是一依——如來藏心。所以，印順法師對《勝鬘經》的註解是處處錯誤的，絕對不是正確的註解。瞭解了這些，我們接下來要進入〈自性清淨章〉第十三了。

〈自性清淨章〉第十三

【「世尊！生、死者依如來藏，以如來藏故，說本際不可知。世尊！有如來藏，故說生、死，是名善說。世尊！『生』死，『生』死者諸受根沒，次第不受根起，是名『生』死。世尊！死、生者，此二法是如來藏，世間言說故有死有生。死者謂根壞，生者新諸根起，非如來藏有生有死。如來藏者離有為相，如來藏常住不變，是故如來藏是依、是持、是建立，世尊！不離、不斷、不脫、不異不思議佛法。世尊！斷、脫、異外有為法，依持建立者，是如來藏。」】

講記：從這裡開始是講不空如來藏。前面經文告訴我們空如來藏的義理，接著就在如來藏的空性及如來藏的如如不動上面，來為大家說明不空如來藏。前面經文中說，證得如來藏而依止了祂以後，只有祂是實存的，祂所生的一切法都是緣生緣滅的；這樣現觀的結果就一切法都是無常空、一切法都是可滅的，因為這個緣故，才成就了大乘法的滅諦。可是依如來藏而滅盡一切法以後，難道那個如來藏祂就像石頭、木塊一樣沒有作用嗎？難道祂就像是一個名詞施設一樣全無作用嗎？當然不是，祂有眞實的自性，仍然在自心流注著，只是不在三界中現行而已。當祂仍在凡夫身中，尚未滅盡一切法而入無餘涅槃時，這些自性卻都繼續不斷地在運作，正是不空如來藏。

但是，這個眞實自性你可別誤會了，印順派的學人如果聽到說你證得如來藏，然後你說：「**如來藏有眞實自性，不是將緣起性空施設別名爲如來藏，所以如來藏實有。**」那麼他們馬上就會罵你是自性見外道，這個帽子就馬上跟你扣上去了；我曾經被釋昭慧扣過這種帽子，那時我認爲她根本不懂，難以爲她解釋，所以就不回信；等到《眞實如來藏》出版以後，在書中題了幾個字才寄給她；大約半個月她寄來卡片想要見我，我卻不想見她，也不想回她的信（編案：詳見〈正覺電子報〉第33、34期）。但是你們若遇到有緣人，當然要爲他說明如來藏自性與外道自性見的差異，就告訴他：「**你所謂的自性見外道，都是在六識的自性上面來說的，從來沒有離開過六識的自性；不管你說的覺悟是妄覺、離念之覺或者直覺，全都與自性見外道一樣，都離不開六識的自性。可是如來藏所擁有的自性，不在這六識的自性中，是六識以外的自性，**

是六識所無的自性。」那一些印順派的法師、學人，以及所有悟錯的禪師、法師，他們沒有人敢寫文章出來罵我的。敢寫文章罵我的都是不自量力、一心想要強出頭來博取名聲的小法師，或是從來就不懂佛法的密宗喇嘛，他們都沒有智慧來衡量自己的慧力。就像是一隻小螞蟻看見了大象說：「**我要把牠咬死！大象算什麼！**」就是這麼愚癡！

這就是說，以如來藏的自性及清淨性來作爲修證三乘菩提的依止，這才是大乘的成佛之道。即使是二乘人，他修證聲聞、緣覺菩提而實證四果了，不能也不敢否定如來藏本識的實存。他們如果把如來藏本識從二乘菩提切離，不依止如來藏，他們心中就一定會**於內有恐怖**；因爲**於內有恐怖**，接著就會**於外有恐怖**，所以就不願意滅掉自己的五蘊而無法斷我見，何況能斷我執？在阿含中，佛有特別這樣開示：聲聞法中的凡夫因爲聽聞 佛說每一個人都是內有本識常住不滅，是眞實法，他們想：「**…而我不能證得。**」所以心中愁憂煩惱，於內有恐怖，於內有恐怖就不能斷我見了。因爲恐怕斷我見以後會落入斷滅空，所以寧可跟常見外道一樣認取意識心作常住法，就成爲無法斷我見的凡夫。（編案：詳見《阿含正義》舉述的阿含部經文及解釋。）

什麼人是於內無恐怖？因為相信 佛所說的「內有本識常住不壞」，心中絕對無疑，所以：「我雖不能證得，佛已經為我保證有這個本識常住不壞，所以滅盡五蘊入涅槃以後不是斷滅空。」於是他於內無恐怖，就願意把蘊處界滅盡，我見斷了隨即斷除我執，成阿羅漢。可是如今不像古時，於內有恐怖的人已經很少了，都是在外法蘊處界上面用心，所以那些大法師與信徒們都是於外有恐怖——只恐懼滅掉蘊處界以後成為斷滅空，所以不能斷我見，難證初果。於外有恐怖是執著性很強、惡見無法滅掉一絲一毫，堅持意識自我常住不壞；雖然 佛已經保證：「你否定了五蘊自己全部以後，仍有本識常住不壞，性如金剛。」可是他們對自己的執著性很強，對 佛的聖教尚未具足信心，恐怕自己滅了以後沒有世間法可以享受，也沒有世間的苦可以領受，也沒有常住法本識。由於對 佛的開示，他們都不信，這就是於外有恐怖——不願否定外法五蘊，恐怕外法五蘊壞滅，因此而認定五蘊全部或局部（譬如識蘊或識蘊中的意識覺知心）是常住不壞法，所以就斷不了我見，這就是阿含中講的於外有恐怖的凡夫，現代的大法師們全都如此。

因此說，如來藏有其五蘊以外的自性，並不是名言施設；如來藏是眞實法，不是印順所扭曲的緣起性空——如來藏不是緣起性空的異名。正因爲如來藏本識能出生名色（編案：詳《阿含正義》舉證的阿含聖教，即可證實此一自性的實存），祂是在眾生的五蘊出生之前就已存在的心，所以能成爲滅盡五蘊以後無餘涅槃中的本際，正因有此識的常住而不可壞滅，才能建立二乘涅槃不墮於斷滅空，讓常見及斷見外道都無法攀緣於二乘涅槃。所以祂是有自性的，但祂這個自性不是五陰的自性，不是六識及意根的自性。可是祂雖然有出生萬法的自性，卻是一向清淨的；祂自己不是染污而等待修行才變清淨的，祂所執藏的一切不淨種子都是七識心所有的、都是五陰所有的。這些不淨種子流注出來而成爲現行法中的不淨行爲時，都是由七識心相應而成就不淨行，而如來藏自己卻仍然是清淨無染的。由於是講如來藏這個本來自性清淨的實相，所以這一章就命名爲〈自性章、清淨章〉，合名爲〈自性清淨章〉。

這意思是告訴我們說：如來藏既是空，也是不空，因爲具足空與不空，所以才能成爲無餘涅槃的本際，才能成爲究竟成佛的所依，也才能成爲一切不淨的三界有情萬法的所依，因此說祂才是眞正的空。但因爲這個空的關係，祂又擁有了五陰以外的自性，所以祂能生諸法，因此祂又有專屬於祂自己的自性，而祂自己的這些自性都不是染污法，全都是無漏有爲法。既有這一些能生三界萬法的自性，顯然祂是有爲法，可是這個有爲法卻是無漏性的，叫作無漏有爲法，所以祂又叫作不空如來藏。把空如來藏與不空如來藏合起來，就叫作空不空如來藏。可別像印順派那一些人把如來藏的空不空弄到一塌糊塗，始終弄不懂，結果把自己都變成無智慧的愚人兼凡夫了。我們正覺的法，就是空與不空兩途都通，並且這兩途其實不是分開的兩途，它正是同在一條路中：這一條路本身既是空也是不空。所以不管你在這條路上把車子開到哪裡去，或是把這一條路延伸到無限長，永遠都是空與不空具足，沒有人可以挑剔你。將來諸位成佛以後，或者成佛前被 佛陀派去住持某一個星球的正法時，也將是這樣爲眾生開示，無法外於這個法界事實；所以一切人、天，沒有誰可以挑戰你，因爲你已經具足空不空如來藏了。

所以勝鬘夫人這麼說：「世尊！生與死這兩件事是依如來藏而有，沒有如來藏就沒有生與死可說，並且都因爲這個如來藏的緣故，而說涅槃的本際不可知、生死的本際不可知。」在阿含中 佛說：眾生因爲無明的緣故，所以不知生死的本際，不能到達生死的本際。如果沒有無明，就可以到達生死的本際，可以現前觀察：在我還沒有入無餘涅槃時就已經住在無餘涅槃中；我還沒有捨報就已現前看見阿羅漢將來捨報入了無餘涅槃以後的境界，而那個無餘涅槃境界是沒有境界的。你這麼一說，無明所籠罩的大師們聽了又想：「涅槃既沒有境界，那就是空嘛！」才剛離開常見，隨即又落到斷滅空一邊去了！所以，因爲如來藏的緣故而說本際不可知，因爲不論是生死的本際或是涅槃的本際，都依如來藏；但是無明具在的人是永遠無法了知的。

然後勝鬘夫人又說：「世尊！有如來藏的緣故而說有生死，這樣的說法就是善於說法的人。世尊！生的死——出生以後有死。由於出生而有死，死了以後，講的就是諸受根沒（沒讀作默）了。那麼，諸受根消失了以後，有次第的出生了一些現象：先變成不能領受諸法的五受根，接著使未來下一世不受的五色根生起了——初入胎而仍然不能領受的五色根次第生起，這時就叫作『生』已經死了。世尊！死與生，這兩個法其實都是如來藏，但是因爲世間言說的緣故，才說有死也有生，實際上卻沒有死與生。死的意思是說五色根已經壞了，所以六根的受不存在了；生的意思是說五色根又具足生起了，然後六受根就存在了，是依五根身的生起與壞滅而說有生死，但實際上並不是如來藏有生有死。如來藏本身是離開有爲相的，如來藏是常住不變的，由於這個緣故而說如來藏是一切萬法的所依，一切萬法是由如來藏來執持，一切萬法也都是依如來藏而建立；世尊！如來藏不曾離開不可思議的佛法，不曾斷絕不可思議的佛法，也不曾脫離不可思議的佛法，也不異於不可思議的佛法。世尊！如來藏雖然不離、不斷、不脫、不異於不可思議的佛法，但如來藏的自性卻是斷絕、脫離於如來藏本身以外的有爲法，如來藏本身的自性異於蘊處界等有爲法；但蘊處界等有爲法的依持與建立，全部都是如來藏。」

這樣依文解義以後，當然還是要再細說，大家才能眞的明白。

「生、死者依如來藏」：這個道理如果弄不清楚，就會隨順佛門中的外道邪論而永遠無法實證佛法；一世勤苦修學，並且捐出了大量的錢財去護持，最後年老捨報時，終究沒有任何的證量可說。這不正是百年來的中國佛教界、全球佛教界的現象嗎？有許多人在台灣四大山頭一擲千金，其實應該不只千金；一千兩黃金現在大約多少錢？還沒有上億吧？可是你看多少人去到慈濟捐款，譬如以前有一位電子公司老闆把二十七億元台幣捐給慈濟以後，他修到現在這麼多年以後，在解脫道上的修行，斷了我見沒有？根本沒有。他在佛菩提上有見道沒有？也沒有。或者我們說一些比較淺的吧，不要陳義太高，只問他證得初果了沒有？還有許多人錢財不多，卻是把畢生的積蓄都投進去，然後就在他所護持的那個道場出家，奉獻所有財產而且勤苦一世努力以後，把自己的體力、心力都奉獻了，年老時卻依舊心中渺渺茫茫，不知生死前途何在。

這個現象一直存在百年來的佛教界，並且是具足存在，問題就出在不能實證如來藏。假使能實證如來藏，這個問題就消失了，因為公案拿出來一讀：**我知道了，原來老趙州的落腳處在這裡！**然後再來看二乘初果人的所斷，可以現前觀察，並且向初果人說：「**原來你須陀洹只是把五陰否定了，可是老趙州站在什麼地方，你還不知道；今天我某某人的落腳處，你也不知道。那你初果人的智慧還是很粗淺啦！**」心中覺得很篤定、很實在，因為你已經有法為依了。這才是最重要的，佛法的修學一定要很篤定、很實在。如果不篤定也不實在，那不是了義佛法，只是想像、揣測的佛法。佛法是可以實證的，你會覺得很篤定，覺得太實在了。禪宗的證悟確實是很實在的，絕對不是想像、思惟的內容。如果沒有這個實在感，一定讀不懂禪宗祖師證悟的公案，那麼這個悟就是假的。這是佛教界的大法師、大居士們還沒有領悟到的地方，所以一生努力精勤修學之後，到老到死還是渺渺茫茫；雖然已經被大師印證說：「**你開悟了，離念靈知就是真如佛性。**」可是只要大病一場，就知道那不是真如佛性。假使跟人家吵架，被人家打了一記悶棍，暈過去了，等到很久以後清醒過來時，才知道：「**原來這真如佛性會斷滅！**」卻不知道大法師的印證是無效的，所以醒過來以後就誹謗說：「**錯了！真如佛性是斷滅法，佛講錯了！**」這一來，未來世的三惡道果報已經在等著他了！

所以，真實佛法是可證的、很實在的，是真實法，絕對不是思惟所能得，絕對不是想像法；更不是二乘法中所說的緣生性空，那是聲聞法所修的解脫道，不是能使人成佛之法，不等於佛法。佛法是很實在的，並且在證得以後，你可以罵祂：「**你真不是東西！**」祂絕對不會回嘴說「我是東西」或者「我不是東西」。然後你會回過頭來說：「**你這個不是東西的東西，才是真的東西。**」這就是般若經的公式：「**所謂東西，即非東西，是名東西。**」這個東西叫什麼？叫作如來藏，其實祂無可名狀。老子推論知道一定有這個東西，可就是證不得，所以才會講：「**道可道，非常道。**」其實他是一道也不通。如來藏才是眞實道，這個道確實可以一句話講出來，卻不是平常道，所以他只能想像而說：「窈兮冥兮，其中有精。」那個如來藏才是眞正的精華——三界一切法的精華。但是祂在哪裡呢？老子並不知道，所以才說窈兮冥兮。

你如果能夠實證如來藏，從此對佛法就覺得很實在，不再茫茫然了，然後就可以現前觀察：爲什麼我會有這個名色？原來是因爲這個如來藏；在上一輩子的五蘊我死了以後，意根與如來藏入了母胎，所以如來藏就生出了我這個色身；因此我這一世有生，將來一定會有老，有老就會有死。這些生、老、死都是因爲本識如來藏入胎而有的，而且我在這一世生存時，有許多的種子——功能差別——不斷在運作，都不是靠我離念靈知去生出來的。我離念靈知反而是靠如來藏等法支援才能存在，所以我這個離念靈知確實虛妄；而背後的如來藏在供應我這一切，正因爲有祂供應這一切，所以才能入胎而出生此世的名色，我這一世才有生。如果不是祂，我就不會有生；沒有生就不會有死，所以我無量世以來的生與死，都是依如來藏而有的。

有沒有人敢站出來說「沒有如來藏來出生我，我也照樣有生死」？有沒有人敢這麼講？我相信你們都不會，因爲你們都很有智慧。即使像那麼無智慧的印順與昭慧，他們也不敢站出來公開這麼講，因爲他們知道那會變成無因論外道的邪見。如果不是因爲這個識入胎，就不會有名色出生，譬如佛問阿難說：「這個識，如果入了胎，馬上就離開母胎了，會有名色嗎？」阿難說：「不會。」佛又問：「如果這個識入了母胎，不會精（沒有遇到受精卵，因爲被別人先入胎而搶走了），那麼能有自己的名色出生嗎？」阿難說：「不能。」你看，這個道理，佛在阿含中早都講了。「如果這個識入了母胎以後，中途離開了，胎身就敗壞了，會有名色出生嗎？」「不會。」「這個識入胎，出生了名色而出胎了——已經出生了以後，這個識半途離開名色，名色還能存在嗎？」「不能。」那這個識是指什麼？會是意識嗎？請問：有誰敢說他的意識能出生自己的名色？你們都沒有人敢說。不只是你們沒有人敢這樣說，連會外的所有大師們都不敢這麼說。

可是密宗的應成派中觀師們卻笨到敢這麼說，雖然他們敢在自己的書中這麼講，卻不敢來我面前這麼說；因爲他們都知道，來到我面前這樣子說，一定會被我破斥。這就是爲什麼應成派中觀從來不談阿含佛法的原因，你們可能沒注意到這一點。因爲他們如果拿阿含佛法來宣說，後果將是自己掌嘴，永遠無法面對別人的質疑；因爲他們都說意識心中有一部分是細心，這個細心能出生五蘊；可是阿含中明明說：「意法爲緣生意識。」有時 世尊更明白透徹地說：「諸所有意識，彼一切皆意法因緣生。」如果依靠意根、法塵爲緣才能出生的意識也能出生名色，問題可就嚴重了：法塵既是意識的所依，意識存在的當下必須同時有意根法塵作爲所依，否則意識就不可能存在了！那麼法塵應該比意識更能生名色；而意根也是意識的所依，所以意根也更應該能生名色。那麼設想一下：人死了，他的意識入母胎時要不要有法塵與意根幫忙而同時入胎？那麼依他們的說法，將來出生，下一輩子一定會變成三個人；因爲意識能出生名色，而意根與法塵更有能力出生名色。當然如此呀！可是他們從來不知道自己將佛法亂作解釋以後產生的問題會有多大，今天我們把它講出來以後，他們仍然沒有一個人敢開口，原因就在這裡。所以，是這一個本識入了母胎才會有名色出生，而意識是攝在名色中的名裡面，當然不可能是由意識來出生名色。但宗喀巴等人傳到印順這一派人，卻敢這麼講，可見他們都是愚癡人。所以當你眞正懂阿含時，就知道生死是依如來藏本識；這是因爲阿含中有許多經典本來都是大乘經，只是因爲被二乘人所結集，也就變成二乘經了。

既然名色是從如來藏所生，將來名色的敗壞死亡，當然也是依如來藏而敗壞死亡的，因爲 佛早就說過了：**由於有本識的入胎、住胎，才能出生名色；人出生以後，如果本識離開了名色，名色就壞掉了，何況能成長爲大人？**這是阿含中已經明講過的，不必等到大乘經才讀到，所以說名色的生與死都依如來藏而說。如果壽命盡了——壽算到了，如來藏就會自動離開名色，祂就開始捨身；當五色根不再被如來藏所攝持的時候，名（受想行識）四陰就消失了，當然意識也就消失了。錯悟的人都是到那個時候，才會知道原來自己以前悟錯了；可是到那個時候，口不能言，肢體不能表示意思，那時要如何補救大妄語的罪業呢？已經無法補救了！只好領受大妄語業的果報了。這種人說來眞是很可憐，其實並不可憐，因爲生前有善知識詳細開示，他們卻都不接受，反而想方設法與善知識的正法抗衡，不斷抵制善知識對他們所作的指正；乃至寫出阿含中的眞正法理時，他們也不肯接受，只作選擇性的接受。印順及派下的法師、居士們對阿含的接受度，一直都是局部性的接受，不是全面的接受；我們卻是全面接受的，只是將層次高低加以區分而已。

所以，親證本識而知道了本識的道理，自然就會知道：不論是生老病死，全都是依如來藏，若沒有如來藏就沒有三界有情的生老病死。也許你想：「我覺得你這個說法有一點不正確，譬如生病，也會跟如來藏有關嗎？生病不是細菌感染的嗎？不是風寒導致的嗎？」那麼我請問你：這生病，你是不是要用藥來治療？又譬如感冒後，你往往不斷地泡熱水來治療風寒，是不是？那麼請問你：熱水是不是物質？藥是不是物質？是呀！再請問你：病的是誰？是五陰。病的是五陰中的哪一部分？是色陰嘛！不可能是你的覺知心感冒、感染細菌而生病了。色陰生病了，你覺知心能攝持色陰嗎？你的覺知心能夠經由泡熱水來轉變（不論經由觀想或者某一種覺知心的方法去作用於色身）而讓感冒消失嗎？不行嘛！請問：這個病是誰讓色身病的？是如來藏。而你泡熱水或用藥而使病好了，又是誰使它好？還是如來藏。從此以後，你可別再說「我生病了」，請問：你覺知心會生病嗎？其實你是色身生病嘛！所以你是五陰和合才能說是生病了，可是識陰不會生病，受想行也不會生病，只有色身會生病；色身是如來藏所生所持的，這樣歸結到最後，生死仍然是如來藏，病也是如來藏。

至於老，你願意老嗎？你當然不願意呀！男眾不願意，女眾更不願意老；因為老了以後皮膚皺了，就沒有人愛。所以美容店生意那麼好，因為女人怕先生不愛，所以一天到晚都有女人想辦法去保養，希望保持青春永駐；所以有了一點眼尾紋，要趕快去拉皮，都是因為怕老！沒有人願意老。既然心中不願意老，身體卻主動地一直老下去，顯然不是你覺知心讓身體老下去的。那麼是誰讓她老？當然是如來藏。你的果報若是三十歲時就該像六十歲那麼老，祂就讓你在三十歲時老得像六十歲；你的果報若是六十歲時應該像四十歲的年青，祂就讓你像四十歲那樣有活力；這都不是你意識可以控制的。你意識努力去作，當然可以作一些改善，卻沒有辦法控制它；即使能藉醫學方法一直保持貌美青春如同二十幾歲，但是壽算到了，照樣得死。有些人迷信西方醫學，跑去日本打胎盤素，說可以使人青春十歲、二十歲，結果還是照樣老，青春依舊沒有回來；那是誰讓她老？是如來藏。這都是現前可以觀察到的事實，都不是捏造的。所以，有人每年去打一次胎盤素，從日本回來幾個月了還是沒有變年輕，依舊跟一般人一樣在繼續老化，所以說生老病死都依如來藏。

也正因爲有如來藏執持了各類生死種子，才會說生死的本際是如來藏，才會說生死有本際。如果不是如來藏執持了種子，就不可能有生死的本際。因爲不管是異熟果報的種子，或是其他無漏有爲法的種子，全部都是由如來藏執持的，種子絕對不是意識所能執持的。宗喀巴在書中說：「種子是由意識所執持的。」印順也繼承這個說法，可是印順不敢說得很張揚，因爲印順心中有疑，是對自己有懷疑。假使種子是由意識執持的話，那麼諸位想想看：三界中還會不會有六道？（眾答：不會）諸位都很有智慧，都比印順聰明！因爲如果種子是由意識所執持的，意識會作分別與抉擇：「這是不好的種子，是我在二十幾歲時詐欺了人家三百萬元的惡業種子；現在雖然已經學佛作好人了，可是這個惡業種子不應該留著，我要把它丟掉。丟到哪裡去？丟到虛空去好了，我絕對不要留著這些惡業種子去下一世受報。」然後又想：「我三十歲時曾經作了善事，那個種子可要照顧好，別讓它丟了，我要在來世享受這個善業種子所生的福報。」

既然種子是由意識執持的，而意識能分別，當然就會有抉擇而使意根決定取捨；這麼一來，哪裡還會有你家的寵物？你沒有寵物可以養了。那你出外爬山，也不必怕被蛇咬、蠍子螫了；你也將看不到山豬，也沒有山豬可以讓人打獵了，因爲所有有情的意識都會決定將惡業種子丟掉，再也不會有人出生去畜生道了。從此以後，所有人都要素食，都沒有肉類可吃了！除非他學西藏的達賴（歷代的達賴吃人肉是平常事），否則就沒有肉可吃了。因爲天人的肉絕吃不到，而人類的肉，除非當了國王或密宗的法王，有能力把人殺了吃，一般人可都沒有機會。這樣，可就天下大亂了！

所以說，意識不可能持種，印順卻不是老糊塗，而是少年就糊塗，是年輕時就認爲意識可以持種。如果意識可以持種，印順只要把自己的種子改變就行了：**我一百零三歲還活不夠，自己改成活二百零三歲，將來真的悟了就可以跟蕭平實相抗衡**。那不是很好嗎？因爲如果老、死的種子都由印順的意識心來執持，當然印順就可以自己來加以改變。可是印順爲什麼年老精明時竟然糊塗到沒有想到這個問題？正因爲印順沒有智慧，又不信經中的聖教，老是誣指說：**大乘經及大部分阿含經都是後人創作的**。所以生與死、病與老的本際是什麼？正是如來藏，都是要由一個中性心—祂沒有善惡性—的無記性心，才能夠持種。而祂不簡別一切法，由於不簡別一切法，所以能夠平等的攝受一切善惡業的種子，才能成爲生死的本際。

生死本際既然不是凡夫大師與眾生所能證，生死本際如來藏既然也不是二乘聖人所能證，因此說：**由於如來藏的緣故來講生死本際不可知**。因爲假使沒有如來藏，就沒有生死的本際。但我們卻要對二乘聖人（不但是對凡夫眾生這樣說，對三明六通的大阿羅漢們）這樣說：**以如來藏故，無餘涅槃本際汝等不可知**。但你如果證得如來藏了，也可以在大眾中拍胸脯說：「**以如來藏故，無餘涅槃本際可知**。」因爲你只要現觀及整理一下：**當蘊處界的一切法全都自我滅盡以後，只剩下如來藏獨存**。而如來藏離見聞覺知的境界，你一觀察就清楚了，就知道涅槃本際是大乘賢聖所可了知的。可是二乘聖人就無法證、無法知，所以對二乘聖人、對一切凡夫說：「**以如來藏故，涅槃本際不可知**。」換句話說，生死是依如來藏而說，涅槃也依如來藏而說，這樣就函蓋出世間法以及世間法了，你就是實證世出世間法了。

「世尊！有如來藏，故說生、死，是名善說」：因爲有如來藏的緣故而說生死，這樣的說法才叫作善說。請大家一起來觀察古天竺的佛護、月稱、寂天、安慧，西域的般若趣多，中國西藏的歷代達賴喇嘛、宗喀巴、克主杰，今天的達賴十四，印順派的所有法師、居士，他們同樣否定了如來藏而說生死的出離；這樣來說生死，依照勝鬘菩薩的意思就認定他們是**不善說**。凡是知道了如來藏勝義妙法的人，都不會信受印順派下的不善說，只有不知這個勝妙道理的愚人才會信受。所以，有如來藏而說有生死，就是善說法的人；主張沒有如來藏心、否定如來藏心而說生死的人，當然是不善說——妄說佛法。以這個標準來判斷當代諸方大師是不是善知識，就很清楚了。善說法的人是依照這個道理而爲人說法，即使他還沒有親證如來藏，仍然是屬於善說法者；因爲至少他不誤導自己、也不誤導眾生，至少他把實證佛法的目標、方向提出來了，大家照這個目標、照這個方向去修，遲早有一天會證悟。可是如果否定了如來藏心而說生死如何出離，這種人必定是 佛在阿含中說的「於內有恐怖、於外有恐怖」的凡夫眾生，他們連自己的我見都斷不了，更別說能幫助別人斷我見，更別說能自己證悟如來藏或幫助別人證悟如來藏，這樣當然是**不善說**的凡夫。

所以勝鬘夫人接著說：**「『生』死，『生』死者諸受根沒。」**生會死掉，是什麼意思？「生」死掉了，她講的是受根沒了（受根，就是五色根能有五受），有五色根才會有五識出生，才能有五受，所以五色根是五個領受五塵的根身；有正常無壞的五色根，才能有意根在上面來運作，否則意根無法接觸五塵中的法塵，就無法生起六識，就領受不到法塵的內容；因此，當六受根的功能壞了，功能停止了，六受根「沒」，就叫作死。因爲生了以後有六受根來領受六塵，這樣不斷熏習的行爲，才會導致一世又一世的不受根生起。不受根的生起就表示前五識滅了，意識也因爲五色根的毀壞而滅了，滅了以後剩下意根的作用沒有辦法直接領受諸塵；五色根應有的功能不在了，意根就無法生起意識來領受諸法——不能領受六塵，這時就叫作**不受根生起**。不受根生起時就是死亡而進入正死位中，就說「生」已經死了；死了以後就會有次第六受根的出生，也就是入於母胎中重新再出生五色根；當下一世全新的五色根還沒有生長出基本的內容時，無法領受五塵故不可能有境界受，那時就是不受根的生起。等到五色根具足圓滿了，就能領受境界相，於是意根又能藉五色根再去領受六塵，所以說是次第不受根生起，以及次第受根生起，這樣就叫作生。

「生」而長、而老、而死，就說「生」已經死了，就是「生」的死。而這樣的生與死——生與死這兩個法，都是因爲世間的言說而說：這叫作死、這叫作生。對如來藏自己來講，其實並沒有死也沒有生可說，祂也不懂什麼是死、是生，祂就是這樣直接讓眾生死、又讓有情生；祂就這麼單純的實現生與死，而祂自己從來都沒有死與生可說。所以死與生這二法，固然都是由於如來藏而出現的，但是對如來藏來說，從來都沒有死與生；都只是因爲世間言說的緣故，所以才說有死與生。

「死者謂根壞，生者新諸根起，非如來藏有生有死」：這一段的後半段一向都有人誤會，所以我們得要把它說清楚。人，因爲佛教主要以人間爲主，所以說人。人的死，不是說覺知心死了，叫作死，而是以五色根壞或不壞來說死或者不死。死是說，五色根已經壞了。這個五色根壞了，意識就受到影響而不能生起，所以叫作死。意識以五色根爲俱有依，如果不是眼耳鼻舌身等五個有色根正常不壞，意識就無法在人間存在。也許有人想說：「**你這話不一定正確，因爲在中陰身階段，意識還是可以存在。**」可是假使回頭檢查一下，就會知道其實我說的仍然沒有錯，因爲中陰身還是有身，有身就是仍有五色根；只因爲他的五色根是微細物質所形成的，所以肉眼看不見，但不代表中陰境界沒有五色根；因爲中陰身仍然有五色根，所以中陰身境界才會有意識存在。五色根壞了就叫作死，所以人有死，中陰身一樣會有死，因此中陰身只有七天的壽命。

五色根壞了，就叫作死。什麼稱之爲生？生就是新的五色根生起了。人間新的五色根一定要在母胎中生起，離了母胎就沒有五色根可以生起，所以這五色根要藉著父母的因緣才能在人間生起。生起了以後具足圓滿了，將近十個月就出胎了，出胎了就稱爲生。還沒有出胎以前就不叫作生，所以從來沒有人在別人懷孕三、四個月時就說：「**恭喜！你生了個兒子。**」一定要等到出胎，才恭喜她說生了。因此說，生就是新的諸根具足而生起功能了，就叫作生。但是生與死都是從五根的壞以及新生來說的，所以這個生死不是在講如來藏有生死，而是因爲如來藏出生了新的五色根就叫作生，而祂所生的五色根壞了就叫作死，而如來藏自身從來都沒有生與死，生與死都是指祂所生的五色根，因此勝鬘菩薩說：**不是如來藏有生死。**

「如來藏者離有爲相，如來藏常住不變，是故如來藏是依、是持、是建立」：如來藏這個法，祂離開有爲相。爲何這麼說？因爲如來藏，祂處在六塵之中卻從來不加以了知，因爲祂離開六塵中的見聞覺知，這個離見聞覺知是古今許多大師們弄不清楚的。我們弘法十幾年來，在說明如來藏離六塵見聞覺知的時候，都會特地再加上幾句話說明：祂雖然離見聞覺知，卻不是完全無知；可是祂的知是六塵外的了知，祂了知的範圍是六塵外的，所以六塵外的一切法才是祂所了知的；六塵所攝的一切法，則都是意識與意根所了知的。所以佛教界不會說：你的如來藏既然離見聞覺知，那就如同木頭、石塊一般了。這是因爲我一開始就不斷地說明：祂不是完全的無知，只是祂的所知範圍在六塵外。可是古時候的悟錯者，聽到人家說眞心離見聞覺知，他就說：「那怎麼可能！離見聞覺知就等於木頭一樣了，那是無情，怎麼可能是心！」但這個問題在我出來弘法以後，寫了《公案拈提》時就特地作了補述。凡是提到離見聞覺知時，我大部分會作這個補述，所以現在沒有人這樣亂質疑了；但古時候是存在的，可能應該也不少吧！

所以如來藏是有自性功能的，不是名言施設的假法。諸位可能已拿到這一期的電子報平面版了（編案：正覺電子報第 34 期），你們將會在我寫給釋昭慧的文字中，看見我有提到如來藏離見聞覺知，但不是沒有自性的：祂有自性。

你們將會看到釋昭慧因為我在信中寫了這句話，就立即幫我扣了一頂帽子：**自性見外道見**。所以他們對如來藏的自性是完全不懂的。他們不懂，我也不怪他們，因為當他們還沒有找到如來藏時，閱讀第一義諦經典是無法猜測的，怎麼猜也猜不通：**為什麼離見聞覺知卻又能有種種自性而生起作用**？他們的想法，離見聞覺知的法，應該就是無情物，是不是找一顆石頭來也可以說這個就是如來藏？因為它也離見聞覺知。可是二者大不相同，因為如來藏雖然離六塵中的見聞覺知，可是祂有祂的自性，那些自性跟自性見外道所說的常住不變不壞的識陰自性截然不同；因為自性見外道說的自性都是六識的自性，而如來藏的自性不是六識的自性，祂另外有自己的自性，祂最簡單的自性就是阿含中 佛陀講的：**祂是名色本、名色依、名色習**。祂是名色的根本——名色由祂而生，如果祂沒有這個自性，名色就不能出生了！即使中陰身入了母胎，還是沒有用，照樣不能出生名色，所以說祂有自性。但這個自性從來不在六塵上生起了別，而且祂所了別的範圍非常廣，我們不方便公開明講；當你證悟了，慢慢去思惟、觀察就會知道。祂既然有六塵外的種種了別性，顯然祂不是完全沒有覺知的，只是所覺知的對象不是六塵而已。

所以，《華嚴經》才會說：證得阿賴耶識的人，獲得本覺智。換句話說，阿賴耶識在六塵外的覺知性，是本來就有的，不是修行以後才有的。不管你生了又死，死了又生，祂一直都有這種六塵外的本來就在的覺知性，與生死無關。而自性見外道的六識覺知性，是六識出生了以後才有的覺知，死後斷滅，所以那個覺知叫作妄覺，不是眞覺；而當代佛門大師所悟的離念靈知，縱使每天靈靈覺覺而不昏沈，卻是出生以後才有，不是本來就有的覺，所以是妄覺。如來藏在六塵外的覺知，是在母胎中也有，出生以後也有，正死位也有，悶絕了也有，無想定中、滅盡定中都有；包括我們現在活蹦亂跳，醒著到處打妄想時，到處追趕跑跳碰而一時都不得停息時，祂仍然保有原來的覺知性；這個六塵外的覺知性並不是被出生以後才有的，而是無始本來就有的，所以叫作本覺。證得如來藏時確定祂並非如同木石一樣的無覺無知，就知道祂也有覺知性，而這個覺知性不是修行得來的，所以是本覺；你知道這個本覺的眞相了，就有了本覺智；所以《華嚴經》說：如果證得阿賴耶識了，就有本覺智。這就是說，你已經知道什麼是本覺了，你有智慧能現前體驗觀察祂的本覺性了。如來藏有這個本覺，可是祂這個本覺的了別不是在六塵上運作，所以祂還是有覺有知的。如果沒有證得如來藏，可就想不通了；搔破了後腦勺，還是一樣想不通，因爲這個本覺是沒有辦法思議的，所以本覺智—實相般若—不是二乘聖人及諸凡夫大師所能測度的。

如來藏，因爲一向都不在六塵上加以了別，從來不領受六塵境界，祂當然沒有貪厭，所以都沒有喜怒哀樂；既然沒有貪厭也沒有喜怒哀樂，祂就不會有煩惱相。祂沒有煩惱相，就不會生起有爲性的心行。所以，世俗人的識陰以及意根，在人間不斷的想要追求大名聲，出個二、三本書，每一本書封面打開來時，裡面先印了相片再說，把自己弄得很有名，讓自己成爲大家都認識的人。求名是一般人的心態，等而下之則是求財；如果像儒家講的取之有道，那倒也無可厚非，我們還是可以認同，畢竟他們只是俗人。如果再等而下之，那就叫作取之無道；取之無道時，天下人就會罵：昏君、貪君、亂臣、賊子。皇帝不斷搜括民間的錢財，用來自己享樂，天下人都要開罵。如果是等而上之，他求清譽、令名。清譽，就是怕人家講閒話，不願讓社會人士講一句閒話，這種人「瓜田不納履，李下不整冠」；走過瓜田時彎腰把靴子穿好，人家可能會誤以爲他要偷瓜；他不願讓人家懷疑，所以即使靴子沒穿好，他寧可一瘸、一拐的拐出瓜田以後，再來整理靴子。如果冠帽快掉了，正好走到李樹下，他一定不會去扶正，他就把頭歪著，慢慢地走出了李樹林，再去整理他頭上的冠；這是求清譽、令名，不願讓人家講一句閒話。如果再求更好的名聲，就表現一副雅士之狀，常常聚會表現琴棋書畫等技藝，就像古時的曲水流觴，那是文人雅士的美談；若是等而下之，那就是斯文掃地，讓人不齒。

可是這些都是從哪裡來的？都有個根本——就是六塵境界。假使不是因為與六塵相應，都不會有這些事相。等而上之再上之，等而下之再下之，也都是因為有六塵——與六塵相應。假使離開了六塵，諸位想想看：還會有貪與厭嗎？都不可能有了。假使你無法想像如來藏離六塵的境界，你可以體會一下：**當你眠熟了，正在沒有夢境的時候，那是全無六塵的，那時還會有貪**厭嗎？都不會有了，離六塵就類似那個樣子，然而那時意識是暫斷而不存在了。但是如來藏在意識現起時，當意識正在貪愛或厭惡時，如來藏還是照樣離貪厭、離六塵的，要能這樣現觀，才叫作證得如來藏，才會有《華嚴經》所講的本覺智，這時你就可以現觀如來藏是離開有為相的。有為相的求財、求色、求食、求睡，等而上之求名，或等而下之如密宗喇嘛求淫盡天下美女，如來藏都不會。當祂所生的五陰正在設計要如何詐欺的時候，如來藏還是一點都不動心的，所以是離有爲相——祂沒有一絲一毫的有爲相。

「**如來藏常住不變**」：以前有人說「**阿賴耶識是生滅法**」，這是一千多年前佛護、安慧、月稱、清辨等人，他們主張說：阿賴耶識是生滅法。到現在還有人繼承，所以他們書中都說：**要把阿賴耶識滅掉，滅掉了阿賴耶識才能開悟**。聽起來，好像他們的境界很高。可是問題來了，咱們接著要問他們：「**你們說滅掉阿賴耶識才能開悟，你又示現是已經開悟的聖者，那麼請問：你找到阿賴耶識了沒有？**」這一問，他們都不敢答腔了。我覺得很奇怪，既然聲稱要滅掉阿賴耶識才能開悟，然後他又示現是開悟的聖人，可是他竟然沒有找到阿賴耶識而能把祂滅掉，這也眞是奇怪！就像有人宣稱：「**我要找到那個國王並且殺掉他，我才能當國王。**」可是他還沒有找到那個國王，也沒有把國王殺掉，卻自稱已經是國王了，天下就有這種荒謬的事！所以，他們以有智慧者的身相出現在佛教界，說出來的卻是沒智慧的言語；可是他們自己都沒有感覺到錯誤，衆生也都沒有發覺，就這樣一個大師籠罩一群徒眾，怪的是大家都很情願被大師籠罩，就這樣大家一起過生活，名之爲修道。這就是佛教界百年來的怪象，在今天的海峽兩岸繼續存在著。

如來藏這個法，《入楞伽經》中 佛說得很清楚：「**阿梨耶識者名如來藏，而與無明七識共俱。**」阿賴耶識的名字叫作如來藏，祂與七識同在一起，一切諸法就如同大海中的波浪一樣，一波又一波現前；一個波浪就是一期生死，就是一世；大海即是如來藏，祂與七識心同在一起。既然說祂叫作如來藏，與七識同在一起，請問總共有幾個識？當然是有八個識了嘛！所以印順以前迷迷糊糊講了一部《楞伽經》，有一位法師就幫他整理成文字，還從美國寄來台灣，請印順寫一篇序文，準備要出版；他沒想到印順竟婉轉地拒絕了。他根本不知道印順心中的想法是什麼，所以我說這位法師沒智慧。印順是標準的六識論者，他心中是絕對不承認七、八識的，如今《楞伽經》講記中，印順依文解義而不得不說有八個識，所以印順是絕對不想出版的；沒想到這位法師卻把它整理出來，印順如果還樂意寫序出版了，豈不是自己掌嘴嗎？印順怎麼可能糊塗到自己掌嘴呢？所以當然會拒絕寫序。

既然說阿賴耶識名爲如來藏，並且所有證得阿賴耶識的人都沒有一個人有辦法把祂滅掉；可是三年前竟然有人說祂是生滅法（編案：2003年初。詳見《眞假開悟、辨唯識性相、假如來藏、燈影、識蘊眞義》等書），我們單單問一句話，就把他們撂倒了：「**請問，祂何時生？何時滅？如何滅？**」他們就全都答不出來了，一個很簡單就會被問倒的主張，竟然敢公開提出來，眞是愚癡人！有智慧的人要講出這句話以前，一定會先探討：**到底阿賴耶識是何時生的？又是什麼時候可以滅掉祂？要用什麼方法才能滅掉祂？**一定要從理證上面—自己的親身所證—去證明，還要從教證中找到聖教根據提出來說祂何時滅、如何滅？這些都是要先探討清楚的。我們提出質問以後，終於有人很高興地找到一部《大乘廣五蘊論》而提出來講了。沒想到那部論是古時的未悟凡夫寫的，而且是個聲聞凡夫寫的糊塗論，已經找到阿賴耶識的人竟然會信受沒有證得阿賴耶識的凡夫所寫的謬論，只因爲它被無智的藏經編輯者編入大藏經中；你說這樣的人到底是有智慧？還是癡呆呢？

證得如來藏心阿賴耶識以後，既然沒有辦法可以滅祂，竟敢主張說祂是生滅法；自己既沒有能力滅祂，也提不出可以滅掉祂的辦法，又提不出教證，而他們寫出來的文字以及所引證的聖教，又正好都與他們的說法顚倒，爲什麼還有人能相信他們呢？所以說，有智慧的人證得如來藏以後，會很用心、很仔細不斷地觀行，看看有沒有辦法去把祂滅除。可是實際上沒有一個人有辦法可以滅掉祂，從我們實證並且出來弘法以來就一直是如此。連我這個自己能參出來的人，都沒辦法滅掉祂了，而他們都是在我幫助下勉強悟入的，智慧當然不可能超過我，還有能力滅祂嗎？如果是他們有能力滅祂，而我不能滅祂，那麼他們絕對不必依賴我的引導，自己早就悟入了；不幸的是，他們都是因為我為他們明講以後才知道密意的，那就更沒有能力了！

這個如來藏，在聲聞法的部派佛教中，有一派說這是本識，有一派說祂是窮生死蘊，有一派說祂是一切有，有一派說祂是不可說我，南傳佛法則說是愛阿賴耶……等，最早時期也有阿羅漢說祂是外識；但不管他們講什麼，反正都是同一個第八識。由於他們都沒有證得，所以就發明許多名詞來說這個如來藏；可是菩薩卻直接說：這叫作阿賴耶識，這就是如來藏。中國禪宗祖師最會搞怪，所以發明了很多的名詞，諸位最耳熟能詳的就是本地風光，有時候講莫邪劍，有時候講吹毛劍，或者叫作佛法大意，或是說祖師西來意，有時候乾脆就說是佛。如果遇到某些不同的狀況時，禪師講的可就更妙了：

「如何是如來藏？」「石上無根樹。」長在石頭上沒有根的樹，從語言上看來，那就是如來藏。如果再有人問，禪師就說：「水潑不進。」再有人問，就回說：「火燒不著。」反正凡是世間沒有的東西，他都拿來告訴你，說那叫如來藏。但其實禪師是意在言外，只是學人不懂罷了！

如果你懂得禪師的言外之意，也學會了這一招，當然也可以出去罩住所有未悟的人。若是還沒有悟入，你就找個世間沒有的東西來答。如果人家問你說：「如何是如來藏？」你就說：「摸不著的黃金。」隨便發明一樣世間沒有的來回答，或者就學西洋藝人：「如何是如來藏？」「國王的新衣。」因爲世間沒有那一件國王的新衣，隨你怎麼答都行。但是如果問你說：「如何是國王的新衣？」你的差別智不夠，可別再答了，再答就露出馬腳來了，我就教你一招：你轉頭走人就行了。即使最會辨人的仰山慧寂，這一下也辨不著你——無法分辨你是不是野狐。可是你如果來跟我說石上無根樹，我就給你一巴掌，因爲我一看就知道了。所以這個法，是遍一切處的，十二處中莫不有祂。但是這裡面有機關、有蹊蹺，你若看得破機關，見得出蹊蹺，就有實相般若了，當然更可以隨意答，那時舉手投足都是禪。

但即使你有這樣的智慧，還是沒有能力把祂斷滅一剎那，永遠都作不到。而這個如來藏在阿含中說祂叫作「識」，就是入胎而住的那個「識」，就是名色本、名色習的那個「識」，三界內外沒有一法可以破壞祂。佛在聲聞法四阿含中說阿羅漢捨報滅盡一切，沒有任何一法存在，這時候 佛說祂是**寂滅、清涼、眞實、常住不變**。你看，這跟大乘法《勝鬘經》講的一樣：**常住不變**。所以在四阿含中，佛早就講過阿羅漢們的涅槃是常住不變的，阿羅漢們的涅槃怎會是印順講的緣起性空呢？

接下來勝鬘菩薩說：「**是故如來藏是依、是持、是建立。**」「由於祂離有爲相，而且常住不變，而且沒有生死的緣故，所以這個如來藏是一切法的所依。」請問：「一切法，有沒有包括五陰？有沒有包括離念靈知心？有沒有包括打妄想的離念靈知心？」（眾答：有）有呀！離念靈知可以打妄想，很多人卻不知道；當然也包括不斷打妄想，甚至於昏昏沉沉作白日夢的靈知心；這些都是意識心的變相，但卻要依如來藏才能存在。若沒有如來藏作所依，一切法都不可能存在，所以如來藏是依。如來藏是持，祂持什麼？持五陰，持一切熏習的善、淨法種子，也持一切熏習、造作的惡法種子；能持所造作的一切業種，所以祂是持。

印順跟古時候的應成派中觀師都主張：**意識常住不滅，意識可以持身、可以持種**。問題來了，意識到晚上眠熟時就斷滅了，那時意識中斷而不存在了，祂還能持什麼種？這是個大問題！可怪的是，他們都沒有發覺這是個大問題。就像上週講的，意識如果能持種，將不可能還有三惡道有情，因爲作過的惡業種子，既然都是由意識自己持的，當然一定會把它丟棄。就好像說，寫了個文件送入公家機構去了，已經收文了，你再要撤回來就撤不回來了；因爲不是你自己所有了，是在別人手裡了。譬如古時有一句話說：「**一字入公門，九牛拉不出**。」說你寫了一個字進入衙門——進入公家機構去，你用九條牛也拉不出來了。同樣的道理，你意識作了什麼業，不管是善業或是惡業，這個種子完成而送交如來藏收存了，不是由意識自己來收存，所以意識想辦法要把它拉出來時當然拉不出來。

即使你說，我就作隱名的善人，行善不欲人知，所以善業種子，我也要把它丟掉，因爲我要當菩薩，都無所著。可是如來藏聽不聽呢？祂可不甩你。你想要把它丟掉，認爲自己對善業種子根本不執著，所以可以表現給大眾看；可是你終究丟不掉，因為如來藏一旦收存了，就不是你可以決定收存或丟掉的。你說，那我就想辦法把它找出來丟；問題是你找不到它藏在哪裡，你根本就找不到，所以無可奈何；縱使想要求得菩薩令名，還是求不到。如果造作了惡業，說那個惡業會障礙我未來世修行，我還是拿出來把它丟棄了，如來藏也不甩你，照樣保留著；意識是作不了主的。

所以修福，福報不會遺失，根本不用去記掛它；造惡，惡報也不會流失，因為將來緣熟了，如來藏就把這個種子送出來，就是自作自受。所以，意識其實不可能是持種的心，因為意識如果是持種的心，不是由如來藏持種，那麼每一個人現在都可以檢查一下：我從小到現在有些什麼種子，是否都仍然存在？實際上是有好多惡業種子都忘記了，根本沒有持在自己心中；過去也常常造許多的小善業，但也是作過就忘記了，現在也都記不起來了。而那些種子到底哪裡去了？顯然意識是不能持種的，意識若能持種，就一定會全部都記得清楚明白而不會忘失。

且不說善、惡業種，單說很普通的種子就好：無記業的種子非關善惡。譬如你有時候想起一位小學同學，你知道這個人，面貌也記得，可是他叫什麼名字？任憑你怎麼想也想不起來。你跟他在一起學習六年之後，應該是很熟的人，竟然也記不住他的名字；這才不過三十年而已，你就忘了。可是有一天無意中：「啊！他叫什麼名字啦！」又想起來了！可見那種子不是你持的。這還是無記業的種子，還不是有記業的種子呢！所以意識顯然是不能持種的，那怎麼可以叫作「持」呢？當然不是能持一切法者，所以只有如來藏才是持種者。

再來說「**如來藏是建立**」：是因爲如來藏能建立一切法，如果沒有如來藏的實際存在，就沒有任何一法可以建立。我們來推算看看，「一切法」有沒有函蓋所有法？譬如假使有人發明一樣東西，能用光速或者超光速到別的銀河系去，請問：**那個交通工具是不是屬於一切法之一**？是。不然說比較近的好了，這兩天新聞報導北韓在作核子試爆，美國說：「**如果北韓不停止，恐怕台灣也會跟著搞核子試爆。**」所以大家緊張了，請問：「**核子技術是不是屬於一切法？**」對呀！當然在一切法所攝之內，因爲所有的法都屬於一切法，當然就不能外於一切法的範圍了。可是下自最簡單的一加一等於二，上至超光速的飛行器，都是一切法所攝。可是不管是多簡單或者多深妙的法，都是跟你的意識相應的，都是由意識思惟設計出來的。

接著就要來推究這意識是從哪裡來的：從根與塵的相觸，然後才有意識的種子從如來藏中流注出來，所以意識種子是從如來藏中流注出來的；當如來藏把意識種子流注在根與塵相觸的地方——當然就是只在腦子裡。所以你可以探討一下，我們的五色根有扶塵根也有勝義根，而七識心所能接觸到的都只是內相分，但是內相分只在勝義根中，不在扶塵根中，請問：你覺知心在身上哪個地方？就只是存在頭腦裡面，沒有別的地方。這意識心，連身體都不能遍在——不遍一切處，怎麼會是常住不斷的眞心？

所以，凡是有意識的人都能思想，那麼台灣就有一句名言說：「用膝蓋想想就知道了。」這意思是說，不用想都可以知道：你聽了就知道了。若是還需要再想，那就太笨了。這就表示說，意識是不遍十二處的，是在根與塵相觸的地方才會出現的，不能遍於五色根，也不能遍於六塵。這個意識，既然是以根、塵作爲助緣而從如來藏中出生的，那麼意識顯然也是要依如來藏來建立；不但如此，祂還要靠根與塵，而且還要有意根的觸心所，意識才能建立。再進一步推究：根與塵從哪裡來？是從如來藏中出生的。如果不是如來藏入了母胎，還有你這個色身嗎？若沒有五根，就不能出生五塵，那麼意根就不能觸法塵了！這樣推究到最後，原來一切法還是要靠如來藏才能建立；沒有這個本識就沒有一切法可建立了，所以說如來藏是建立。可是有的人眞是天才（不是一貫道中的天才），他讀了經典說「如來藏是依、是持、是建立」，就說：「**原來如來藏是假的，如來藏是建立法。**」他誤會經文而這樣解釋，這種人就是依語不依義——只依文字表相而不依經句的眞實義理。

「**不離、不斷、不脫、不異不思議佛法**」：如來藏既然是萬法的所依，能持萬法，萬法依祂而建立，顯然如來藏必然是：不離不思議佛法，不斷不思議佛法，不脫不思議佛法，不異不思議佛法。不離與不斷是一對，不脫與不異是另一對。為什麼要這麼說？當然勝鬘菩薩這麼說，一定有她的道理。如來藏不離不思議佛法，請問大家：哪一類的佛法是不可思議的？是聲聞菩提嗎？是緣覺菩提嗎？當然是佛菩提！佛菩提才是不可思議的佛法，因為二乘菩提是可思議的，只要有人正確的開示，聞者就能夠自己去深入思惟而經過現前觀察；用他思惟所得來做現前觀察，就可以取證初果、二果乃至四果。所以四阿含中常常會讀到這樣的記載：**某人聞　佛說法以後斷了我見，得法**

眼淨；然後他向　佛禮拜以後離開了，獨住安靜處，山洞樹下坐，深入去思惟，然後就成爲阿羅漢了。這時是自知自作證的，而且是用思惟時所作的現觀而成就的，所以顯然是可思議法。但是大乘見道之法已經是不可思議的，因爲不可思議，所以印順與昭慧對禪宗都不喜歡。所以有一次昭慧提出一個論點來：禪宗的祖師都是自由心證，因爲人家次第禪觀都有個次第，可以依照次第一一去證；可是禪宗的開悟既沒有次第、也沒有方法，就這樣要叫人家開悟，要怎麼開悟？她說的大意就是如此，所以她心中應該是認同印順所講的：中國禪宗的野狐禪。

可是禪宗所說的野狐禪是另有意思的，是說百丈禪師遇到了一個老人，那老人以前把禪悟錯了，自以爲悟，所以在五百世前當禪師時，有人問他說：「證悟的人落不落因果？」意思是問他：證悟的人作了惡事以後，有沒有因果？他自以爲悟，心想「反正一切都歸於空」，所以就答覆說：「不落因果。」就因爲這麼一句，五百世中每一世都當野狐，而且每一世當野狐都是很長壽的，不是只有七、八年或十來年就死掉轉世，而是長壽野狐。不過他有神通所以會變，聽到百丈禪師是證悟聖者，就變作個老人，每天晚上都來聽百丈禪師晚上的普說。有一天，他覺得百丈禪師眞的是開悟者，所以那一天大眾聽完都走了，他就留下來，向百丈禪師請問那個問題，表明他的身分：「五百世前有人這麼問，我答他『不落因果』，就因爲這個原因，我當五百世的長壽野狐，請求禪師您救我。」百丈禪師說：「你再問我一遍好了。」他就重新問一遍：「證悟的人作了惡業，落不落因果呀？」百丈禪師幫他改了一個字：「不昧因果。」老人一聽就懂了，眞的信受了！就歡喜地禮拜百丈禪師，又說：「我如今已經可以脫掉野狐身了，希望您明天依照出家僧人亡故的規矩爲我火化，我住在山後。」第二天過堂完了，百丈就說：「大眾！送亡僧去。」大眾說：「奇怪！我們寺院裡面也沒有哪一個僧人死了。」他說：「你們跟來就好了。」去到後山山洞裡一挑，挑出一隻野狐出來，就用亡僧的規矩爲他茶毗。你看，不落因果，不昧因果，只差一個字；這麼一字之差，要當五百世的野狐，而且每一世都很長壽。所以悟後眞的要弄清楚，每一位證悟者都有不落因果的，也都有不昧因果的，這兩個是同時同在的，這樣才眞正懂得不昧因果，不再落入「不落因果」的邪見中。所以只有那個老人悟錯了才叫作野狐禪，不是在說禪宗全部都是野狐禪。

印順這樣移花接木，把李花的枝剪下來插在桃樹上，然後說這個叫桃樹；其實只是李花，哪裡是桃樹？但這是他慣用的手法，因此他們說：「禪宗祖師都是自由心證。」釋昭慧也是悟不來，所以說禪宗的公案都是無頭公案。可是在我們來看，每一件公案都是頭腳分明、手腳分明，哪裡是無頭公案？每一件公案都是有頭有尾的。但是，般若禪就是這樣，因爲禪只是佛菩提的入道、只是見道，這個見道就只是一念相應。不是讓你一步一步次第找出來的，更不是世間禪定的次第禪觀；這不是像十牛圖說的先看到牛的腳跡，然後看到牛尾巴，最後才看到牛頭……等。把禪宗一念相應的禪悟，用十牛圖來說明，顯然那個發明十牛圖的人，根本就沒有悟，一定是落在意識上來求離念境界。

諸位想想看，聲聞菩提、緣覺菩提，若是遇到了眞正的善知識具足說明以後，你就可以去思惟、證得，所以是可思議法。但是佛菩提不可思議，這個佛法是不能用意識思惟而得到，是要靠過來人施設許多方法來幫忙才能悟，所以它叫作不思議佛法。假使它是可思議的，就應該普天下多數人都悟了。可是現在的人眞的笨，連可思議的二乘菩提都思議不出來，大師們都還會講錯，那麼不可思議的佛法，他們當然更是不可能證悟的。但是話說回頭，這個不可思議的佛法，它的證悟標的是什麼？正是如來藏。

三賢位菩薩修學般若而證眞如，眞如從哪裡來的？眞如就是眞實性與如如性的簡稱，可是這個眞實性與如如性從哪裡來的？會是緣起性空嗎？如果是緣起性空，當然是生滅法，那麼眞實性在哪裡？緣起性空當然是虛妄，怎麼能叫作眞實？如果緣起性空是眞實的話，恭喜諸位！你們都不會死了，因爲緣起性空是眞實，而你的蘊處界就是緣起性空，你當然不該會死，連老都不會老，你們到現在都應該還在唱著兒歌：「只要我長大，只要我長大……」也永遠不會老，那才能叫作眞實。既然蘊處界是緣起性空的，所以才會長大，不用去期待長大；所以也會老，也會死，所以緣起性空顯然不是眞實性的法。又說如如，眞如就是眞實與如如合說；緣起性空是什麼法？是蘊處界的生住異滅。蘊處界有如如嗎？蘊處界是念念變異、無常易壞的，顯然不是如如；那麼誰才是如如？你們還沒有親證的人也可以答呀！——如來藏呀！（大眾笑）聽這麼多了，應該能答呀！

當你答了「如來藏」，接著就會想到：如來藏是眞實，祂常住而不會壞，所以叫作眞實。如來藏，剛剛講過，說祂離見聞覺知；離見聞覺知就不會討厭也不會貪愛，那當然就能如如不動。所以，惡人下了地獄，他正在受苦——受苦無間，哭天搶地而沒有人救他；可是他那麼難過時，他的如來藏依舊是如如不動的，所以祂是眞實又如如，才會被叫作眞如。三賢位菩薩證得如來藏時，就可以現觀祂一切時中都顯現眞實與如如的自性，這就是三賢菩薩所證的眞如。但眞如是依什麼而有的？是依如來藏。如來藏這個心——第八識心體，恆時顯示眞實性、如如性。你證得這個阿賴耶識——證得如來藏，可以觀察祂確實永遠是眞如性。所以眞如法性是依如來藏而施設建立，是這個心顯示出眞實與如如，這樣就是三賢位菩薩所證的眞如。證眞如而修行相見道位的種種法，終於發起初分的道種智了——進入初地了，以後開始修學什麼呢？無生法忍。無生法忍的內容是什麼？是一切種智——一切種子的智慧。一切種子就是如來藏心中所含藏的一切種子，而這一切種子依如來藏而有；當你能證得如來藏中一切種子的智慧而且圓滿具足了，就是成佛了，就是證得一切種智了。所以你看，三賢位菩薩所證的眞如，以及十地菩薩所證的一切種智（尚未圓滿故名爲**道種智**），乃至諸佛的一切種智，都是依如來藏而有，這些不可思議的佛法都不離如來藏，所以說如來藏不離不思議佛法。

爲什麼又說「不斷」？請問二乘菩提會斷或不會斷？會斷。因爲阿羅漢捨報入了無餘涅槃，他的聲聞菩提智慧就都不存在了；辟支佛捨報入了無餘涅槃，他的緣覺菩提智慧也都不存在了，全都跟著他滅了。因爲菩提智（聲聞菩提智、緣覺菩提智）都是依意識而存在的，入涅槃以後意識消滅了，他們的菩提智就不可能存在了。然而不思議佛法的智慧叫作佛菩提，佛菩提智永遠不會消滅，是因爲菩薩永遠不會入滅——永遠不入無餘涅槃。菩薩證悟之後，一心要取證的就是初地，可是想要進入初地之前，在第十迴向位滿心時，要在 佛前把十無盡願抄好，跪在 佛前發誓：**無休無止的廣行十無盡願**。若沒有發這個誓願，就不能成爲初地菩薩；不論智慧多麼好，都不算是初地菩薩，永遠無法成就初地功德。

這十個願是盡虛空、未來際而永遠不終止的，所以才叫作十個無盡願，所以說「虛空有盡、我願無窮」，即使虛空能滅盡了，菩薩所發的這個願都不能中斷。既然要在 佛前發了這個願，才能算是初地菩薩（當然是在應有的條件已經有了再發這個願）。然後進入初地了，以後努力進修，到了初地滿心，當然是有能力取證無餘涅槃的，因爲有能力斷盡思惑了！但是你可不可以把思惑斷盡？不可以斷。因爲你若斷盡了思惑，捨報時一定會取無餘涅槃，也就不能成佛了。乃至一地一地進修到達最後身菩薩位，降生人間成佛了，可以取無餘涅槃而灰身泯智嗎？也不行！你如果堅持要取涅槃，大梵天就會來央求繼續住世而不斷的示現在三界中。這是因爲你往世發了十無盡願，所以入不了涅槃，不許食願而肥。所以，諸佛入涅槃都只是示現而已，諸佛法身常住，並且有報身一直都在色究竟天爲諸地菩薩說法，當然是不能像二乘聖人那樣的灰身泯智。這樣一來，你的如來藏當然不可能讓你捨掉。既然要這樣，依十無盡願生生世世不斷利樂眾生永無窮盡，那你一定會有無量世的意識在未來不斷的生起，你所證的不思議佛法當然就會繼續存在而不中斷。所以菩薩所證的不可思議佛法是不中斷的，二乘菩提的可思議佛法卻是可以永斷的。既然菩薩的不思議佛法是不斷的，所以說不離、不斷不思議佛法，這就是如來藏。

接著說**「不脫」**與**「不異」**，知道了剛剛講的道理，請問：**「如果脫離了如來藏，不可思議的佛法能存在嗎？」**（有人答：不能）當然不可能存在了，因爲意識不可能離開如來藏而單獨存在。即使有了神足通，化現出一個意生身跑到極樂世界去了，可是如來藏還在人間這個五陰中，還是靠如來藏流注了意識種子，你才能在極樂世界聽聞 阿彌陀佛說法，所以你仍然沒有離開如來藏。既然意識都不能離開如來藏，那麼意識所有的不可思議佛法當然也離不開如來藏，所以**不能脫**離。如果是凡夫的意識，能不能離開五陰身？不行呀！可是有一個天才竟然說「可以」，達賴喇嘛說：「**眾生根本的極細意識是在虛空。**」他在眾生出版社的書中這樣講。你今天聽了，會覺得好笑：「**怎麼會有這樣的法王？**」顯然那個法王是假的，至今仍只是一個凡夫罷了。

凡是向五陰之外去找佛法的，你就知道那在眞心以外尋求佛法的人，一定是外道。這樣看來很簡單，很多人都可以被定義爲外道，所以達賴喇嘛是第一號外道，因爲他叫人家要向虛空去找。還有一個很有名的外道叫作月溪法師，我們還沒有悟以前，讀到他捨報時寫的偈，眞的好崇拜他：「**遍滿虛空大自在。**」那眞的很唬人！可是現在想一想，覺得很好笑！眾生都是因爲沒有智慧，所以會被他籠罩，因爲他的口氣很大，可是大家都沒有智慧找出他的破綻。今天諸位熏習了正覺的法以後，不必等到開悟就已經知道他錯在哪裡了。所以，脫離了如來藏而說有不可思議佛法可證，那就是外道，因為如來藏是能生，五陰是所生，能生與所生是同在一處的，是一個整體的有情而不可分割分離的，因此不能脫離如來藏而有不可思議佛法。因為不可思議佛法，都要有如來藏透過五陰來顯現，所以不能離開、不能脫離五陰，更不能脫離五陰根本所依的如來藏。既然不脫，當然就不異了，所以如來藏不異於不思議佛法，因為五陰、十八界、涅槃、如來藏、般若、道種智，全部都在如來藏裡面；既然都在如來藏裡面，那麼由這一些顯示出來的不可思議佛法，當然也是在如來藏之中，所以如來藏不異於不可思議的佛法。

所以勝鬘菩薩接著又說：「**如果是會間斷的，是可以脫離如來藏的，是與如來藏相異，不同於如來藏，在如來藏以外的一切有為法，其實也都是由如來藏作依持來建立的。**」會間斷的法，譬如出世間法二乘菩提，又譬如二乘菩提所依的五陰、十八界、阿羅漢身、辟支佛身，那都是會斷的法；而能脫離如來藏的，那就純粹是想像所得的妄想佛法，或者妄想的外道法，都屬於有為法。能斷的、能脫的是有為法，也許你想：「**不太對吧！二乘菩提不算有為法吧！**」其實還是有為法，說二乘菩提是無為法，那是方便說；若從大乘法教來看，二乘菩提還是有爲法。諸位記得嗎？二乘菩提叫什麼諦？世俗諦。世俗是不是有爲法？是呀！因爲是世俗法的諦理，它講的是蘊處界全都無常、苦、無我、不淨，二乘菩提是依世俗法蘊處界來說無常、苦、無我、不淨。這樣子，世俗諦顯然是依世俗法的蘊處界而有；既是世俗法中的諦理，當然屬於有爲法，因爲它依附於有爲法而有，所以二乘菩提當然也是有爲法。但是對想要追求出離生死的外道凡夫，爲他們方便說是無爲法；可是從究竟義來說，它仍然屬於有爲法。

凡是外法，會間斷的、會脫離如來藏的，以及在五陰之外的，與如來藏法不同的，都是外面的有爲法。菩薩說如來藏是內識，說七轉識是外識，因爲七轉識都在向外攀緣，如來藏從來不向外攀緣所以叫內識。可是有時候又換過來，說如來藏是外識，七轉識是內識，因爲如來藏可以觸外法，七轉識不能觸外法；又說識陰六識，無法在死後到別的地方再出生，死後入胎就永遠斷滅了，可是如來藏可以到別的地方再出生，所以祂叫外法。所以外與內，由著你說；只要你通達了，內外都說得通，不會有衝突與矛盾；如果不通達，可就一個腦袋像漿糊，永遠弄不通佛法的眞義。因此說：斷、脫、異的外面有爲法——也就是如來藏之外的法，是以什麼爲依止呢？仍然是以如來藏爲依止，並且是依如來藏而建立的。

也許有人想：「**修二乘菩提不必證如來藏，你爲什麼說二乘菩提這個世俗諦也是要依如來藏來建立？**」其實這個道理很簡單，我們的書已經流通七、八年有了（編案：這是二〇〇六年十月講的），我們常常請教印順派的法師與居士：「**你們否定七、八識，那麼人總共只有六識，而佛在聲聞菩提（四阿含）中常常說，入無餘涅槃時要滅掉五蘊十八界，那是識陰六識俱滅的；你又不許有第八識存在，請問你：阿羅漢入涅槃以後是不是斷滅？**」他們全都不敢回答，一生破斥別人而且最強勢的釋印順，我在書中提出這個問題時他還沒死，他是在我提出以後六、七年才死的。這六、七年中，他還爲潘煊寫的印順傳記修改錯別字，報紙上刊登說他還是耳聰目明。可是那麼強勢而自認爲已經成佛的印順，竟然不敢回答一個字；一生拚命維護印順的釋昭慧也不敢回答一個字，因爲那不是他們所能回答的。

這就是說，二乘菩提若是斷、脫、異於如來藏，也就成爲斷見外道法了。所以二乘菩提——在聲聞菩提的四阿含諸經中，阿羅漢入涅槃是要滅盡五蘊十八界的，沒有一法繼續留存。他們滅盡了自己以後，剩下的就是出生以前入胎而住的那個本識，也就是如來藏獨存，才不會是斷滅。所以，既然二乘涅槃是因為如來藏而不墮斷滅空，顯然二乘涅槃這個外有為法也是依如來藏建立的。阿羅漢能證聲聞菩提，辟支佛能證緣覺菩提，也是要依他們各自的五蘊來證，可是他們的五蘊所擁有的智慧都從意識來，這個意識及五蘊還是依本識如來藏而存在。那你說，他們所得的二乘菩提，難道不是依如來藏而建立的嗎？

並且 佛在阿含中說，阿羅漢與凡夫之間有所不同的是「於內無恐怖、於內有恐怖」，內是指本識如來藏；因為信、不信有本識如來藏常住不壞而成為涅槃中的本際，由於這個信或不信的差別，使得比丘或成阿羅漢、或成凡夫。這個原因其實很簡單：有的比丘聽到 佛說內有阿賴耶識，或者說內有本識常住不變，那些比丘心中思量：「雖然有這個本識，而我不能證得。」所以他心中不能確定 佛所說的本識常住不滅的聖教是正確無誤的，於是心中憂愁恐怖，不敢滅盡自己，只好堅持意識自己常住不壞。於內無恐怖的人即是阿羅漢們：「**佛說內有本識常住不變，雖然我不能證得，但是我相信佛**

陀是實語者，所以本識必定眞實有，所以我無恐怖；五陰是苦、不淨、無我，所以滅掉自己入涅槃以後並不是斷滅。」所以阿羅漢於內無恐怖，才能斷除我見與我執；凡夫於 佛聖教疑而不信，就無法斷我見、我執。所以說，二乘法還是依如來藏本識建立，因此說如來藏是一切法的根本。

如果哪一天，釋昭慧找上門來質問：「蕭老師！你說如來藏現前可證，請你幫我證，好不好？」我說：「好呀！妳問問看，我就告訴妳。」請問：「如來藏在哪裡？」我就答她：「在這裡！」我確實已經跟她明講了，她證不到，是她的事。「我還是不會，怎麼辦？」「很簡單，妳就來共修，將來我跟妳答『在這裡』，妳就會了，就有實相般若了。」就這麼簡單！所以，我這個下駟能幫那個上駟開悟般若實相，事實確是這樣。

這個〈自性清淨章〉講的確實有道理。但是講解了這麼多，到底釋印順是怎麼說的，請大家來看補充資料；印順這一段話，是在註解經文第一行：**「生、死者依如來藏，以如來藏故，說本際不可知。」**印順說：【生死流轉，即蘊處界流轉，生死法是無常、無我的。但剎那生滅的無常法，怎麼能前後延續？作業在現在，受果在未來，前不是後，後不是前，前後間有什麼連繫而成為生死輪迴呢？　外道說，有常住的靈魂，神我。我在輪迴，造業者，受果者，是同一的我。佛法說無常、無我，又說生死流轉，即顯得非常深奧！為論究這一主題，佛教中有各式各樣的解說。　真常唯心論者，即說常住不變的如來藏為生死依。　生死死生的「生死」，「依如來藏」而有。如來藏是常住不變的平等法空性；如來「以如來藏」的離初後際，「故說本際不可知」。時間的最初為本際，如現生是從前生來的，前生又從前生來的，這樣一直推上去，生死的最初怎樣？佛常說，眾生無始以來，生死的本際不可知。求生死的最初邊際，是不可能的。依本經的解說，如地依於空，空無所依，不可再問空何所依。這樣，生死依如來藏，如來藏常住，無本際可說，所以生死也就本際不可得。】（正聞出版社．印順法師著《勝鬘經講記》p.239 ~ p.240）

我們把它分爲五段來辨正。印順說：【生死流轉，即蘊處界流轉，生死法是無常、無我的。但刹那生滅的無常法，怎麼能前後延續？作業在現在，受果在未來，前不是後，後不是前，前後間有什麼連繫而成爲生死輪迴呢？】印順這個問題問得好，他顯然也知道：必須要有一個能貫通三世的心，才可能使造業與受報的因果昭昭不爽。能夠懂這個道理的人才有資格叫作昭慧—

—昭示實相智慧；必須懂這個道理以後，才能夠昭示大智慧給世人知道；若不懂這個道理，昭慧之名就不符實質了。印順不懂這個道理，所以他至死都不能印順於佛法；假使他對這個道理親證了，他對勝妙的三乘菩提就能夠印定而隨順，那才是眞的印順。

既然必須要有一個常住心，才能使現在作業而未來受果，使因果昭昭不爽，那你直接承認有如來藏就行了，何必去否定祂，然後再另外建立不可知也不可證的細意識？若是不可知也不可證，就不是眞正的佛法，因爲佛法都是可知也可證的。我這樣問他，也是因爲所有意識顯然都不能受生到下輩子去；如果意識能受生去下輩子，我就會問他：「你上輩子在哪裡？姓甚名誰？上輩子你幹了些什麼？請問：你在母胎中記不記得你的媽媽是如何生活的？你在母胎中有沒有覺得很悶呀？」印順既然是以意識入胎、住胎的，當意識存在時，當然是清清楚楚、明明白白、了了分明的；可是印順竟然都不知道，那不是空口說白話嗎？所以，他顯然有注意到必須有一個常住不壞心來往三世，因果律才能如實執行，這表示他還不是笨到不懂得搔癢的人。

接下來印順又說：【外道說，有常住的靈魂，神我。我在輪迴，造業者，

受果者，是同一的我。佛法說無常、無我，又說生死流轉，即顯得非常深奧！爲論究這一主題，佛教中有各式各樣的解說。】

可是其實眞正的佛教中只有一種解說，沒有很多種解說；因爲這是法界的實相，而實相只有一種，不可能有二種以上的解說；凡是與唯一正確的一種解說不同的說法，都只是佛門中凡夫們臆想猜測而說的，才會「有各式各樣的解說」；正因爲印順不懂正確而唯一的一種解說，所以把未悟凡夫們的臆想猜測都納進來，才會說「有各式各樣的解說」。外道說的常住的靈魂、神我，是錯悟者猜測而講的；他們說的常住法既是意識靈知心，又是靈魂、神我，而造業的我與常住輪迴的我是同一個心，全都是意識心。但佛教中始從四阿含，中如般若諸經，後如第三轉法輪諸唯識經，都說造業的是意識我，常住而入胎出生名色的輪迴心，卻是第八識如來藏；徵之於現存的三轉法輪諸經中的說法，佛陀都是始終如一而這樣說的，不曾如印順所說的「有各式各樣的解說」。

外道與世俗人認爲必定有一個眞我、常我，才能使有情不斷輪轉生死、實現因果律，這是正確的說法，只是他們說的或修證所得的，都是猜測的眞我、常我，並不是法界中的事實，也就是理論正確而實證錯誤。一直到佛陀降生人間以後，才有了正確的實證：**眞我、常我與造業的意識我不同，一是第八識，一是第六意識——造業與輪轉三世的心不是同一個我**。這其實是法界中的事實，也就是第八識心體的常住不壞。至於佛教中正確解說以外的所有種種解說，都是還沒有證悟般若的凡夫們，以及二乘中尚未證得第八識而不知法界實相的聲聞人臆想猜測所說的，才會有種種的不同；但是佛法中所說的生死及因果的主體性，永遠都只有一種說法，叫作如來藏識。

不過，印順在這一小段話中有一句講得很好：「**佛法說無常、無我，又說生死流轉，即顯得非常深奧！**」有沒有眞的很深奧？有呀！所以印順才會弄不懂。因爲既然是無常、無我，就應該只有一世，就不該有來世的生死流轉，但事實上明顯是有三世生死的現象，於是印順就另外建立一個不可知也不可證的意識細心，將生滅性的意識中的局部建立爲常住心，於是又落入常見外道中。所以印順所認知的五陰十八界，是違反佛法的：**佛法說的識陰是不可能去到未來世的，色陰也不能去到未來世；印順卻說意識可以去未來世，又說腦神經即是意根，那麼腦神經應該也可以去未來世了**。印順說腦神經就是意根，但意根是死後要去入胎的。請問：「妳們懷孕之時，有沒有兒子、女兒帶著腦神經來入胎？」這是什麼話？唉！只能爲印順嘆一口氣。我這一生嘆氣沒有幾次，可是到這裡也只好爲印順嘆一口氣。言歸正傳，印順所說的「佛法顯得非常深奧」，確實是很深奧，因爲既然是苦、空、無常、無我，那就應該只有一世，卻又有生死的流轉，印順怎麼在這裡會笨到沒有想到有一個常住心？他當然想到了，所以才把生滅的意識取出一部分建立爲常住心，因此說他眞的無法印定佛法而加以隨順，有負於印順之名。

印順又說：「眞常唯心論者，即說常住不變的如來藏爲生死依。」既然知道有這個道理，爲什麼又要反對如來藏心的實存而可證？爲何要以蘊處界的緣起性空來解釋作如來藏心？這當然可以證明：他是爲了維護自己先入爲主的六識論，所以才要去反對阿賴耶識一心說。「一心說，唯通八識」，假使要說眾生只有一個心，那一個心就是函蓋八個識的阿賴耶識，就是混合了如來藏及七轉識而顯示出來的和合運作如似一心的阿賴耶識，所以眞悟的唯識祖師都說：「一心說，唯通八識。」假使有人說眾生都只有一個心，那一個心只能夠用八識心王來合說爲一心，那個一心就叫作阿賴耶識——以阿賴耶識的名義函蓋如來藏及七轉識。印順既然弄不通無常、苦、空、無我——**不知意識的虛妄**，卻又推斷另有一個心可以輪轉生死永不斷絕，當然是一定有個常住心；卻又不信八識論，只好把意識中的一分建立爲常住法，因此就落入常見外道中了。

假使他信受八識論，信受如來藏眞常唯心論，才會努力一心參禪求悟，終究會有悟得如來藏的一天，就不會到死都一直在誤會佛法了。所以，如果你要弄清楚五陰無常、無我，卻會世世輪轉生死，就得信受一心說—八識心王一心說—信受有如來藏配合著七轉識，才能使無常的五陰世世各不相同而輪轉生死無窮。當你證悟這個如來藏，印順法師的這個大疑惑，對你來說就不是疑惑了，那就是一個如來藏出生了世世不同的全新的五陰——意識是世世換新的，才會有胎昧可言。所以外道們很辛苦，每天打坐想要成爲地行仙，想要長生不老、永遠不死。可是菩薩不這樣看，菩薩說那是愚癡人；這個五陰假使老壞而不能再用了，就捨報入胎另換一個新的五陰就行了。這最符合現代的觀念：壞了不要修理，再買個新的。所以好多人一輛車子都開不到五年，也許兩年、三年又換新車了，他永遠開新車。不像我，我一輛車子要開十二年、十三年。看來，我似乎還是沒智慧，但我只是節儉。

菩薩看到五陰衰老朽壞，就捨報再換一個新五陰再來，就不需要苦練長生不老之學，長生學的修持者最後還是得要死。外道不懂，所以就躲在山洞裡苦練。可是菩薩不練色身，時候到了，跟大家說一聲 Bye-Bye！他就走了；二十年後菩薩再來找這個外道：「**你還在這裡練功喔！**」外道真的沒有智慧，所以你們不必去練什麼氣功，說什麼可以活上五百年，都不用！如果悟後還搞這個，那我就一棒把你打出去。如果你悟後，只是因爲色身不太好，想再用個十年、五十年；譬如你現在三十歲，想要保持健康再用個五十年，這樣去練氣功，我倒是贊成的。如果你說：「**我要活上八百年、九百年，比彭祖還老。**」那我就一棒把你趕出去，身爲菩薩要有智慧。所以你如果有智慧，世世都用這個無常變異的五陰來繼續流轉生死，對你就不是問題了。印順的問題，你可以把它拿來印定隨順掉，而他不能印順，你卻可以印順。

接下來印順說：【**生死死生的「生死」，「依如來藏」而有。如來藏是常住不變的平等法空性；如來「以如來藏」的離初後際，「故說本際不可知」。**】印順的看法是：**以時間的前後來說本際，而如來藏（緣起性空）的平等法空**

性是常住不變的、是離初際與後際的，所以經中說的「如來藏——緣起性空」是沒有初際、後際可說的，因此「故說本際不可知」。這是印順一貫的移花接木手法：把如來藏解釋爲蘊處界的緣起性空，然後說如來藏是平等法性；而經中說如來藏是離前後際的，「故說本際不可知」，因此也就說如來藏不可知、不可證的了！像這樣學佛，學到驢年來時也無法實證佛法的。

現在請看楷書的第四部分，這是我對印順這些註解的評論：「印順這一句話說的沒錯，但印順的意思卻與眞常唯心論者對這一句經文的理解有著截然不同的認知；因爲印順所說的如來藏並不是心體，而是諸法緣起性空故無常、無我的法空性，這不是常住的平等性的法空性，而是世俗法蘊處界中的無常性——緣起性空。後半句，他說的本際，又是指時間的最早時或最後時；然而勝鬘菩薩說的本際，其實是萬法的本際，說的是萬法之所從來的本處，其實是說如來藏；在阿含部經典中，都說是無餘涅槃的本際，又說爲蘊處界的實際。」所以印順這一句話固然說的沒錯，因爲時間的初後際，生死的本際，都不可知。但是印順的意思卻與眞常唯心論者對這一句話的理解有著截然不同的認知；因爲印順所說的如來藏並不是心體，而是諸法緣起性空故無常、無我的法空性，而這不是常住、平等性的法空性，只是世俗法中的無常性。在後半句中，他所說的本際，又是指時間的最早或者最後的時刻；然而勝鬘菩薩說的本際是說萬法的本際，她說的是萬法之所從來的本來處所，其實是在指稱能出生名色的如來藏。在阿含部經典中都說這個本識是無餘涅槃的本際，又說爲蘊處界的實際，有時候說是生死的本際。所以印順用時間來說這個本際不可知，那顯然是誤會到很嚴重的說法。

印順依照自己的立論而接著說：【時間的最初爲本際，如現生是從前生來的，前生又從前生來的，這樣一直推上去，生死的最初怎樣？佛常說，眾生無始以來，生死的本際不可知。求生死的最初邊際，是不可能的。依本經的解說，如地依於空，空無所依，不可再問空何所依。這樣，生死依如來藏，如來藏常住，無本際可說，所以生死也就本際不可得。】（大眾笑…）你們知道他的問題出在哪裡，才會笑；可是那些印順派的法師、居士們讀到印順這段話時都是想：「哎呀！導師好有智慧！」差這麼多！所以當你們遇到釋昭慧或她的徒弟們，當他們請問你：「請問，如何稱呼您呀？」你就說：「我是你們導師的導師！」對呀！因爲印順「導師」所不懂的，你眞的懂，你能教導印順。

我們再來看看楷書的第五點，我這樣評論印順的說法：【印順依時間的前後無量而說生死時間的本際不可能尋得，但原始佛法的阿含佛法中說本際、實際時，是指無餘涅槃中的本際，也說這是生死的本際。假使證知了如來藏識，就能證知過往無量生死的本際了！一切有情的生死，都依因地的第八識心（阿賴耶識心體）而有生死，只有祂才能出生蘊處界而使有情有了生，也只有如來藏心才能使眾生的業果種子現行而實現因果，而有長壽短命等不同的老死，以外別無他法可以使有情出生或死亡，別無他法可以使有情不斷的流轉生死，故說如來藏心才是有情生死的本際。又：本際二字不是指時間，若是說時間，則用前際，對照下一段經文勝鬘菩薩說「如來藏者無前際」，才是指時間：過去時劫不可窮盡。由此可知「說本際不可知」的本際，是指生死的本際，是說：如來藏爲一切有情生死的本際。】

印順依時間的前後無量而說生死時間的本際不能尋得，但是聲聞佛法的阿含佛法中說本際、實際時，是指無餘涅槃中的本際——滅盡意根與識陰六識以後唯一剩下的本識，也說這是生死的本際；假使證知了如來藏識，就能證知過往無量生死的本際了；因爲一切有情的生死，都依因地的第八識心而有生死，只有祂才能出生世世的蘊處界而使有情有了生，也只有如來藏心才能使眾生的業果種子現行而實現因果，才會有長壽短命等不同的老死過程；以外別無他法可以使有情出生或死亡，也沒有別的法可以使有情不斷地流轉生死，因此才說如來藏心才是有情生死的本際：**生也從如來藏中出生，死也是因爲如來藏執行因果律而有不同的成長及老死的過程**。而且本際二字不是指時間，若是說時間，則用前際；對照下一段經文勝鬘菩薩說「**如來藏者無前際**」，這才是指時間：**如來藏所經過的時劫不可窮盡**。由此可知「**說本際不可知**」的本際，是指生死的本際，是說：**如來藏爲一切有情生死的根源，所以是本際**。

我們在這裡可以作個結論說：勝鬘菩薩的意思，已經被印順嚴重誤會及曲解了！一切善惡業種子都在有情造業後，積存於第八識如來藏心體中，由第八識如來藏心去實現業果而受苦樂報；若沒有如來藏心執持各類種子，就不會有世世的名色出生，也就不會有老病死等事，更不會有中陰身的出生以及入胎再度受生而不斷的出生名色；所以生死流轉其實都依如來藏而有。外道所說的梵我、神我，都是第六識覺知心。他們知道一定是有一個常住不壞心，才能有無量世的輪迴及因果的報償，只是他們都誤以爲意識心就是這個輪迴的主體。他們都沒有找到眞正的輪迴主體識，所以都不知道有如來藏隨身主宰生死及收存種子，都誤以爲意識心是執持種子的心，誤以爲意識心可以貫通三世，所以他們弘揚的法義就會有許多過失。

但佛門中的實證者所說法，永遠都是同一鼻孔出氣，不會有所差異；凡是有差異的，永遠都是未悟凡夫憑著猜測而說出來的妄想見。而且三乘佛法聖教中都說生死是由如來藏爲主體而實現的，可是因爲如來藏極難證得，唯有菩薩此世、往世親隨佛學，方能證得；由此而得了知生死都從如來藏而來，也了知如來藏即是生死的本際，也是無餘涅槃中的實際。事實上，連二乘聖人都無法證得如來藏，何況佛門凡夫及外道？他們當然不可能了知生死的本際。由此緣故，勝鬘菩薩說：「**生、死者依如來藏，以如來藏故，說本際不可知。**」這是依凡夫及二乘愚人而說的，不是從利智依義菩薩來說本際不可知。

接著請看補充資料，印順說：【依如來藏有生死，這不是第一義諦；不過依「世間」法，隨世俗諦的「言說」而說「有死有生」。】（正聞出版社．印順法師著《勝鬘經講記》p.242）諸位能讀懂印順的意思嗎？也許已經有人知道他在想什麼了！因爲印順這個說法等於虛晃一招，只是對經文作個回應而交待過去。印順說：「依如來藏有生死，這不是第一義諦。」可是這既然不是第一義諦，而只是依世間的法，印順所說的世間又是講五陰，所以如來藏只是依五陰世間法而隨順世俗諦，也就是解說聲聞法解脫道的另一種言說。意思是，如來藏純粹只是言說，只是依解脫道所講出來的方便言說，而說依如來藏說有死有生。印順這一段話的意思就等於是把如來藏踢開，間接地否定如來藏，所以「依如來藏而有生死，這不是第一義諦」。

如來藏等於是眾生的媽媽，因爲祂出生眾生每一世的五蘊；所以，若沒有媽媽就沒有生死，這才是正說；因爲媽媽生了你，所以你有生死。但印順的意思是說：媽媽只是方便說，沒有媽媽這個人，所以依媽媽而有你，並不是第一義諦。這就是印順的意思。在聲聞解脫道或大乘菩薩道中，佛陀在三乘經中都是同樣的說法：因爲如來藏出生了五陰，所以才有五陰的生死；若沒有如來藏出生五陰，就不會有生死；正因爲如來藏出生了五陰，而五陰是緣起性空，所以五陰生了以後就會有死。這才是正說。印順卻說：「媽媽出生了五陰，所以有生死，那個因爲媽媽而有生有死只是方便說，不是第一義諦。」你能接受這種說法嗎？這個說法眞的夠荒唐！

印順的意思是：說有生死，是依如來藏說；而如來藏其實只是蘊處界緣起性空的另一種說法，所以沒有一個如來藏心可以生五陰而有生死，所以如來藏是方便說，不是心。這就是他心中要告訴諸位的意思。但是問題來了：「如來藏不是心，單憑父母的助緣而不必有如來藏的持種及造色爲因，就能有名色的出生而有生死。」這個說法印順能接受，我們卻無法接受。這等於是，有一天印順長大了，就把媽媽踢開：「不是因爲妳才有我生、才有我死，所以媽媽只是方便說，實際上沒有媽媽的存在。」就對媽媽視而不見，說媽媽跟他無關。印順的意思就是這樣。

由這個原因，所以印順把第一義諦的中心主旨如來藏，加以曲解成爲蘊處界的緣起性空，然後主張如來藏只是緣起性空的另一種方便說，而說如來藏不是第一義諦。因爲印順證不到如來藏，堅持六識論邪見。然而第一義諦講的是人人都有一個常住不壞心，而能出生世世的蘊處界；能使一世的蘊處界毀壞以後，再出生下一世的蘊處界，這樣不斷的有一世又一世的生死，所以如來藏才是萬法的根源，這才是第一義諦。可是印順把諸法根源、宇宙萬法的根源一腳踢開，單取世俗法蘊處界的緣起性空而說：「因爲你有蘊處界，而蘊處界緣起性空，正因爲有這個緣起性空叫作如來藏，正因爲如來藏叫作緣起性空，所以才有生死。」

問題是，印順的意思是不是在表示說，蘊處界中的某一個法——譬如意識，可以常住而去到未來世？印順的意思顯然是如此。那這樣問題就來了，我如果遇見了他，就會告訴他：「你在謗佛！」因爲三乘菩提的經典都說：意識心是意根、法塵爲緣而出生的，並且意識種子還是由如來藏收存的，當意根與法塵相觸，意識在相觸之處出生時，意識的種子仍然是從如來藏心中流注出來的。且不說大乘經，單說四阿含，在初轉法輪的四阿含就已經如此說了。如果下一世又遇到了印順，或者說他來跟我託夢，我會當面指責他說：「你在謗佛！」因爲 佛說：「我沒有這樣講，而你聲稱我有這樣講，那你就是在毀謗我。」阿羅漢們也都這樣認爲。所以，由他這個說法，短短的兩三句話就看出來：他是一心要貶抑如來藏，而且是處心積慮的貶抑；他的《妙雲集》中到處都是這樣的說法，總是用暗示性的說法，讓你誤以爲如來藏是假名建立。當你也這樣認爲，就不會想要求證如來藏了，那你就永遠無法在大乘法中見道，永遠處於凡夫位中。

我們再來回到經文：「**是故如來藏是依、是持、是建立。**」實際上勝鬘夫人的意思是說：**因爲如來藏離有爲相，因爲如來藏常住不變，所以如來藏是一切法的所依；如來藏能被一切法作爲依止，並且祂能受持一切法，使得一切法不會永遠斷滅。**譬如意識心今晚眠熟而斷滅了，可是如來藏還是持著意識心的種子，到了半夜你尿急了，祂就流注意識心的種子出來，讓你又可以醒一下，起來上廁所。所以意識的種子還是被如來藏持著，到了天亮了，身體疲勞消除了，該起來工作了，祂又流注意識的種子出來，於是就有覺知心出現而被稱爲醒了。所以意識雖然是生滅法，卻可以繼續不斷的斷了又生、生了又斷，每一世的意識都這樣，無量劫以來就是這樣。已中斷不在的意識卻能在後來重新生起，就表示意識中斷不在以後，還有一個常住的心仍然存在著；這就是說，因爲意識的種子有常住不斷的如來藏來執持著，這叫作「持」。這個持種者當然也是意識的所依，若不是依於持種的如來藏不斷的流注意識種子，意識是不可能現行及存在的；這就是「依持」的意思。

不但如此，正因爲如來藏離有爲相而不簡擇，又是常住不變的，才能作爲一切諸法的「建立」；如果不是祂，任何一法都不可能被建立起來。乃至今天，諸位這麼辛苦來到正覺講堂聽勝妙正法，這個法從哪裡來？還是從如來藏來；假使不是如來藏，你連蘊處界都沒有了，還能聽聞正法嗎？我還有正法可說嗎？假使不是如來藏，所親證的無餘涅槃就變成斷滅了；若不是如來藏，就不可能有五陰世間的出生，那麼因緣法就不可能實證。若不是如來藏，就沒有中道實相可證；因爲意識永遠不可能是中道心，意識都在偏來偏去而常常落入一邊；意識也不是萬法的根源，所以意識不是實相。所以，第二轉法輪的般若所證的智慧，所證的還是如來藏的眞如性，證的是祂的中道性、實相性，所以般若正法還是依如來藏建立的。

再談第三轉法輪吧，唯識學是增上慧學，說的是一切種智；一切種智的內容，就是證知如來藏所收藏一切種子的智慧；有情所有的一切種子總不能在虛空獨自存在，還是要依如來藏而有。當你證得如來藏以後，才能體驗祂所執藏的一切種子，才會有實證一切種子的智慧，所以第三轉法輪這個世出世間無上法，還是以如來藏才能建立得起來。因此說，如來藏是一切法之所建立的根本，依祂的離有爲相，依祂的常住不變，才能建立這一些世間法；乃至出世間法或者上上乘的世出世間法，都依如來藏的離有爲相，依如來藏的常住不變來建立的。勝鬘夫人的意思是這樣的，可是印順不這樣解釋，他把這些大前提剪掉之後再解釋說：所以如來藏是建立法。意思是說：實際沒有如來藏，如來藏只是一個名相施設的建立，本質仍然是緣起性空；換句話說，如來藏不是實有法，是虛妄法，只是名相的建立。印順對佛法的誤會是這麼嚴重，佛法就這樣被印順隨意曲解及割裂！

又譬如說，有些菩薩論中會說：「依阿賴耶識，故有生死。」印順又亂解釋一場了：你看，菩薩論中明明講，依阿賴耶識才有生死，如果沒有阿賴耶識就不會有生死，所以阿賴耶識是妄識、妄心，要把祂滅掉，這樣就沒有生死了，就解脫生死了。在印順的書中，這樣處處暗示，說阿賴耶識是害人繼續生死的害人精。這不單是淺學無智而已，那已經是透頂、透頂的愚癡！大菩薩們在論中說：「依阿賴耶識的緣故，所以才有生死。」意思是：阿賴耶識心體執持業種及各類種子，祂常住不滅，所以才能不斷的出生世世的蘊處界；若沒有祂，就不會有眾生的出生及死亡，所以要依阿賴耶識才會有生死。印順的解釋卻是以先入爲主的六識論邪見，想盡辦法來否定阿賴耶識心體如來藏。諸位對佛法眞的要弄清楚，可別跟著人云亦云，否則佛法的修證將會落空，你將白來這一世：辛辛苦苦到處逛道場，奉獻了許多的金錢，奉獻了許多的精神及體力，結果是到老唐捐其功。

佛法必須是可以親證的，如果不是能實證的佛法，那就是假名佛法、相似佛法、表相佛法。所以，一旦進入佛門，走入解脫道，就一定要證聲聞初果，這是最基本的目標；若走入大乘法中，最少得要明心，才叫作入道。所以眞正的佛法一定是可實證的，那麼要如何實證經上或論上講的「依阿賴耶識，故有生死」？很簡單！只要親證了如來藏（這如來藏又名阿賴耶識心），只要親證祂了，就可以現前觀察：假使沒有阿賴耶識，就不會有生死。但卻不是那些法師、居士們解釋的那樣，他們的說法是鄙視阿賴耶識的，也是錯誤的說法，問題很多，可是他們自己不知道。假使我們把問題全部點出來，等他們恍然大悟時（不是悟得如來藏，而是悟到自己悟錯了），那時候得要面帶羞赧，耳朵、臉龐都要漲紅了，因爲將會發覺自己誤會佛法太嚴重了。

我們再來說說看，眞正的道理是怎麼說的。大乘法中常常說：「**阿賴耶識這個心，名爲如來藏，祂是實相心。**」我們正覺同修會成立以來，乃至我出來弘法尚未成立正覺同修會之前，也是常常這麼講，到現在還是不曾改變；不但如此，未來無量劫後成佛了，還是不會改變，仍然是這麼說：「**依阿賴耶識，故有生死。**」我們先來談那些大法師們那個說法爲什麼有嚴重過失？（小過失太多了，就不談它）然後再來談「**依阿賴耶識爲什麼會有生死，而阿賴耶識仍然是眞心**」？那麼多的大法師、大居士們說：「**依阿賴耶識，故有生死，所以阿賴耶識是妄心，應該把祂破壞，把祂滅除。**」這個說法有什麼過失？我們講一點比較大的過失，諸位聽了馬上就會懂得。

假使正理確實如他們所說的一般，而他們又示現是開悟了，因爲他們都說：「**開悟就是要滅掉阿賴耶識。**」問題來了：「**請問你有沒有證得阿賴耶識？**」你這句話一問，他們就傻眼了！縱使不傻眼，至少也得要張口結舌吧！因爲他們都無法答覆了。既然說阿賴耶識是妄心、妄識，說要滅掉才能開悟，所以月溪法師說：「**把阿賴耶識找到了，就一槌搗碎。**」他想用什麼槌來搗？我倒是要問他這一點。他說要一槌把祂搗碎，說祂是妄識；現在問題來了，月溪有沒有找到祂？月溪法師如果晚上來託夢，我就問他：「你有沒有找到阿賴耶識？否則你既自稱是開悟了，死前也說是遍滿虛空大自在，又說要把阿賴耶識找出來一槌搗碎，搗碎了以後就開悟了，請問你找到阿賴耶識沒有？祂在哪裡？」還是要叫他口似扁擔，月溪也只能把嘴閉得緊緊的。

所以這些人眞的沒有智慧，自己拿了磚塊砸了自己的腳，還不知道痛。你想，他們既沒有找到阿賴耶識，怎麼能把祂滅掉？假使三界中眞的有一個法，可以滅阿賴耶識（我是說假使，當然實際上沒有那個法），可是他們都還沒找到阿賴耶識，要怎麼把祂滅掉？而說他們已經開悟了？所以這些人都是前言不對後語，自己掌嘴了還不知道痛，只能說他們都是麻木不仁了。所以，他們的講法是有許多過失的，他們的過失出在何處？就出在這一句話「是故如來藏是建立」，他們誤認爲如來藏是建立法——不是有一個心叫作如來藏。然後又從別的經論中所說的「依阿賴耶識故有生死」產生了誤會，所以他們就認爲祂是妄心；既是妄心，當然要把祂滅掉，就可以離開生死了。可是問題又來了，阿羅漢們迴小向大之前並沒有滅掉阿賴耶識，他們的阿賴耶識如來藏（改名異熟識）還是存在著，而他們也不用去證得那個第八識，也不用滅掉祂，就都可以出離生死了。那他們爲什麼不去探討一下：阿羅漢、辟支佛不用找到阿賴耶識就可以離生死，可是經論上又說「依這個阿賴耶識，所以才有生死」，那到底是怎麼回事？他們總該在上面探討一下吧！可是現前看來，他們顯然都沒有去探討。也許有人比較聰明，探討到了說：這個我弄不懂，把祂丟開算了。但這個問題很嚴重，絕對不能丟開；一定要把祂弄清楚，修學佛法才會有正確的方向。可是要弄清楚祂，眞的不容易，因爲這是阿羅漢也弄不清楚的，你叫他一個凡夫要如何弄清楚呢！

當然，這個道理諸位一定要弄清楚；特別是你們許多人明心了，都可以現觀。我一面講，你一面現前觀行：依阿賴耶識故有生死。可以先從現象界往前去探討，有死是因爲有生，如果沒有生就不會有未來的死了；死是生的反面，如果不是上一世有死，這一世就不會有生。所以對凡夫眾生來講，死與生就像是一張紙的兩面，是緊貼在一起的，沒有人說生了不會死，也沒有人說死了不再生，所有凡夫眾生都是如此。只有聖人才能夠說生了以後不再有未來世的死，只有菩薩才能夠說：「生了又死，死了又生，卻沒有生死。」阿羅漢不敢這麼講，那當然是有道理的。

繼續來探討說：因為死才會有生，這個生是因為上輩子有死，可是上輩子死了，為什麼這輩子會生？為什麼他們不去探討：名色到底是從哪裡來的？受想行識都屬於精神層面，稱為名。可是還有五色根，上一週經文中說：「死者謂根壞，生者新諸根起。」這五色根壞了，受想行識就無法現行，意識就滅了，那就叫作死。這是初學阿含的人就能瞭解的道理，可是當代那一些自稱是開悟聖人的大法師們，為什麼不如二乘人？聲聞人還會去向 佛請法問疑，把問題提出來：如果我們入涅槃，是不是斷滅？入滅以後，是有還是無？辟支佛也一樣，當他探討死，知道因為有生而來，生卻是因為有而來，往上一直追溯到名色的時候，心想：「名色是怎麼來的？」名裡面就有六個識了。六個識，加上這六個識必須有的所依緣——意根以及法塵；若沒有這兩個法作所依緣，識陰六識就不可能出現，而意根也是心，那就有七個識了；這七個識也是名，有七個識就有受想行，全部合起來叫作名。這名以及色身是從哪裡來的？答案是「從識生」。

辟支佛一樣會探討這個問題，否則就無法成就辟支佛果。他知道一定是另有一個識，才會出生我們的名與色，雖然不必親證這個識；知道了以後就檢查一下：是不是因爲有那個識才能有**名**與**色**？檢查完了，證明推論出來的整個過程都正確，接著重新再探討，往上一直探討到「**名色**是從**識**生的」，可是這個**名色**爲什麼會從那個**識**中出生呢？都是因爲往世不斷熏習**諸行**；可是爲什麼有不斷的產生**諸行**熏習，導致下一世又出生**名色**？都是因爲**無明**而貪愛自己、貪愛我所，那又是從什麼**無明**生出來的？當然是從**不如實知自己虛妄**的**無明**引生的。就因爲這樣探討而證得辟支佛。阿羅漢、辟支佛都會去探討這個問題，當代許多自稱爲大菩薩的開悟聖人當然都是假名冒稱的，因爲他們竟然都沒有探討這個問題，都說**名色**只要有父母爲緣就會出生，不必有如來藏**識**持種爲因。

若沒有**識**執持往世業種入胎而藉父母來出生**名色**，只憑父母爲緣就能出生**名色**，請問：**爲什麼每一個人出生以後，果報都不一樣**？這沒道理。若是有父母就能生，不必有眞心如來藏識持種來入胎，那就應該所有被生的人都像機器模子鑄出來的一樣沒有差別；每一對父母所生的男人也都應該是同一個樣子、同一種心性，所有女人也都該是同一個樣子、同一種心性；因爲全都沒有**因**，都只靠**父母緣**而出生的。可是這些所謂的開悟的聖人，爲什麼都沒有想到這些問題？由此可見他們都沒有智慧，都是假名聖人、假開悟。

所以來到同修會以後，第一點要為你建立如來藏常住的觀念；如果你不能建立這個觀念，在這裡學法將不會成就，混上三十年以後還是凡夫一個。建立了這個正知見，然後就懂得：原來我自己是虛妄的，要以我這個虛妄的自我，去找一個能出生我的那個識，那個識就是禪宗開悟所明的真心。當那個識找出來了，你會發覺：沒有一個方法可以把祂打碎，要用來打碎祂的槌子也不曉得在哪裡，因為三界中確實沒那種槌子，連諸佛都發明不出來。你將會發覺祂是金剛心，性如金剛不可摧壞。接著你會反觀回來：假使沒有祂，我這個名與色能不能存在？你會發覺自己名色根本無法離開祂，必須每天晚上抱著祂睡覺，所以說「夜夜抱佛眠」；然後「朝朝還共起」，你醒來起床時祂可沒有起床，因為祂夜裡不曾上床睡覺；甚至於你睡著了，祂也還在為你忙著，從來不睡覺，永遠不休息。

當你發覺到這一點，再往前去推；推到你年輕的時候，推到你還在小兒的時候；往前再推到剛出生的時候，一直都是如此。然後再向前推，在你出生以前，乃至在媽媽十個月懷胎之前，是捨掉中陰身來入胎的；入胎前本來是一無所有的，爲什麼入胎後就有了這個色身？爲什麼藉著色身就有了受想行識？也許忽然起了個妄想，晚上回去得要問問母親。當然，晚上見了母親時得要先感恩，先頂禮一拜，然後請問：「母親大人！當初您懷我的時候，有沒有每天觀想，幫我製造手指、頭髮、指甲？有沒有每天觀想製造我的心臟、腸胃，或者用什麼物質來幫我捏製？」母親大人一定說：「傻孩子！入胎就自然有了，爲什麼要我作這個工作？那不是辛苦死了嗎？」事實確是如此。接著要問自己：入胎後，誰來幫我製作了這個身體？當然是如來藏。《楞伽經》說：「如來藏名阿梨耶識。」又說：「如來之藏是善不善因，能遍興造一切趣生，譬如伎兒變現諸趣。」（《楞伽阿跋多羅寶經》卷四〈一切佛語心品〉）

換句話說，是阿賴耶識如來藏入胎，藉父母親的因緣來幫你製造這個色身，所以你會有這一世的新生五根生起，於是就有受想行識了，然後才出母胎。請問：你這個生是靠誰？靠如來藏，父母只是個藉緣。假使不太服氣，那麼再請問你：若父母不只是藉緣，是完全靠父母來製造新生的五色根；那麼，你出生以後，又是怎麼長大的，是父母每天作一些肉把你貼上去嗎？當然不是，父母仍然同樣是個藉緣，供應你飲食而讓你長大。一切一切，全都是如來藏；如果不是祂，你不會有色身。若沒有色身，受想行識覺知心就不能出現，就不能出生；不能出生就沒有死，所以很顯然的：生與死都是依阿賴耶識而有——依如來藏而有。所以說生死是依如來藏建立的，這樣就很容易懂了嘛！懂了以後，也許你心裡一陣狂喜：「唉呀！**我知道如來藏是什麼了，我開悟了！**」你眞的悟了嗎？去到禪三道場精進禪三時，你說：「**我渾身都是！**」我就一棒把你打出去！如果以爲這樣就是悟，還早著呢！不過，你能聽到這裡，今晚就算是從香港飛來聽的，飛機票也値回了，也夠本了。所以，佛菩薩的意思在告訴我們，由於有這一個眞**識**的存在，才能夠出生你的**名**與**色**，**名色**出生了就叫作**生**。有**名色**生了，祂還會繼續讓你成長，然後讓你健壯，接著讓你老，最後就死掉了，所以**死**還是依祂而有。

這樣回到經文來：「**是故如來藏是建立。**」這有兩個前提：**如來藏者離有爲相，如來藏常住不變**。咱們再來印證這兩句話有沒有道理。如來藏者離有爲相，因爲祂從來不在六塵上作任何分別，在六塵上作分別的是意識心。假使意識是上一輩子轉生過來的，那你從入胎那一天開始就會每天都很痛苦了：**我什麼事都不能夠參與，好吃的我也吃不到，好聽的音樂也聽不到，每**

天只能窩媽媽肚子裡，悶死我了。因爲上一輩子的意識都熏習過這些世間法了，然後心裡面很好奇：我媽媽是長什麼樣子，是西施？還是嫫母、無鹽？我老爸有沒有很英俊？你得要一天到晚想這些事了，最糟糕的是：我什麼時候才能出母胎？我爸個性好不好？會不會愛打人？這表示說，若是由前世意識來入胎的話，都是不離有爲相的，那是沒有辦法住胎的；所以必須是世世全新的意識，一切得要從頭學起，什麼都不懂，才能安住於母胎中。

每一世的意識都是全新的，從完全無知，一點一滴地知道一點點的事物；而胎中意識初現起時所認知的整個世界，就是媽媽的子宮那一點點覺受而已，其餘的全都不知道。在座之中誰最年輕？你最年輕，請問你：當初在媽媽肚子裡有沒有設想說，我什麼時候才會出生？沒有！對不對？請小菩薩爲大家證明，確實是沒有；顯然前世的意識是不能住在此世母胎中的，意識如果要住胎，必須是全新的，什麼都不懂。而他所知道的世界就是那麼小小的世界，除此以外都無所知，他也不會想到說：我媽媽長什麼樣，我父親長什麼樣。他還不會想到這一點，他連餓都不知道，包括人們平常在受用的呼吸，也都不知道。你說：他能懂什麼？眞的是什麼都不懂。只有這樣新出生的意識，完全不知道過去世的事情，才能安住於母胎。所以，意識絕對不是製造色身的心——不能造色，那他們怎麼能夠說意識可以建立一切法？

正因爲意識什麼都不懂，是藉新生的五色根才能出生的，所以這一世全新的意識完全無所知，才能夠安住於母胎中。如果意識是從上一輩子來住在母胎中，一定不離有爲相；別說是住胎十個月，三天就受不了了；所以必須是離有爲相的心才能夠住胎，那就是如來藏。而且離有爲相的心性還得要常住不變，而意識是會變的：小時候好乖巧，心地非常善良；可是長大以後惡友熏習，開始造惡，最後甚至被法院判刑處死，所以意識是會變的。意識也不是常住心，在母胎中，意識剛生起的時節，最早的要四個月，遲的話，有的人可能要到住胎五個月時；如果是很敏銳的人，大概是三個多月時就有意識。媽媽們可以回想一下，以前懷著孩子時，什麼時候開始胎動？有胎動的時候就是意識已經出生的時候。可是那時胎兒會作什麼呢？什麼都不會，只會稍微動一下，動個幾分鐘以後又不動了，因爲又睡著了。

後來，動的時間越來越長，到最後還會踢你；妳們當過媽媽的人都被踢過，因爲胎兒長大而覺得不自由了，受束縛了。這表示意識是有了五色根以後才剛開始的，不是從上一世來的；而且在大部分時間中，胎兒意識出現的時間是很短的，不是常住心。剛開始時出現個幾分鐘就不見了，那就是睡著了；然後動的時間越來越長，可是不動的時間還是比較多，那表示他睡著的時間比醒著的時間多。所以將來媳婦如果報告說今天胎動的狀況如何、如何，妳就說：「若沒有胎動時，就表示他在睡覺。」媳婦說：「媽媽！妳這麼有智慧！」（大眾笑…）這不是笑話，這是眞相。胎兒的意識中斷的時間多，現起的時間很少、很短，顯然意識不是常住心，也不是不變的心；如果意識是不變的，應該從一開始入胎，到最後出胎時永遠都不會有變化；那表示他的胎身具足圓滿而即將出世時，也不會嫌胎中太擠而踢你，那就不會有自動出生的時候了。可是顯然不是這樣的，他到最後也會悶、會踢你，然後就急著要出生。這就是表示他的意識是有記憶、有轉變的。

能夠常住而永遠不中斷的心，才是能夠出生**名**與**色**的**心**；那個**心**絕對不是意識作得到的，因爲胎中的意識幾乎是什麼都不懂的；所以只有依這種**離有爲相**的常住不變心，才能有**名色**的出生。有名色生了以後，未來就會有死，依這個道理而說**生**與**死**是依如來藏而建立——是依阿賴耶識而建立。請問：

生與死依阿賴耶識來建立，這個阿賴耶識，能說祂是生滅法嗎？當然不可能，所以不該依文解義。他們總是依文解義說：依阿賴耶識才會有生死，所以阿賴耶識就是妄心、妄識，所以要把祂滅掉，滅掉時就是開悟了。問題是：他們都還沒有找到祂。人家是找到祂，不滅掉祂而開悟，他們卻說要找到祂而滅掉祂，才能開悟。但他們都沒有找到，連阿賴耶識在何處都不知道，依他們自己的說法，要怎麼開悟？

所以從今天開始，你們絕對比那些大法師、大居士還要有智慧，他們哪一天遇到了你：「你們在正覺學什麼，證什麼？」「學阿賴耶識，證阿賴耶識。」他說：「那是妄識，要滅掉。」那你就請問他（你要一句一句問，不要一次問完）：「那麼請問師父，開悟一定要滅掉阿賴耶識嗎？」以前他們都會說是，因爲他們一向如此主張。等他說是，你再問：「請問師父！你滅掉阿賴耶識了沒有？」他若是夠聰明，就不敢答腔了！因爲既說要滅掉阿賴耶識才叫作開悟，他已示現是開悟的聖者，卻沒有找到阿賴耶識，要怎麼把祂滅掉？他當然不敢開口說：「我滅掉阿賴耶識了。」到這裡，你就可以罵他：「你只是一隻野狐，根本就沒有開悟。」

因爲不管他說有沒有滅掉阿賴耶識，他都是錯悟的人；如果他說要滅掉阿賴耶識才能悟，顯然要先找到祂，但是他卻還沒有找到；如果他說還沒有滅掉，依他的邏輯，他也是沒有悟的凡夫。所以他們那樣的說法，說了以後是進退兩難的；當他們把自己弄到進退兩難的地步以後，還得要人家來提醒，才會知道已經是進退兩難了。所以，今天你們有智慧可以告訴他：**爲什麼依阿賴耶識有生死，而阿賴耶識是眞相識**。你如今能這樣告訴他們其中的道理，你們是不是比大師有智慧？應該都要點頭才對。對了，要這樣點頭才像話。（大眾笑…）否則你們今晚這場法會不是白聽了嗎？

所以，他們把這一句聖教都誤會了；如果是誤會，顯然你可以把他頭上開悟聖者的光環拿下來；你絕對有資格，他在你面前也不得不拿下來，因爲他也知道自己悟錯了。如果他再狡辯：「**這個阿賴耶識是妄識應該滅掉，我雖然沒有找到，我也沒有滅掉祂，可是我不理祂，總行吧！我不理祂，我直接去開悟就好。**」不理祂，行不行？不行！因爲法界實相的智慧稱爲般若，這般若證悟的標的就是祂，不能夠不理祂，把祂丟在一邊。丟在一邊就會出問題：第一、他無法證悟，無法發起般若智慧；第二、他又成爲謗佛了，他顯然是在毀謗佛：「你把這個沒有意義的阿賴耶識放在佛經裡面幹什麼？」因爲凡是列在佛經裡面的法，全都有意義，他們卻以爲切割分離就沒事了。問題是，佛法是不可切割的，切割了就支離破碎，就變成這個法與那個法不相干，那個法與這個法又不相干；當每一個法之間都互不相干，那種佛法就是假的。就像小偷到汽車零件工廠，今天偷到 Toyota 的方向盤，明天偷到別克的煞車盤，後天偷到 Volvo 的車殼，大後天又去偷到 BMW 的座椅，再後一天又去偷到 Benz 的引擎，根本就沒辦法湊成一輛車，因爲是互不相干的零件。印順的法正好就是如此，他把佛法的各部零件變造了以後，根本無法成爲互有關聯、互相支援的法義，已經成爲支離破碎的假佛法。

眞正的佛法不是像印順那樣，眞正的佛法叫作一貫道，因爲眞正的佛法中有一個法可以一**以貫之**——以這個法可貫通世間、出世間、世出世間萬法；不管你是基督教、天主教、回教、道教、佛教的法義，全部都可以依一個法—如來藏—來全部貫通；沒有一個法可以離開如來藏而存在，如來藏可以將一切法一**以貫之**。所以，每一個宗教，除了佛教以外，所有的宗教都叫作世間法，這些世間法也都可以用如來藏一個法全部貫通，因爲這才是究竟的世間法；然而一貫道想要貫通五教之道，到今天仍然無法貫通，依舊是五教之道各別不同，所以他們應當改名為**五貫道**，沒資格自稱一**貫道**。當那些外教在崇拜主：「耶和華！天父！阿拉！你創造了我們，為什麼還讓我們在這裡受苦？」可是他們不知道那個主，不管是耶和華或是阿拉，都是在他們自己身中，正是如來藏。他們應該抱怨自己往世造惡業而在這邊受苦，怎麼抱怨他們的如來藏呢，還抱怨他們的主呀！

譬如說低等宗教好了，有的叢林中——熱帶叢林，從來沒有接觸過文明世界的宗教，他們好幾代以來一直都住在那個叢林殿，而他們崇奉的神，說是那個神生了他們，所以每年殺雞宰羊奉事那個神，一代一代相傳下來。可是那個出生他們的神究竟是誰呢？其實還是如來藏。一神教說創造他們的神是耶和華，說他們都由神而來；婆羅門教說他們婆羅門都是大梵天口中化生，其實能生他們的是誰呢？還是他們自己的如來藏，叫作自心如來。但是這些外道們不懂這個道理，所以向自心之外去求法，就叫作外道。

可是古時候，上一尊佛入滅了以後，傳到末法時期之後正法滅盡了，因為密意洩露而使大家都沒有體驗的機會，沒有人要學習了，也不信受了；久了以後佛教也就滅了。再過了很久的時間以後，自心如來已經沒有人能親證了，有時候天神—生到天界的菩薩—會來人間告訴大家：「你要親證自心如來，找出祂，你就解脫了。」可是又不許明講，所以他們下來人間時都只是提點一下，讓大家自己去找。但印順說：如來——自心如來這個名字，是佛教出現之前的外道法，所以大乘經中說如來常住，就是外道法。可是這個道理講不通，哪一天如果釋昭慧來了，我就要問她：「妳認為印順這個說法有沒有道理？」她一定會說有，那就進了我的圈套了，我就告訴她：「在佛教出現於人間之前，許多外道也都說是阿羅漢，他們也認為世間已有阿羅漢自古相傳也有阿羅漢。現在妳們專修解脫道，請問：阿羅漢們成為阿羅漢以後，是不是外道法？因為阿羅漢也是外道法，也是佛陀來人間以前就有外道這麼弘揚的。」打包票，她一定要張口結舌。阿羅漢這個法雖然外道早就流傳著，也是早就在弘傳了，可是他們證的果報並不是阿羅漢，只是誤會阿羅漢的果證。同樣的道理，如來也是外道早就說過的，但他們都誤會了如來，直到 世尊降生人間以後才有眞的如來，才有人能跟著 世尊親證自心如來。佛教所證的如來與阿羅漢，並不是外道所說的如來與阿羅漢，應作如是觀。

可是，人要是不老實，說話時往往只會講一半：如來是外道早就曾經說過的。他只說這一半，至於阿羅漢也是外道早就說過的，印順卻不講；因爲印順崇尚的是阿羅漢，他們認爲阿羅漢就是佛；若是依印順的邏輯，他們所說佛門的阿羅漢當然也該是外道了。這就是以其人之道還治其人之身。

由此看來，眞實的佛法都是互相貫通的；若不能互相貫通的，絕對不是眞實佛法，一定是外道法——印順法、星雲法、昭慧法，不能稱爲佛法。我們的法才能稱爲佛法，爲什麼呢？因爲能夠一以貫之。所以一貫道點傳師來到我面前時就不能再自稱爲一貫道了，因爲他們沒有一法可以貫通五教之法，他們的五教仍然是五道而無法一以貫之，所以他們其實是五貫道。但是我們能一以貫之，所以佛教才是名符其實的一貫道，所以一貫道應該要關門歇業了。那麼一以貫之的道理，簡單的說一下，諸位就懂了。

在世間法中，所有的宗教都必須依靠如來藏才能有名色，有了名色才能有種種妄想，無明所罩而發明種種不可知的、想像的、能生萬法的神。但問題是：創造世界與萬物的神在哪裡？沒有一個宗教找得到，後來就有個聰明人出來了，那個人叫作巫婆，她說：「我可以跟神溝通。」然後，她說什麼就算什麼，這是低等宗教。高等的呢，就說上帝的靈魂都在你心中；其實這是馬丁路德作了宗教改革以後才有的說法。你去找找看舊約聖經有沒有這樣子說？沒有啦！馬丁路德這樣的說法是怎麼發明的？是因為他曾經讀了佛經。發明了以後，又有問題，因為他不是菩薩。現在人家問說，請問：**上帝的靈魂既然在我心中，我要怎麼找到祂？**二千年來所有一神教徒們始終找不到祂，所以從一神教義發展出來的西方哲學家，探討到最後，提出一個合理的說法：人造上帝。是人類想像而創造了上帝神話。

可是對這些一神教的法，我們卻能夠一以貫之，只要用一條繩索就能全部聯貫起來，跑不掉：我們用如來藏就把上帝的魚與餅，把上帝的聖靈、聖父、聖子都聯貫起來了；因為耶穌基督、耶和華、阿拉，都不是常住不變的。當耶和華與阿拉有時候歡喜起來就賜給信徒種種事物，當他們不高興時就降下天火、大水，燒死、淹死人們，你說他們的心有沒有變異？有呀！他們的心變來變去，那要請問：**他們的覺知心、他們的色身又是從哪裡來的？**當然還是從他們的如來藏中生出來的。可憐的是，他們自己不懂，而眾生推崇他們，宣稱上帝創造了人們。可是上帝心中其實也覺得很惶恐：「**明明我沒有**

創造你們，可是你們既然要崇拜我，要供養我，我雖受之有愧，不妨卻之不恭而接受下來。」但其實連上帝的五陰都還是由他自己的如來藏所出生的。這樣，我們把一神教也貫串起來了。

儒教其實不能算是宗教。儒家說的是什麼？都是人間的法，還及不上欲界天，還探討不到鬼神，所以孔老夫子敬鬼神而遠之，所以「子不事鬼神」，因爲他所說的都是人間的法。那麼道教呢？道教的天神們到底住在哪裡？在欲界天中，絕大多數都在忉利天以內，都沒有超越忉利天。如果是一貫道最尊貴的老母娘，她住在哪裡？老母娘，有人說不是瑤池金母，有人說是瑤池金母。如果她是瑤池金母倒還好，還是欲界天神；如果不是瑤池金母，她可就要淪落在鬼神道中了。我說的是眞話，請問一神教的天神或者道教的天神，他們的色身從哪裡來？他們自己也不知道，所以這些天神如果遇到了你，假使你已經明心了，那就是他們的不幸了，那時他們說他們能如何、如何，你就告訴他：「還有一個比你更厲害的，你知道嗎？」「誰比我厲害？」「阿羅漢，阿羅漢可以出離生死，可是你還有生死。」他一聽，有道理，因爲他不是阿羅漢。再問他：「有一個人比阿羅漢還厲害，你知道嗎？」「不知道，那是誰？」「辟支佛，他智慧比阿羅漢更高。」你再問他：「還有一個人比辟支佛更厲害。」「是誰？」「菩薩，就是我，因為我這個才剛悟道的菩薩說法，辟支佛都不敢吭聲。」「喔！這麼厲害。」「不然你去找菩薩談談看，也可以和才剛開悟的我試談看看。」他不敢，你再告訴他：「還有人比菩薩更厲害，你知道嗎？是佛，因為佛是正遍知。」那他就不敢講什麼，你再告訴他：「可是還有人比佛更厲害，你知道嗎？」「是誰？」「你呀！」你就指著他說：「你呀！」他說：「我怎麼會比佛厲害？我什麼都不會，我連阿羅漢都不如。」你就告訴他說：「你能出生你這個色身，所以你最厲害。」這時候上帝就不敢再自大了。

其實我這些話是講給你們聽的，不是講給那些天神們聽，因為他們那些天神都知道有這回事，只是沒有悟入而已。他們連人類都不敢看輕的，真正的正神是這樣；所以有時候正神幫你處理事情完了以後，如果你的事情是身病，他會告訴你：「神也得問，仙也得看。」（台語發音）理事長聽懂嗎？老和尚大概聽不懂，我翻譯一下好了，說「神也得問，仙人也得去看一看。」什麼叫作仙？山人就叫作仙。換句話說，在人間的隱居者，他有術也有道，所以不願意跟世俗人住在一起，往往是住在山裡面隱居，這表示他有道有術可以幫助你。你來問神，可是我這神有一些事情幫不上你，你得要去找仙。所以以後遇到有人自稱某某仙，你就不必覺得奇怪，那表示說他只是住在山中修行的人。

現在問題來了，不管神也好，仙也好，他們若眞有智慧，就會知道：在天法界永遠是天外有天，人法界永遠是人外有人。爲什麼呢？因爲二十八天以外還有天，我們不是發明第二十九天，也不是學台灣南部傳□法師創造轉投天，而是說天中另外還有解脫天，還有第一義天。解脫天是二乘聖人，第一義天就是菩薩，證悟實相的菩薩就是第一義天；佛在菩薩中就稱爲天中天，這些道理就叫作天外有天。可是天外的天，卻是不在天外，而是在人間。這樣從天外、天內、人間，你全部詳細觀察，永遠都是這一個心——如來藏。在娑婆是如此，跑到東方十萬億佛土外的琉璃世界去，那裡的佛、那裡的眾生還是這個心。換個方向到西方十萬億佛土外的極樂世界見到 阿彌陀佛時，如果你明心了，你也會看到 阿彌陀佛也是這個心。十方三世一切有情都同樣是這個心，你用這個如來藏心就能把所有世間法一以貫之，也能把所有出世間法一以貫之；這是因爲阿羅漢證涅槃、出三界，涅槃中還是這個心。涅槃，是依這個心能夠外於一切諸法獨存而建立；所以涅槃不是眞實有，涅槃只是這個心不再出生名色、不再出生一切法時，方便說爲無餘涅槃；這樣就用如來藏把聲聞道貫穿起來了，還是用這個心。辟支佛也是一樣，推究到最後是眞識如來藏出生了名色，所以有生死；那個識爲什麼會出生名色而導致生死呢？是因爲無明而不知道自己虛妄。然後願意把自己滅掉，知道自己虛妄而願意永滅，就滅了無明，所以死了不再入胎，不再受生，不再出生名色，就是入無餘涅槃了；所以緣覺的觀行還是依這個識而貫穿起來，這樣我們又把中乘給貫起來了，還是用這個如來藏眞識。

大乘法般若，般若所說的中道、實相，般若所說的萬法根源，還是這個如來藏心。第三轉法輪唯識增上慧學，諸地菩薩修的一切種智，還是依這個心；如果不是這個心，就沒有一切種子可說，當然也沒有一切種子的智慧可證了，又如何能成佛呢？所以還是用這個心，把第三轉法輪的增上慧學也貫穿起來。所以你看，就這麼一個眞識法，把所有三界世間法以及出世間的三乘菩提全部貫穿起來，都沒有絲毫互相矛盾的地方，究竟而且圓滿。要有這樣的實證，才能夠說他是一貫道。所以外面那些道親們都是騙人的，他們的點傳師、天才等等，哪能夠把五教一以貫之？貫了一千年到今天，五教還是五教，根本就貫不起來。假使他們有一天來同修會學法，你們問我說：「老師！你擔不擔心他們盜法？」我會說：「我不擔心，因爲當他們所有的點傳師都悟了以後，他們一定會探討：『我們宗奉的老母娘，她到底有沒有斷我見，有沒有明心？』」結果一定會發覺都沒有：我見也沒斷，眞心也沒有明。他們心中將會開始掙扎：「我斷了我見，證初果了，老母娘都沒有；我明心了，成爲七住位菩薩而有般若智慧了，老母娘也沒有。我有解脫道、佛菩提道的見道智慧，老母娘卻都還沒有，那我幹嘛還要歸依她？」一定如此嘛！到那個時候，一貫道就得要漸漸回歸到佛教了。

所以，佛爲眾生開示如來藏這個法，不是無關佛法的虛妄建立，絕對不是緣起性空的異名，而是眞實有其自性的心；這個心是一切法的根本，所以印順等人不可以說：「那個如來藏，我證不到，我就把祂丟開。我不理祂，總可以吧？」我會告訴他：「不可以！你不能丟開，你若丟開而不求證祂，你就會永遠當凡夫，並且還可能會誹謗正法，成就無間地獄業。」不幸的是，被我言中了。所以印順不可以主張：「我不理這個如來藏，我講我的佛法。」那是行不通的，假使印順那樣作可以行得通，那是因爲他運氣好，沒有遇到蕭平實出來弘法。可是一旦蕭平實或任何一位證悟的菩薩出來弘法時，印順就倒楣了；從此以後，每一天都是痛苦的日子。除非印順沒有想到蕭平實這三個字，否則心中一直會有壓力：哪一天蕭平實會來找我，我怎麼辦？

所以，如來藏是萬法的所依，如來藏能持受萬法，如來藏是建立一切萬法的根本，因此說「如來藏是依、是持、是建立」。這意思不是印順曲解後所說的：如來藏只是方便建立。也不是那一些悟錯了的大法師說的：如來藏是妄心、妄識，因爲有如來藏就有生死，所以要滅掉祂。所以，他們的依文解義很嚴重，因此我常常用比較委婉的、比較善意的口氣說：他們是文字障極嚴重。像這種情況，在佛教界已經差不多有一百年了，大家就這樣似是而非地不斷被誤導；一直到我們出來弘法十幾年的現在，仍然有大法師這樣繼續在誤導眾生。這個錯誤知見能否扭轉回來，能否回歸到如來藏正義，正是諸位的責任，你們要一起來幫我挑這個擔子。如果你說：我不願挑這個擔子，這擔子太重了，你一個人去挑吧！那我就只有一條路可走，就是把講堂關門了；假使希望道業更快增長，不想講堂關門，就幫忙我一起挑起來吧！

所以，你如果希望成佛的路可以走得越來越快、走得越來越輕鬆，而在越來越輕鬆之中又可以擔起越來越大的重擔，而不會覺得那個擔子很重，你就要先相信有如來藏，然後確信自己在善知識教導之下，有一天一定也可以親證。當你親證了以後，再進修幾年，就敢把如來的重擔承擔起來，不必我來要求你；因爲你的智慧已經生起來了，你會發覺：「**我現在是一貫道的教主**。」因爲你已經能夠將五教一以貫之了。說起來，我也很囉唆，印順才這兩、三句話，我卻說了老半天。可是我爲什麼要這樣講一堆呢？這表示說，如來藏是不可否定的，阿賴耶識這個心是不可推翻的；推翻了以後，不但是出世間法的大乘被推翻了，出世間法的二乘也會被推翻——無餘涅槃成爲斷滅空。甚至於，連世間法都會被推翻而不可能建立。

所以這個本識，不管是哪一位菩薩、哪一位二乘學人，乃至還在凡夫位的印順、星雲、聖嚴、惟覺、昭慧、證嚴……等人，都不能否定，也不可以否定；事實上他們也沒有能力否定掉祂，除非我們這個正法已不在人間了。因此，他們不可以告訴你說：「**那我不理祂，我就修我的緣起性空**。」你要告訴他：「你的緣起性空一定修不成功。」這個不成功的道理就是《阿含正義》舉證的：佛曾經開示，如何是比丘於外有恐怖，如何是比丘於外無恐怖，如何是比丘於內有恐怖，如何是比丘於內無恐怖？佛講的就是這個道理。佛所說的，短短的幾段開示，我們講起來就是要這麼一大堆；因爲如果不這樣講，大家就聽不懂。這個道理，在《阿含經》中明明寫得很清楚，爲什麼那些自稱阿含專家的人不但不懂，當我們提出來時，他們還要否定？所以我們試著用學術論文跟他們溝通，在論文中引經據典說明阿含中處處說到這個本住法；可是那些所謂的阿含專家，譬如楊郁文等人，他們就是不相信。

所以，他們在佛法上爲什麼會一直都只是停留在研究的地步呢？爲什麼無法進入到實證的境界中呢？都是因爲不信有本住法，只信六識論。而不信的原因是被印順誤導了，印順又是被日本人及密宗法義誤導了，就只是這樣。可是日本人，聽說也是被歐美一神教的研究者所誤導的，這樣一代誤導一代。現在由我們來作終結者，把常見外道的六識論邪見終結掉。以前的這類邪論很多：七識論者、六識論者、九識論者、十識論者，我們現在這一代要把它們全部終結掉，要他們全部回歸到八識論來。除了八識論以外，全部要依教據理廣加破斥，這樣子就可以全面回歸到如來藏妙義來。由以上的說明，證明「如來藏是依、是持、是建立」；所以說：「如來藏者離有為相，如來藏常住不變。」

今天諸位聽過這一席法會的法，正知見建立起來了，接下來就是看未來你什麼時候緣熟了就可以證得如來藏。因為你的正法種子已經種下去了，種子將會開始萌芽，接著就是看你這個種子有沒有繼續澆水、施肥，有沒有繼續讓它曬一點陽光，有沒有讓它繼續長芽。如果芽長了，繼續照顧它，不要讓這個正知見毀壞，將來就有一天可以開花。開花了以後，果結了，你就是證得如來藏了。果實結出來了當然就是證果，這就是用如來藏貫穿一切法，而不可以有任何人能不理祂。如果他們不理祂，那就只能永遠作心外求法的凡夫。他們如果想要開悟，不管是證二乘菩提或者證大乘菩提，都不能不理祂，剩下的只是理祂的層次或程度深淺而已。

可是你要怎麼理祂呢？如果想要悟二乘菩提，那就得改變知見：確信有**如來藏**，相信菩薩可以親證如來藏。這個正知見建立起來了，把**如來藏相**放在心中，接著深入理解五陰的全部內容而且深入現觀，就可以斷我見了，可以證聲聞初果了。如果要更深一層的證果而證得世出世間法，那就要像大乘別教菩薩一樣求證如來藏：不但要理祂，而且要把祂找出來。找出來以後再現前觀察祂究竟是怎麼回事，般若智慧就可源源不斷地出生了，就可以成為一貫道的現代教主了。所以如果想要實證三乘菩提，一定要理祂，不可以不理祂。不理祂就永遠當凡夫。

佛教正覺同修會〈修學佛道次第表〉

第一階段

＊以憶佛及拜佛方式修習動中定力。
＊學第一義佛法及禪法知見。
＊無相拜佛功夫成就。
＊具備一念相續功夫—動靜中皆能看話頭。
＊努力培植福德資糧，勤修三福淨業。

第二階段

＊參話頭，參公案。
＊開悟明心，一片悟境。
＊鍛鍊功夫求見佛性。
＊眼見佛性〈餘五根亦如是〉親見世界如幻，成就如幻觀。
＊學習禪門差別智。
＊深入第一義經典。
＊修除性障及隨分修學禪定。
＊修證十行位陽焰觀。

第三階段

＊學一切種智眞實正理—楞伽經、解深密經、成唯識論…。
＊參究末後句。
＊解悟末後句。
＊透牢關—親自體驗所悟末後句境界，親見實相，無得無失。
＊救護一切衆生迴向正道。護持了義正法，修證十迴向位如夢觀。
＊發十無盡願，修習百法明門，親證猶如鏡像現觀。
＊修除五蓋，發起禪定。持一切善法戒。親證猶如光影現觀。
＊進修四禪八定、四無量心、五神通。進修大乘種智，求證猶如谷響現觀。

佛菩提二主要道次第概要表——二道並修，以外無別佛法

佛菩提道——大菩提道

遠波羅蜜多

資糧位

十信位修集信心——一劫乃至一萬劫

初住位修集布施功德（以財施爲主）。

二住位修集持戒功德。

三住位修集忍辱功德。

四住位修集精進功德。

五住位修集禪定功德。

六住位修集般若功德（熏習般若中觀及斷我見，加行位也）。

外門廣修六度萬行

七住位明心般若正觀現前，親證本來自性清淨涅槃。

八住位起於一切法現觀般若中道。漸除性障。

十住位眼見佛性，世界如幻觀成就。

一至十行位，於廣行六度萬行中，依般若中道慧，現觀陰處界猶如陽焰，至第十行滿心位，陽焰觀成就。

一至十迴向位熏習一切種智；修除性障，唯留最後一分思惑不斷。第十迴向滿心位成就菩薩道如夢觀。

內門廣修六度萬行

見道位

初地：第十迴向位滿心時，成就道種智一分（八識心王一一親證後，領受五法、三自性、七種第一義、七種性自性、二種無我法）復由勇發十無盡願，成通達位菩薩。復又永伏性障而不具斷，能證慧解脫而不取證，由大願故留惑潤生。此地主修法施波羅蜜多及百法明門。證「猶如鏡像」現觀，故滿初地心。

二地：初地功德滿足以後，再成就道種智一分而入二地；主修戒波羅蜜多及一切種智。

解脫道：二乘菩提

斷三縛結，成初果解脫

→ 薄貪瞋癡，成二果解脫

→ 斷五下分結，成三果解脫

→ 入地前的四加行令煩惱障現行悉斷，成四果解脫，留惑潤生。分段生死已斷，煩惱障習氣種子開始斷除，兼斷無始無

近波羅蜜多

大波羅蜜多

圓滿波羅蜜多

修道位

究竟位

心、五神通。能成就俱解脫果而不取證，留惑潤生。滿心位成就「猶如谷響」現觀及無漏妙定意生身。

四地：由三地再證道種智一分故入四地。主修精進波羅蜜多，於此土及他方世界廣度有緣，無有疲倦。進修一切種智，滿心位成就「如水中月」現觀。

五地：由四地再證道種智一分故入五地。主修禪定波羅蜜多及一切種智，斷除下乘涅槃貪。滿心位成就「變化所成」現觀。

六地：由五地再證道種智一分故入六地。此地主修般若波羅蜜多——依道種智現觀十二因緣一一有支及意生身化身，皆自心眞如變化所現，「非有似有」，成就細相觀，不由加行而自然證得滅盡定，成俱解脫大乘無學。

七地：由六地「非有似有」現觀，再證道種智一分故入七地。此地主修一切種智及方便波羅蜜多，由重觀十二有支一一支中之流轉門及還滅門一切細相，成就方便善巧，念念隨入滅盡定。滿心位證得「如犍闥婆城」現觀。

八地：由七地極細相觀成就故再證道種智一分而入八地。此地主修一切種智及願波羅蜜多。至滿心位純無相觀任運恆起，故於相土自在，滿心位復證「如實覺知諸法相意生身」故。

九地：由八地再證道種智一分故入九地。主修力波羅蜜多及一切種智，成就四無礙，滿心位證得「種類俱生無行作意生身」。

十地：由九地再證道種智一分故入此地。此地主修一切種智——智波羅蜜多。滿心位起大法智雲，及現起大法智雲所含藏種種功德，成受職菩薩。

等覺：由十地道種智成就故入此地。此地應修一切種智，圓滿等覺地無生法忍；於百劫中修集極廣大福德，以之圓滿三十二大人相及無量隨形好。

妙覺：示現受生人間已斷盡煩惱障一切習氣種子，並斷盡所知障一切隨眠，永斷變易生死無明，成就大般涅槃，四智圓明。人間捨壽後，報身常住色究竟天利樂十方地上菩薩；以諸化身利樂有情，永無盡期，成就究竟佛道。

七地滿心斷除故意保留之最後一分思惑時，煩惱障所攝色、受、想三陰有漏習氣種子同時斷盡。

→

煩惱障所攝行、識二陰無漏習氣種子任運漸斷，所知障所攝上煩惱任運漸斷。

→

斷盡變易生死成就大般涅槃

圓滿成就究竟佛果

佛子蕭平實 謹製
（二〇〇九、〇二 修訂）
（二〇一二、〇二 增補）

佛教正覺同修會 共修現況 及 招生公告　2014/02/08

一、共修現況：（請在共修時間來電，以免無人接聽。）

台北正覺講堂 103 台北市承德路三段 277 號九樓 捷運淡水線圓山站旁 Tel..總機 02-25957295（晚上）（**分機：九樓**辦公室 10、11；知客櫃檯 12、13。 **十樓**知客櫃檯 15、16；書局櫃檯 14。 **五樓**辦公室 18；知客櫃檯 19。**二樓**辦公室 20；知客櫃檯 21。）Fax..25954493

第一講堂 台北市承德路三段 277 號九樓

禪淨班：週一晚上班、週三晚上班、週四晚上班、週五晚上班、週六下午班、週六上午班（皆須報名建立學籍後始可參加共修，欲報名者詳見本公告末頁）

增上班：**瑜伽師地論**詳解：每月第一、三、五週之週末 17.50～20.50 平實導師講解（僅限已明心之會員參加）

禪門差別智：每月第一週日全天　平實導師主講（事冗暫停）。

佛藏經詳解　平實導師主講。已於 2013/12/17 開講，歡迎已發成佛大願的菩薩種性學人，攜眷共同參與此殊勝法會聽講。詳解 釋迦世尊於《佛藏經》中所開示的眞實義理，更為今時後世佛子四眾，闡述佛陀演說此經的本懷。眞實尋求佛菩提道的有緣佛子，親承聽聞如是勝妙開示，當能如實理解經中義理，亦能了知於大乘法中：如何是諸法實相？善知識、惡知識要如何簡擇？如何才是清淨持戒？如何才能清淨說法？於此末法之世，眾生五濁益重，不知佛、不解法、不識僧，唯見表相，不信眞實，貪著五欲，諸方大師不淨說法，各各將導大量徒眾趣入三塗，如是師徒俱堪憐憫。是故，平實導師以大慈悲心，用淺白易懂之語句，佐以實例、譬喻而為演說，普令聞者易解佛意，皆得契入佛法正道，如實了知佛法大藏。

此經中，對於實相念佛多所著墨，亦指出念佛要點：以實相為依，念佛者應依止淨戒、依止清淨僧寶，捨離違犯重戒之師僧，應受學清淨之法，遠離邪見。本經是現代佛門大法師所厭惡之經典：一者由於大法師們已全都落入意識境界而無法親證實相，故於此經中所說實相全無所知，都不樂有人聞此經名，以免讀後提出問疑時無法回答；二者現代大乘佛法地區，已經普被藏密喇嘛教滲透，許多有名之大法師們大多已曾或繼續在修練雙身法，都已失去聲聞戒體及菩薩戒體，成為地獄種姓人，已非眞正出家之人，本質只是身著僧衣而住在寺院中的世俗人。這些人對於此經都是讀不懂的，也是極為厭惡的；他們尚不樂見此經之印行，何況流通與講解？今為救護廣大學佛人，兼欲護持佛教血脈永續常傳，特選此經宣講之。每逢週二 18.50~20.50 開示，不限制聽講資格。會外人士需憑身分證件換證入內聽講（此是大樓管理處之安全規定，敬請見諒)。桃園、台中、台南、高雄等地講堂，亦於每週二晚上播放平實導師所講本經之 DVD，不必出示身分證件即可入內聽講，歡迎各地善信同霑法益。

第二講堂　台北市承德路三段 267 號十樓。

禪淨班：週一晚上班、週四晚上班、週六下午班。

進階班：週三晚上班、週五晚上班（禪淨班結業後轉入共修）。

佛藏經詳解：平實導師講解。每週二 18.50~20.50（影像音聲即時傳輸）。本會學員憑上課證進入聽講，會外學人請以身分證件換證進入聽講（此為大樓管理處安全管理規定之要求，敬請諒解）。

第三講堂　台北市承德路三段 277 號五樓。

進階班：週一晚上班、週三晚上班、週四晚上班、週五晚上班、週六下午班。

佛藏經詳解：平實導師講解。每週二 18.50~20.50（影像音聲即時傳輸）。本會學員憑上課證進入聽講，會外學人請以身分證件換證進入聽講（此為大樓管理處安全管理規定之要求，敬請諒解）。

第四講堂　台北市承德路三段 267 號二樓。

進階班：週三晚上班、週四晚上班（禪淨班結業後轉入共修）。

佛藏經詳解：平實導師講解。每週二 18.50~20.50（影像音聲即時傳輸）。本會學員憑上課證進入聽講，會外學人請以身分證件換證進入聽講（此為大樓管理處安全管理規定之要求，敬請諒解）。

第五、第六講堂　為**開放式講堂**，不需以身分證件換證即可進入聽講，台北市承德路三段 267 號地下一樓、地下二樓。已規劃完成，正在整修中，預計 2014 年七月起，每週二晚上講經時段開放給會外人士自由聽經。

正覺祖師堂　大溪鎮美華里信義路 650 巷坑底 5 之 6 號（台 3 號省道 34 公里處 妙法寺對面斜坡道進入）電話 03-3886110　傳真 03-3881692 本堂供奉 克勤圓悟大師，專供會員每年四月、十月各二次精進禪三共修，兼作本會出家菩薩掛單常住之用。除禪三時間以外，每逢單月第一週之週日 9:00~17:00 開放會內、外人士參訪，當天並提供午齋結緣。教內共修團體或道場，得另申請其餘時間作團體參訪，務請事先與常住確定日期，以便安排常住菩薩接引導覽，亦免妨礙常住菩薩之日常作息及修行。

桃園正覺講堂（第一、第二講堂）：桃園市介壽路 286、288 號 10 樓（陽明運動公園對面）電話：03-3749363（請於共修時聯繫，或與台北聯繫）

禪淨班：週一晚上班、週三晚上班、週四晚上班、週五晚上班。

進階班：週六上午班。

佛藏經詳解：平實導師講解 每逢週二晚上，以台北正覺講堂所錄 DVD 放映；歡迎會外學人共同聽講，不需出示身分證件。

新竹正覺講堂　新竹市東光路 55 號二樓之一　電話 03-5724297（晚上）

第一講堂：

禪淨班：週一晚上班、週三晚上班、週五晚上班、週六上午班。

進階班：週四晚上班（由禪淨班結業後轉入共修）。

佛藏經詳解：平實導師講解，每週二晚上。以台北正覺講堂所錄 DVD 放映。歡迎會外學人共同聽講，不需出示身分證件。

第二講堂：

禪淨班：週四晚上班。

佛藏經詳解：每週二晚上與第一講堂同時播放佛藏經詳解 DVD。

台中正覺講堂　04-23816090（晚上）

第一講堂　台中市南屯區五權西路二段 666 號 13 樓之四（國泰世華銀行樓上。鄰近縣市經第一高速公路前來者，由五權西路交流道可以快速到達，大樓旁有停車場，對面有素食館）。

禪淨班：週三晚上班、週四晚上班、週五晚上班、週六早上班。

進階班：週一晚上班（由禪淨班結業後轉入共修）。

增上班：單週週末以台北增上班課程錄成 DVD 放映之，限已明心之會員參加。

佛藏經詳解：平實導師講解。以台北正覺講堂所錄 DVD 放映。每週二晚上放映，歡迎會外學人共同聽講，不需出示身分證件。

第二講堂　台中市南屯區五權西路二段 666 號 4 樓

禪淨班：週一晚上班。

進階班：週五晚上班、週六早上班（由禪淨班結業後轉入共修）。

佛藏經詳解：每週二晚上與第一講堂同時播放佛藏經詳解 DVD。

第三講堂、第四講堂：台中市南屯區五權西路二段 666 號 4 樓。

嘉義正覺講堂

第一講堂　嘉義市友愛路 288 號八樓之一（裝潢中，尚未開放）

第二講堂　嘉義市友愛路 288 號八樓之二（裝潢中，尚未開放）

台南正覺講堂

第一講堂　台南市西門路四段 15 號 4 樓。06-2820541（晚上）

佛藏經詳解：平實導師講解。以台北正覺講堂所錄 DVD 放映。每週二晚上放映，歡迎會外學人共同聽講，不需出示身分證件。

禪淨班：週一晚上班、週三晚上班、週六下午班。

進階班：雙週週末下午班（由禪淨班結業後轉入共修）。

增上班：單週週末下午，以台北增上班課程錄成 DVD 放映之，限已明心之會員參加。

第二講堂　台南市西門路四段 15 號 3 樓。

佛藏經詳解：每週二晚上與第一講堂同時播放佛藏經詳解 DVD。

第三講堂　台南市西門路四段 15 號 3 樓。

佛藏經詳解：每週二晚上與第一講堂同時播放佛藏經詳解 DVD。

禪淨班：週四晚上班、週六晚上班。

進階班：週五晚上班、週六早上班（由禪淨班結業後轉入共修）。

高雄正覺講堂　高雄市新興區中正三路 45 號五樓 07-2234248（晚上）

第一講堂（五樓）：

佛藏經詳解：平實導師講解。以台北正覺講堂所錄 DVD 放映。每週二晚上放映，歡迎會外學人共同聽講，不需出示身分證件

禪淨班：週三晚上班、週四晚上班、週末上午班。

進階班：週一晚上班（由禪淨班結業後轉入共修）。

增上班：單週週末下午，以台北增上班課程錄成 DVD 放映之，限已明心之會員參加。

第二講堂（四樓）：

佛藏經詳解：每週二晚上與第一講堂同時播放佛藏經詳解 DVD。

禪淨班：週三晚上班、週四晚上班。

進階班：週四晚上班（由禪淨班結業後轉入共修）。

第三講堂（三樓）：（尚未開放使用）。

香港正覺講堂　香港新界葵涌大連排道 21-23 號，宏達工業中心 7 樓 10 室（葵興地鐵站 A 出口步行約 10 分鐘）。電話：(852)23262231。英文地址：Unit 10, 7/F, Vanta Industrial Centre, No.21-23, Tai Lin Pai Road, Kwai Chung, New Territories）

禪淨班：週六班 14:30-17:30，已經額滿。
週日班 14:40-17:40，已經額滿。
新班開始報名，4 月底開課。

妙法蓮華經詳解：平實導師講解 以台北正覺講堂所錄 DVD，每逢週六 18:40-20:40、週日 19:00-21:00 放映；歡迎會外學人共同聽講，不需出示身分證件。

美國洛杉磯正覺講堂　**☆已遷移新址☆**

825 S. Lemon Ave Diamond Bar, CA 91798 U.S.A.

TEL. (626) 965-2200　　Cell. (626) 454-0607

禪淨班：每逢週末 15：30~17：30 上課。

進階班：每逢週末上午 10：00 上課。

佛藏經詳解：平實導師講解 以台北正覺講堂所錄 DVD，每週六下午放映(13：00~15：00)，歡迎各界人士共享第一義諦無上法益，不需報名。

二、招生公告　**本會台北講堂及全省各講堂，每逢四月、十月中旬開新班，每週共修一次**（每次二小時。開課日起三個月內仍可插班）；**但美國洛杉磯共修處得隨時插班共修。各班共修期間皆為二年半，欲參加者請向本會函索報名表**（各共修處皆於共修時間方有人執事，非共修時間請勿電詢或前來洽詢、請書），**或直接從成佛之道網站下載報名**

表。共修期滿時，若經報名禪三審核通過者，可參加四天三夜之禪三精進共修，有機會明心、取證如來藏，發起般若實相智慧，成為實義菩薩，脫離凡夫菩薩位。

三、新春禮佛祈福 農曆年假期間停止共修：自農曆新年前七天起停止共修與弘法，正月 8 日起回復共修、弘法事務。新春期間正月初一～初七 9.00～17.00 開放台北講堂、大溪禪三道場（正覺祖師堂），方便會員供佛、祈福及會外人士請書。美國洛杉磯共修處之休假時間，請逕詢該共修處。

密宗四大派修雙身法，是外道性力派的邪法；又以生滅的識陰作為常住法，是常見外道，是假的藏傳佛教。

西藏覺囊巴以他空見弘揚第八識如來藏勝法，才是真藏傳佛教

佛教正覺同修會　弘法行事表　2013/12/19

1、**禪淨班**　以無相念佛及拜佛方式修習動中定力，實證一心不亂功夫。傳授解脫道正理及第一義諦佛法，以及參禪知見。共修期間：二年六個月。每逢四月、十月開新班，詳見招生公告表。

2、**《佛藏經》詳解**　平實導師主講。已於 2013/12/17 開講，歡迎已發成佛大願的菩薩種性學人，攜眷共同參與此殊勝法會聽講。詳解 釋迦世尊於《佛藏經》中所開示的眞實義理，更爲今時後世佛子四眾，闡述 佛陀演說此經的本懷。眞實尋求佛菩提道的有緣佛子，親承聽聞如是勝妙開示，當能如實理解經中義理，亦能了知於大乘法中：如何是諸法實相？善知識、惡知識要如何簡擇？如何才是清淨持戒？如何才能清淨說法？於此末法之世，眾生五濁益重，不知佛、不解法、不識僧，唯見表相，不信眞實，貪著五欲，諸方大師不淨說法，各各將導大量徒眾趣入三塗，如是師徒俱堪憐憫。是故，平實導師以大慈悲心，用淺白易懂之語句，佐以實例、譬喻而爲演說，普令聞者易解佛意，皆得契入佛法正道，如實了知佛法大藏。每逢週二 18.50~20.50 開示，不限制聽講資格。會外人士需憑身分證件換證入內聽講（此是大樓管理處之安全規定，敬請見諒）。桃園、新竹、台中、台南、高雄等地講堂，亦於每週二晚上播放平實導師講經之 DVD，不必出示身分證件即可入內聽講，歡迎各地善信同霑法益。

有某道場專弘淨土法門數十年，於教導信徒研讀《佛藏經》時，往往告誡信徒曰：「後半部不許閱讀。」由此緣故坐令信徒失去提升念佛層次之機緣，師徒只能低品位往生淨土，令人深覺愚癡無智。由有多人建議故，平實導師開始宣講《佛藏經》，藉以轉易如是邪見，並提升念佛人之知見與往生品位。此經中，對於實相念佛多所著墨，亦指出念佛要點：以實相爲依，念佛者應依止淨戒、依止清淨僧寶，捨離違犯重戒之師僧，應受學清淨之法，遠離邪見。本經是現代佛門大法師所厭惡之經典：一者由於大法師們已全都落入意識境界而無法親證實相，故於此經中所說實相全無所知，都不樂有人聞此經名，以免讀後提出問疑時無法回答；二者現代大乘佛法地區，已經普被藏密喇嘛教滲透，許多有名之大法師們大多已曾或繼續在修練雙身法，都已失去聲聞戒體及菩薩戒體，成爲地獄種姓人，已非眞正出家之人，本質上只是身著僧衣而住在寺院中的世俗人。這些人對於此經都是讀不懂的，也是極爲厭惡的；他們尚不樂見此經之印行，何況流通與講解？今爲救護廣大學佛人，兼欲護持佛教血脈永續常傳，特選此經宣講之，主講者平實導師。

3、**瑜伽師地論**詳解　詳解論中所言凡夫地至佛地等 17 師之修證境界與理論，從凡夫地、聲聞地……宣演到諸地所證一切種智之眞實正理。由平實導師開講，每逢一、三、五週之週末晚上開示，僅限已明心之會員參加。

4、**精進禪三**　主三和尚：平實導師。於四天三夜中，以克勤圓悟大師及大慧宗杲之禪風，施設機鋒與小參、公案密意之開示，幫助會員剋期取證，親證不生不滅之眞實心——人人本有之如來藏。每年四月、十月各舉辦二個梯次；平實導師主持。僅限本會會員參加禪淨班共修期滿，報名審核通過者，方可參加。並選擇會中定力、慧力、福德三條件皆已具足之已明心會員，給以指引，令得眼見自己無形無相之佛性遍佈山河大地，眞實而無障礙，得以肉眼現觀世界身心悉皆如幻，具足成就如幻觀，圓滿十住菩薩之證境。

5、**阿含經**詳解　選擇重要之阿含部經典，依無餘涅槃之實際而加以詳解，令大眾得以現觀諸法緣起性空，亦復不墮斷滅見中，顯示經中所隱說之涅槃實際—如來藏—確實已於四阿含中隱說；令大眾得以聞後觀行，確實斷除我見乃至我執，證得**見到**眞現觀，乃至**身證**……等眞現觀；已得大乘或二乘見道者，亦可由此聞熏及聞後之觀行，除斷我所之貪著，成就慧解脫果。由平實導師詳解。不限制聽講資格。

6、**大法鼓經**詳解　詳解末法時代大乘佛法修行之道。佛教正法消毒妙藥塗於大鼓而以擊之，凡有眾生聞之者，一切邪見鉅毒悉皆消殞；此經即是大法鼓之正義，凡聞之者，所有邪見之毒悉皆滅除，見道不難；亦能發起菩薩無量功德，是故諸大菩薩遠從諸方佛土來此娑婆聞修此經。由平實導師詳解。不限制聽講資格。

7、**解深密經**詳解　重講本經之目的，在於令諸已悟之人明解大乘法道之成佛次第，以及悟後進修一切種智之內涵，確實證知三種自性性，並得據此證解七眞如、十眞如等正理。每逢週二 18.50~20.50 開示，由平實導師詳解。將於《大法鼓經》講畢後開講。不限制聽講資格。

8、**成唯識論**詳解　詳解一切種智眞實正理，詳細剖析一切種智之微細深妙廣大正理；並加以舉例說明，使已悟之會員深入體驗所證如來藏之微密行相；及證驗見分相分與所生一切法，皆由如來藏—阿賴耶識—直接或展轉而生，因此證知一切法無我，證知無餘涅槃之本際。將於增上班《瑜伽師地論》講畢後，由平實導師重講。僅限已明心之會員參加。

9、**精選如來藏系經典**詳解　精選如來藏系經典一部，詳細解說，以此完全印證會員所悟如來藏之眞實，得入不退轉住。另行擇期詳細解說之，由平實導師講解。僅限已明心之會員參加。

10、**禪門差別智**　藉禪宗公案之微細淆訛難知難解之處，加以宣說及剖析，以增進明心、見性之功德，啓發差別智，建立擇法眼。每月第一週日全天，由平實導師開示，僅限破參明心後，復又眼見佛性者參加（事冗暫停）。

11、**枯木禪** 先講智者大師的《小止觀》，後說《釋禪波羅蜜》，詳解四禪八定之修證理論與實修方法，細述一般學人修定之邪見與岔路，及對禪定證境之誤會，消除枉用功夫、浪費生命之現象。已悟般若者，可以藉此而實修初禪，進入大乘通教及聲聞教的三果心解脫境界，配合應有的大福德及後得無分別智、十無盡願，即可進入初地心中。親教師：平實導師。未來緣熟時將於大溪正覺寺開講。不限制聽講資格。

註：本會例行年假，自 2004 年起，改爲每年農曆新年前七天開始停息弘法事務及共修課程，農曆正月 8 日回復所有共修及弘法事務。新春期間（每日 9.00~17.00）開放台北講堂，方便會員禮佛祈福及會外人士請書。大溪鎭的正覺祖師堂，開放參訪時間，詳見〈正覺電子報〉或成佛之道網站。本表得因時節因緣需要而隨時修改之，不另作通知。

佛教正覺同修會　贈閱書籍 目錄　　2014/01/09

1.**無相念佛**　平實導師著　回郵 10 元
2.**念佛三昧修學次第**　平實導師述著　回郵 25 元
3.**正法眼藏—護法集**　平實導師述著　回郵 35 元
4.**真假開悟簡易辨正法＆佛子之省思**　平實導師著　回郵 3.5 元
5.**生命實相之辨正**　平實導師著　回郵 10 元
6.**如何契入念佛法門**（附：印順法師否定極樂世界）平實導師著　回郵 3.5 元
7.**平實書箋**—答元覽居士書　平實導師著　回郵 35 元
8.**三乘唯識**—如來藏系經律彙編　平實導師編　回郵 80 元
（精裝本　長 27 cm　寬 21 cm　高 7.5 cm　重 2.8 公斤）
9.**三時繫念全集**—修正本　回郵掛號 40 元（長 26.5 cm×寬 19 cm）
10.**明心與初地**　平實導師述　回郵 3.5 元
11.**邪見與佛法**　平實導師述著　回郵 20 元
12.**菩薩正道**—回應義雲高、釋性圓…等外道之邪見　正燦居士著 回郵 20 元
13.**甘露法雨**　平實導師述　回郵 20 元
14.**我與無我**　平實導師述　回郵 20 元
15.**學佛之心態**—修正錯誤之學佛心態始能與正法相應 孫正德老師著 回郵35元
附錄：平實導師著**《略說八、九識並存…等之過失》**
16.**大乘無我觀**—《悟前與悟後》別說　平實導師述著　回郵 20 元
17.**佛教之危機**—中國台灣地區現代佛教之真相（附錄：公案拈提六則）
平實導師著　回郵 25 元
18.**燈　影**—燈下黑（覆「求教後學」來函等）　平實導師著　回郵 35 元
19.**護法與毀法**—覆上平居士與徐恒志居士網站毀法二文
張正圜老師著　回郵 35 元
20.**淨土聖道**—兼評選擇本願念佛　正德老師著　由正覺同修會購贈 回郵 25 元
21.**辨唯識性相**—對「紫蓮心海《辯唯識性相》書中否定阿賴耶識」之回應
正覺同修會 台南共修處法義組 著　回郵 25 元
22.**假如來藏**—對法蓮法師《如來藏與阿賴耶識》書中否定阿賴耶識之回應
正覺同修會 台南共修處法義組 著　回郵 35 元
23.**入不二門**—公案拈提集錦 第一輯（於平實導師公案拈提諸書中選錄約二十則，
合輯爲一冊流通之）平實導師著　回郵 20 元
24.**真假邪說**—西藏密宗索達吉喇嘛《破除邪說論》真是邪說
釋正安法師著　回郵 35 元
25.**真假開悟**—真如、如來藏、阿賴耶識間之關係　平實導師述著　回郵 35 元
26.**真假禪和**—辨正釋傳聖之謗法謬說　孫正德老師著　回郵 30 元
27.**眼見佛性**—駁慧廣法師**眼見佛性的含義**文中謬說
游正光老師著　回郵 25 元

28.**普門自在**—公案拈提集錦 第二輯（於平實導師公案拈提諸書中選錄約二十則，合輯爲一冊流通之）平實導師著　回郵25元

29.**印順法師的悲哀**—以現代禪的質疑為線索　恒毓博士著　回郵25元

30.**識蘊真義**—現觀識蘊內涵、取證初果、親斷三縛結之具體行門。
—依《成唯識論》及《惟識述記》正義，略顯安慧《大乘廣五蘊論》之邪謬
平實導師著　回郵35元

31.**正覺電子報** 各期紙版本　免附回郵　每次最多函索三期或三本。
（已無存書之較早各期，不另增印贈閱）

32.**現代人應有的宗教觀**　蔡正禮老師 著　回郵3.5元

33.**遠惑趣道**—正覺電子報般若信箱問答錄　第一輯　回郵20元

34.**遠惑趣道**—正覺電子報般若信箱問答錄　第二輯　回郵20元

35.**確保您的權益**—器官捐贈應注意自我保護　游正光老師 著　回郵10元

36.**正覺教團電視弘法三乘菩提DVD光碟（一）**
由正覺教團多位親教師共同講述錄製DVD 8片，MP3一片，共9片。有二大講題：一爲「三乘菩提之意涵」，二爲「學佛的正知見」。內容精闢，深入淺出，精彩絕倫，幫助大眾快速建立三乘法道的正知見，免被外道邪見所誤導。有志修學三乘佛法之學人不可不看。（製作工本費100元，回郵 25元）

37.**正覺教團電視弘法DVD專輯（二）**
總有二大講題：一爲「三乘菩提之念佛法門」，一爲「學佛正知見（第二篇）」，由正覺教團多位親教師輪番講述，內容詳細闡述如何修學念佛法門、實證念佛三昧，以及學佛應具有的正確知見，可以幫助發願往生西方極樂淨土之學人，得以把握往生，更可令學人快速建立三乘法道的正知見，免於被外道邪見所誤導。有志修學三乘佛法之學人不可不看。（一套17片，工本費160元。回郵 35元）

38.**佛藏經** 燙金精裝本 每冊回郵20元。正修佛法之道場欲大量索取者，請正式發函並蓋用大印寄來索取（2008.04.30起開始敬贈）

39.**喇嘛性世界**—揭開藏傳佛教譚崔瑜伽的面紗　張善思 等人合著
由正覺同修會購贈　回郵20元

40.**藏傳佛教的神話**—性、謊言、喇嘛教　張正玄教授編著　回郵20元
由正覺同修會購贈　回郵20元

41.**隨　緣**—理隨緣與事隨緣　平實導師述　回郵20元。

42.**學佛的覺醒**　正枝居士 著　回郵25元

43.**導師之真實義**　蔡正禮老師 著　回郵10元

44.**淺談達賴喇嘛之雙身法**—兼論解讀「密續」之達文西密碼
吳明芷居士 著　回郵10元

45.**魔界轉世**　張正玄居士 著　回郵10元

46.**一貫道與開悟**　蔡正禮老師 著　回郵10元

47.**博愛**—愛盡天下女人　正覺教育基金會 編印　回郵10元

48.**意識虛妄經教彙編**—實證解脱道的關鍵經文　正覺同修會編印　回郵25元

49.**廣論三部曲**　郭正益老師著　回郵20元

50.**邪箭囈語**—從中觀的教證與理證，談多識仁波切《破魔金剛箭雨論—反擊蕭平實對佛教正法的惡毒進攻》邪書的種種謬理

陸正元老師著　上、下冊回郵各 30 元，預定 2014/03/09 出版

51.**真假沙門**—依 佛聖教闡釋佛教僧寶之定義

蔡正禮老師著　俟正覺電子報連載後結集出版

52.**真假禪宗**—藉評論釋性廣《印順導師對變質禪法之批判及對禪宗之肯定》以顯示真假禪宗

附論一：凡夫知見 無助於佛法之信解行證

附論二：世間與出世間一切法皆從如來藏實際而生而顯

余正偉老師著　俟正覺電子報連載後結集出版　回郵未定

53.**假鋒虛焰金剛乘**—揭示顯密正理，兼破索達吉師徒《般若鋒兮金剛焰》。

釋正安 法師著　俟正覺電子報連載後結集出版

★ 上列贈書之郵資，係台灣本島地區郵資，大陸、港、澳地區及外國地區，請另計酌增（大陸、港、澳、國外地區之郵票不許通用）。尚未出版之書，請勿先寄來郵資，以免增加作業煩擾。

★ 本目錄若有變動，唯於後印之書籍及「成佛之道」網站上修正公佈之，不另行個別通知。

函索書籍請寄：佛教正覺同修會　103 台北市承德路 3 段 277 號 9 樓

台灣地區函索書籍者請附寄郵票，無時間購買郵票者可以等值現金抵用，但不接受郵政劃撥、支票、匯票。大陸地區得以人民幣計算，國外地區請以美元計算（請勿寄來當地郵票，在台灣地區不能使用）。欲以掛號寄遞者，請另附掛號郵資。

親自索閱：正覺同修會各共修處。　★請於共修時間前往取書，餘時無人在道場，請勿前往索取；共修時間與地點，詳見書末正覺同修會共修現況表（以近期之共修現況表為準）。

註：正智出版社發售之局版書，請向各大書局購閱。若書局之書架上已經售出而無陳列者，請向書局櫃台指定洽購；若書局不便代購者，請於正覺同修會共修時間前往各共修處請購，正智出版社已派人於共修時間送書前往各共修處流通。 郵政劃撥購書及 大陸地區 購書，請詳別頁正智出版社發售書籍目錄最後頁之說明。

成佛之道 網站：http://www.a202.idv.tw　正覺同修會已出版之結緣書籍，多已登載於 成佛之道 網站，若住外國、或住處遙遠，不便取得正覺同修會贈閱書籍者，可以從本網站閱讀及下載。　書局版之《宗通與說通》亦已上網，台灣讀者可向書局洽購，成本價 200 元。《狂密與眞密》第一輯~第四輯，亦於 2003.5.1.全部於本網站登載完畢；台灣地區讀者請向書局洽購，每輯約 400 頁，賠本流通價 140 元（網站下載紙張費用較貴，容易散失，難以保存，亦較不精美）。

＊＊藏傳佛教修雙身法，非佛教＊＊

正智出版社 籌募弘法基金發售書籍目錄 2014/03/14

1.**宗門正眼**—公案拈提 第一輯 重拈　平實導師著　500 元
因重寫內容大幅度增加故，字體必須改小，並增爲 576 頁 主文 546 頁。比初版更精彩、更有內容。初版《禪門摩尼寶聚》之讀者，可寄回本公司免費調換新版書。免附回郵，亦無截止期限。（2007 年起，每冊附贈本公司精製公案拈提〈超意境〉CD 一片。市售價格 280 元，多購多贈。）

2.**禪淨圓融**　平實導師著　200 元（第一版舊書可換新版書。）

3.**真實如來藏**　平實導師著　400 元

4.**禪—悟前與悟後**　平實導師著　上、下冊，每冊 250 元

5.**宗門法眼**—公案拈提 第二輯　平實導師著　500 元
（2007 年起，每冊附贈本公司精製公案拈提〈超意境〉CD 一片）

6.**楞伽經詳解**　平實導師著　全套共 10 輯　每輯 250 元

7.**宗門道眼**—公案拈提 第三輯　平實導師著　500 元
（2007 年起，每冊附贈本公司精製公案拈提〈超意境〉CD 一片）

8.**宗門血脈**—公案拈提 第四輯　平實導師著　500 元
（2007 年起，每冊附贈本公司精製公案拈提〈超意境〉CD 一片）

9.**宗通與說通**—成佛之道 平實導師著 主文 381 頁 全書 400 頁 成本價 200 元

10.**宗門正道**—公案拈提 第五輯　平實導師著　500 元
（2007 年起，每冊附贈本公司精製公案拈提〈超意境〉CD 一片）

11.**狂密與真密 一～四輯**　平實導師著　西藏密宗是人間最邪淫的宗教，本質不是佛教，只是披著佛教外衣的印度教性力派流毒的喇嘛教。此書中將西藏密宗密傳之男女雙身合修樂空雙運所有祕密與修法，毫無保留完全公開，並將全部喇嘛們所不知道的部分也一併公開。內容比大辣出版社喧騰一時的《西藏慾經》更詳細。並且函蓋藏密的所有祕密及其錯誤的中觀見、如來藏見……等，藏密的所有法義都在書中詳述、分析、辨正。每輯主文三百餘頁　每輯全書約 400 頁　售價每輯 140 元

12.**宗門正義**—公案拈提 第六輯　平實導師著　500 元
（2007 年起，每冊附贈本公司精製公案拈提〈超意境〉CD 一片）

13.**心經密意**—心經與解脫道、佛菩提道、祖師公案之關係與密意　平實導師述　300 元

14.**宗門密意**—公案拈提 第七輯　平實導師著　500 元
（2007 年起，每冊附贈本公司精製公案拈提〈超意境〉CD 一片）

15.**淨土聖道**—兼評「選擇本願念佛」　正德老師著　200 元

16.**起信論講記**　平實導師述著　共六輯　每輯三百餘頁　成本價各 200 元

17.**優婆塞戒經講記**　平實導師述著 共八輯 每輯三百餘頁 成本價各 200 元

18.**真假活佛**—略論附佛外道盧勝彥之邪說（對前岳靈犀網站主張「盧勝彥是證悟者」之修正）　正犀居士（岳靈犀）著　流通價 140 元

19.**阿含正義**—唯識學探源　平實導師著　共七輯　每輯 250 元

20.**超意境** CD 以平實導師公案拈提書中超越意境之頌詞，加上曲風優美的旋律，錄成令人嚮往的超意境歌曲，其中包括正覺發願文及平實導師親自譜成的黃梅調歌曲一首。詞曲雋永，殊堪翫味，可供學禪者吟詠，有助於見道。內附設計精美的彩色小冊，解說每一首詞的背景本事。每片 280 元。【每購買公案拈提書籍一冊，即贈送一片。】

21.**菩薩底憂鬱** CD 將菩薩情懷及禪宗公案寫成新詞，並製作成超越意境的優美歌曲。 1.主題曲〈菩薩底憂鬱〉，描述地後菩薩能離三界生死而迴向繼續生在人間，但因尚未斷盡習氣種子而有極深沈之憂鬱，非三賢位菩薩及二乘聖者所知，此憂鬱在七地滿心位方才斷盡；本曲之詞中所說義理極深，昔來所未曾見；此曲係以優美的情歌風格寫詞及作曲，聞者得以激發嚮往諸地菩薩境界之大心，詞、曲都非常優美，難得一見；其中勝妙義理之解說，已印在附贈之彩色小冊中。 2.以各輯公案拈提中直示禪門入處之頌文，作成各種不同曲風之超意境歌曲，值得玩味、參究；聆聽公案拈提之優美歌曲時，請同時閱讀內附之印刷精美說明小冊，可以領會超越三界的證悟境界；未悟者可以因此引發求悟之意向及疑情，眞發菩提心而邁向求悟之途，乃至因此眞實悟入般若，成眞菩薩。 3.正覺總持咒新曲，總持佛法大意；總持咒之義理，已加以解說並印在隨附之小冊中。本 CD 共有十首歌曲，長達 63 分鐘，請直接向各市縣鄉鎮之 CD 販售店購買，本公司及各講堂都不販售。每盒各附贈二張購書優惠券。

22.**禪意無限** CD 平實導師以公案拈提書中偈頌寫成不同風格曲子，與他人所寫不同風格曲子共同錄製出版，幫助參禪人進入禪門超越意識之境界。盒中附贈彩色印製的精美解說小冊，以供聆聽時閱讀，令參禪人得以發起參禪之疑情，即有機會證悟本來面目而發起實相智慧，實證大乘菩提般若，能如實證知般若經中的眞實意。本 CD 共有十首歌曲，長達 69 分鐘，於 2012 年五月下旬公開發行，請直接向各市縣鄉鎮之 CD 販售店購買，本公司及各講堂都不販售。每盒各附贈二張購書優惠券。〈禪意無限〉出版後將不再錄製 CD，特此公告。

23.**我的菩提路**第一輯　釋悟圓、釋善藏等人合著　售價 200 元

24.**我的菩提路**第二輯　郭正益、張志成等人合著　售價 250 元

25.**鈍鳥與靈龜**—考證後代凡夫對大慧宗杲禪師的無根誹謗。

平實導師著 共 458 頁 售價 250 元

26.**維摩詰經講記** 平實導師述 共六輯 每輯三百餘頁 優惠價各 200 元

27.**真假外道**—破劉東亮、杜大威、釋證嚴常見外道見　正光老師著　200 元

28.**勝鬘經講記**—兼論印順《勝鬘經講記》對於《勝鬘經》之誤解。

平實導師述　共六輯　每輯三百餘頁　優惠價 200 元

29.**楞嚴經講記** 平實導師述 共 **15** 輯，每輯三百餘頁 優惠價 200 元

30.**明心與眼見佛性**—駁慧廣〈蕭氏「眼見佛性」與「明心」之非〉文中謬說

正光老師著　共 448 頁　成本價 250 元

31.**見性與看話頭** 黃正倖老師 著，本書是禪宗參禪的方法論。
內文 375 頁，全書 416 頁，定價 300 元。
32.**達賴真面目**—玩盡天下女人 白正偉老師 等著 中英對照彩色精裝大本 800 元
33.**喇嘛性世界**—揭開藏傳佛教譚崔瑜伽的面紗 張善思 等人著 200 元
34.**藏傳佛教的神話**—性、謊言、喇嘛教 正玄教授編著 200 元
35.**金剛經宗通** 平實導師述 共 9 輯 每輯三百餘頁 售價 200 元
36.**空行母**—性別、身分定位，以及藏傳佛教。
珍妮·坎貝爾著 呂艾倫 中譯 售價 250 元
37.**末代達賴**—性交教主的悲歌 張善思、呂艾倫、辛燕編著 售價 250 元
38.**霧峰無霧**—**給哥哥的信** 辨正釋印順對佛法的無量誤解
游宗明 老師著 成本價 200 元
39.**第七意識與第八意識？** 平實導師述 每冊 250 元
40.**黯淡的達賴**—失去光彩的諾貝爾和平獎
正覺教育基金會編著 每冊 250 元
41.**童女迦葉考**—論呂凱文〈佛教輪迴思想的論述分析〉之謬。
平實導師 著 定價 180 元
42.**人間佛教**—實證者必定不悖三乘菩提
平實導師 述，定價 300 元
43.**實相經宗通** 平實導師述 共八輯 每輯 250 元
2014 年 1 月 31 日出版第一輯，每二個月出版一輯
44.**佛法入門**—迅速進入三乘佛法大門，消除久學佛法漫無方向之窘境。
○○居士著 將於正覺電子報連載後出版。售價 250 元
45.**藏傳佛教要義**—《狂密與真密》之簡體字版 平實導師 著 上、下冊
僅在大陸流通 每冊 300 元
46.**中觀金鑑**—詳述應成派中觀的起源與其破法、凡夫見本質
孫正德老師著，即將出版，出版日期、書價未定。
47.**法華經講義** 平實導師述 每輯 250 元
俟《實相經宗通》出版完畢後開始逐輯出版，大約 25 輯。
48.**廣論之平議**—宗喀巴《菩提道次第廣論》之平議 正雄居士著
約二或三輯 俟正覺電子報連載後結集出版 書價未定
49.**末法導護**—對印順法師中心思想之綜合判攝 正慶老師著 書價未定
50.**菩薩學處**—菩薩四攝六度之要義 陸正元老師著 出版日期未定。
51.**八識規矩頌**詳解 ○○居士 註解 出版日期另訂 書價未定。
52.**印度佛教史**—法義與考證。依法義史實評論印順《印度佛教思想史、佛教史地考論》之謬說 正偉老師著 出版日期未定 書價未定
53.**中國佛教史**—依中國佛教正法史實而論。 ○○老師 著 書價未定。
54.**中論正義**—釋龍樹菩薩《中論》頌正理。
孫正德老師著 出版日期未定 書價未定
55.**中觀正義**—註解平實導師《中論正義頌》。
○○法師（居士）著 出版日期未定 書價未定

56.**佛藏經講記**　平實導師述　出版日期未定　書價未定
57.**阿含經講記**—將選錄四阿含中數部重要經典全經講解之，講後整理出版。
平實導師述　約二輯　每輯 250 元　出版日期未定
58.**寶積經講記**　平實導師述　每輯三百餘頁 優惠價 250 元 出版日期未定
59.**解深密經講記**　平實導師述 約四輯　將於重講後整理出版
60.**成唯識論略解**　平實導師著　五～六輯　每輯250元　出版日期未定
61.**修習止觀坐禪法要講記**　平實導師述　每輯三百餘頁
將於正覺寺建成後重講、以講記逐輯出版　出版日期未定
62.**無門關**—《無門關》公案拈提　平實導師著　出版日期未定
63.**中觀再論**—兼述印順《中觀今論》謬誤之平議。正光老師著 出版日期未定
64.**輪迴與超度**—佛教超度法會之真義。
○○法師（居士）著　出版日期未定　書價未定
65.**《釋摩訶衍論》平議**—對偽稱龍樹所造《釋摩訶衍論》之平議
○○法師（居士）著　出版日期未定　書價未定
66.**正覺發願文**註解—以真實大願為因 得證菩提
正德老師著　出版日期未定　書價未定
67.**正覺總持咒**—佛法之總持　正圜老師著　出版日期未定　書價未定
68.**涅槃**—論四種涅槃　平實導師著　出版日期未定　書價未定
69.**三自性**—依四食、五蘊、十二因緣、十八界法，說三性三無性。
作者未定　出版日期未定
70.**道品**—從三自性說大小乘三十七道品　作者未定　出版日期未定
71.**大乘緣起觀**—依四聖諦七真如現觀十二緣起 作者未定　出版日期未定
72.**三德**—論解脫德、法身德、般若德。　作者未定　出版日期未定
73.**真假如來藏**—對印順《如來藏之研究》謬說之平議　作者未定 出版日期未定
74.**大乘道次第**　作者未定　出版日期未定　書價未定
75.**四緣**—依如來藏故有四緣。　作者未定　出版日期未定
76.**空之探究**—印順《空之探究》謬誤之平議　作者未定 出版日期未定
77.**十法義**—論阿含經中十法之正義　作者未定　出版日期未定
78.**外道見**—論述外道六十二見　作者未定　出版日期未定

★ 聲　明 ★

本社預定於 2015/01/01 開始調整本目錄中部分書籍之售價，《金剛經宗通》、《優婆塞戒經講記》、《勝鬘經講記》、《楞嚴經講記》、《維摩詰經講記》、《起信論講記》等套書都以成本價 200 元出售，屆時將改爲每冊 250 元。《狂密與眞密》將改爲每冊 300 元。《我的菩提路-第一輯》及《鈍鳥與靈龜》將改爲 300 元，以因應各項成本的持續增加。

＊ 喇嘛教修外道雙身法、墮識陰境界，非佛教 ＊

＊ 弘揚如來藏他空見的覺囊派才是真正藏傳佛教 ＊

正智出版社有限公司 書籍介紹

禪淨圓融：言淨土諸祖所未曾言，示諸宗祖師所未曾示；禪淨圓融，另闢成佛捷徑，兼顧自力他力，闡釋淨土門之速行易行道，亦同時揭櫫聖教門之速行易行道；令廣大淨土行者得免緩行難證之苦，亦令聖道門行者得以藉著淨土速行道而加快成佛之時劫。乃前無古人之超勝見地，非一般弘揚禪淨法門典籍也，先讀爲快。平實導師著 200元。

宗門正眼—**公案拈提**第一輯：繼承克勤圜悟大師碧巖錄宗旨之禪門鉅作。先則舉示當代大法師之邪說，消弭當代禪門大師鄉愿之心態，摧破當今禪門「世俗禪」之妄談；次則旁通教法，表顯宗門正理；繼以道之次第，消弭古今狂禪；後藉言語及文字機鋒，直示宗門入處。悲智雙運，禪味十足，數百年來難得一睹之禪門鉅著也。平實導師著 500元（原初版書《禪門摩尼寶聚》，改版後補充爲五百餘頁新書，總計多達二十四萬字，內容更精彩，並改名爲《宗門正眼》，讀者原購初版《禪門摩尼寶聚》皆可寄回本公司免費換新，免附回郵，亦無截止期限）（2007年起，凡購買公案拈提第一輯至第七輯，每購一輯皆贈送本公司精製公案拈提〈超意境〉CD一片，市售價格280元，多購多贈）。

禪—悟前與悟後：本書能建立學人悟道之信心與正確知見，圓滿具足而有次第地詳述禪悟之功夫與禪悟之內容，指陳參禪中細微淆訛之處，能使學人明自眞心、見自本性。若未能悟入，亦能以正確知見辨別古今中外一切大師究係眞悟？或屬錯悟？便有能力揀擇，捨名師而選明師，後時必有悟道之緣。一旦悟道，遲者七次人天往返，便出三界，速者一生取辦。學人欲求開悟者，不可不讀。　平實導師著。上、下冊共500元，單冊250元。

眞實如來藏：如來藏眞實存在，乃宇宙萬有之本體，並非印順法師、達賴喇嘛等人所說之「唯有名相、無此心體」。如來藏是涅槃之本際，是一切有智之人竭盡心智、不斷探索而不能得之生命實相；是古今中外許多大師自以爲悟而當面錯過之生命實相。如來藏即是阿賴耶識，乃是一切有情本自具足、不生不滅之眞實心。當代中外大師於此書出版之前所未能言者，作者於本書中盡情流露、詳細闡釋。眞悟者讀之，必能增益悟境、智慧增上；錯悟者讀之，必能檢討自己之錯誤，免犯大妄語業；未悟者讀之，能知參禪之理路，亦能以之檢查一切名師是否眞悟。此書是一切哲學家、宗教家、學佛者及欲昇華心智之人必讀之鉅著。　平實導師 著　售價400元。

宗門法眼—**公案拈提**第二輯：列舉實例，闡釋土城廣欽老和尚之悟處；並直示這位不識字的老和尚妙智橫生之根由，繼而剖析禪宗歷代大德之開悟公案，解析當代密宗高僧卡盧仁波切之錯悟證據，並例舉當代顯宗高僧、大居士之錯悟證據（凡健在者，爲免影響其名聞利養，皆隱其名）。藉辨正當代名師之邪見，向廣大佛子指陳禪悟之正道，彰顯宗門法眼。悲勇兼出，強捋虎鬚；慈智雙運，巧探驪龍；摩尼寶珠在手，直示宗門入處，禪味十足；若非大悟徹底，不能爲之。禪門精奇人物，允宜人手一冊，供作參究及悟後印證之圭臬。本書於2008年4月改版，增寫為大約500頁篇幅，以利學人研讀參究時更易悟入宗門正法，以前所購初版首刷及初版二刷舊書，皆可免費換取新書。平實導師著 500元（2007年起，凡購買公案拈提第一輯至第七輯，每購一輯皆贈送本公司精製公案拈提〈超意境〉CD一片，市售價格280元，多購多贈）。

宗門道眼—**公案拈提**第三輯：繼宗門法眼之後，再以金剛之作略、慈悲之胸懷、犀利之筆觸，舉示寒山、拾得、布袋三大士之悟處，消弭當代錯悟者對於寒山大士……等之誤會及誹謗。亦舉出民初以來與虛雲和尚齊名之蜀郡鹽亭袁煥仙夫子——南懷瑾老師之師，其「悟處」何在？並蒐羅許多眞悟祖師之證悟公案，顯示禪宗歷代祖師之睿智，指陳部分祖師、奧修及當代顯密大師之謬悟，作爲殷鑑，幫助禪子建立及修正參禪之方向及知見。假使讀者閱此書已，一時尚未能悟，亦可一面加功用行，一面以此宗門道眼辨別眞假善知識，避開錯誤之印證及歧路，可免大妄語業之長劫慘痛果報。欲修禪宗之禪者，務請細讀。平實導師著 售價500元（2007年起，凡購買公案拈提第一輯至第七輯，每購一輯皆贈送本公司精製公案拈提〈超意境〉CD一片，市售價格280元，多購多贈）。

楞伽經詳解：本經是禪宗見道者印證所悟眞僞之根本經典，亦是禪宗見道者悟後起修之依據經典；故達摩祖師於印證二祖慧可大師之後，將此經典連同佛缽祖衣一併交付二祖，令其依此經典佛示金言、進入修道位，修學一切種智。由此可知此經對於眞悟之人修學佛道，是非常重要之一部經典。此經能破外道邪說，亦破佛門中錯悟名師之謬說，亦破禪宗部分祖師之狂禪：不讀經典、一向主張「一悟即成究竟佛」之謬執。並開示愚夫所行禪、觀察義禪、攀緣如禪、如來禪等差別，令行者對於三乘禪法差異有所分辨；亦糾正禪宗祖師古來對於如來禪之誤解，嗣後可免以訛傳訛之弊。此經亦是法相唯識宗之根本經典，禪者悟後欲修一切種智而入初地者，必須詳讀。　平實導師著，全套共十輯，已全部出版完畢，每輯主文約320頁，每冊約352頁，定價250元。

宗門血脈—**公案拈提第四輯**：末法怪象—許多修行人自以爲悟，每將無念靈知認作眞實；崇尚二乘法諸師及其徒眾，則將**外於如來藏之緣起性空**—無因論之無常空、斷滅空、一切法空—錯認爲 佛所說之般若空性。這兩種現象已於當今海峽兩岸及美加地區顯密大師之中普遍存在；人人自以爲悟，心高氣壯，便敢寫書解釋祖師證悟之公案，大多出於意識思惟所得，言不及義，錯誤百出，因此誤導廣大佛子同陷大妄語之地獄業中而不能自知。彼等書中所說之悟處，其實處處違背第一義經典之聖言量。彼等諸人不論是否身披袈裟，都非佛法宗門血脈，或雖有禪宗法脈之傳承，亦只徒具形式；猶如螟蛉，非眞血脈，未悟得根本眞實故。禪子欲知佛、祖之眞血脈者，請讀此書，便知分曉。平實導師著，主文452頁，全書464頁，定價500元（2007年起，凡購買公案拈提第一輯至第七輯，每購一輯皆贈送本公司精製公案拈提〈超意境〉CD一片，市售價格280元，多購多贈）。

宗通與說通：古今中外，錯誤之人如麻似粟，每以常見外道所說之靈知心，認作眞心；或妄想虛空之勝性能量爲眞如，或錯認物質四大元素藉冥性（靈知心本體）能成就吾人色身及知覺，或認初禪至四禪中之了知心爲不生不滅之涅槃心。此等皆非通宗者之見地。復有錯悟之人一向主張「宗門與教門不相干」，此即尚未通達宗門之人也。其實宗門與教門互通不二，宗門所證者乃是眞如與佛性，教門所說者乃說宗門證悟之眞如佛性，故教門與宗門不二。本書作者以宗教二門互通之見地，細說「宗通與說通」，從初見道至悟後起修之道、細說分明；並將諸宗諸派在整體佛教中之地位與次第，加以明確之教判，學人讀之即可了知佛法之梗概也。欲擇明師學法之前，允宜先讀。平實導師著，主文共381頁，全書392頁，只售成本價200元。

宗門正道—**公案拈提**第五輯：修學大乘佛法有二果須證解脫果及大菩提果。二乘人不證大菩提果，唯證解脫果；此果之智慧，名爲聲聞菩提、緣覺菩提。大乘佛子所證二果之菩提果爲佛菩提，故名大菩提果，其慧名爲一切種智函蓋二乘解脫果。然此大乘二果修證，須經由禪宗之宗門證悟方能相應。而宗門證悟極難，自古已然；其所以難者，咎在古今佛教界普遍存在三種邪見：1.以修定認作佛法，2.以無因論之緣起性空—否定涅槃本際如來藏以後之一切法空作爲佛法，3.以常見外道邪見（離語言妄念之靈知性）作爲佛法。如是邪見，或因自身正見未立所致，或因邪師之邪教導所致，或因無始劫來虛妄熏習所致。若不破除此三種邪見，永劫不悟宗門眞義、不入大乘正道，唯能外門廣修菩薩行。平實導師於此書中，有極爲詳細之說明，有志佛子欲摧邪見、入於內門修菩薩行者，當閱此書。主文共496頁，全書512頁。售價500元（2007年起，凡購買公案拈提第一輯至第七輯，每購一輯皆贈送本公司精製公案拈提〈超意境〉CD一片，市售價格280元，多購多贈）。

狂密與真密：密教之修學，皆由有相之觀行法門而入，其最終目標仍不離顯教經典所說第一義諦之修證；若離顯教第一義經典、或違背顯教第一義經典，即非佛教。西藏密教之觀行法，如灌頂、觀想、遷識法、寶瓶氣、大聖歡喜雙身修法、喜金剛、無上瑜伽、大樂光明、樂空雙運等，皆是印度教**兩性生生不息思想**之轉化，**自始至終**皆以**如何能運用交合淫樂之法達到全身受樂**爲其中心思想，純屬欲界五欲的貪愛，不能令人超出欲界輪迴，更不能令人斷除我見；何況大乘之明心與見性，更無論矣！故密宗之法絕非佛法也。而其明光大手印、大圓滿法教，又皆同以常見外道所說**離語言妄念之無念靈知心**錯認爲佛地之眞如，不能直指不生不滅之眞如。西藏密宗所有法王與徒眾，都尚未開頂門眼，不能辨別眞僞，以**依人不依法、依密續不依經典**故，不肯將其上師喇嘛所說對照第一義經典，純依密續之藏密祖師所說爲準，因此而誇大其證德與證量，動輒謂彼祖師上師爲究竟佛、爲地上菩薩；如今台海兩岸亦有自謂其師證量高於 釋迦文佛者，然觀其師所述，猶未見道，仍在觀行即佛階段，尚未到禪宗相似即佛、分證即佛階位，竟敢標榜爲究竟佛及地上法王，誑惑初機學人。凡此怪象皆是狂密，不同於眞密之修行者。近年狂密盛行，密宗行者被誤導者極眾，動輒自謂已證佛地眞如，自視爲究竟佛，陷於大妄語業中而不知自省，反謗顯宗眞修實證者之證量粗淺；或如義雲高與釋性圓…等人，於報紙上公然誹謗眞實證道者爲「騙子、無道人、人妖、癩蛤蟆…」等，造下誹謗大乘勝義僧之大惡業；或以外道法中有爲有作之甘露、魔術……等法，誑騙初機學人，狂言彼外道法爲眞佛法。如是怪象，在西藏密宗及附藏密之外道中，不一而足，舉之不盡，學人宜應愼思明辨，以免上當後又犯毀破菩薩戒之重罪。密宗學人若欲遠離邪知邪見者，請閱此書，即能了知密宗之邪謬，從此遠離邪見與邪修，轉入眞正之佛道。

平實導師著 共四輯 每輯約400頁（主文約340頁）賠本流通價每輯140元。

宗門正義—公案拈提第六輯：佛教有六大危機，乃是藏密化、世俗化、膚淺化、學術化、宗門密意失傳、悟後進修諸地之次第混淆；其中尤以宗門密意之失傳，爲當代佛教最大之危機。由宗門密意失傳故，易令世尊本懷普被錯解，易令世尊正法被轉易爲外道法，以及加以淺化、世俗化，是故宗門密意之廣泛弘傳與具緣佛弟子，極爲重要。然而欲令宗門密意之廣泛弘傳予具緣之佛弟子者，必須同時配合錯誤知見之解析、普令佛弟子知之，然後輔以公案解析之直示入處，方能令具緣之佛弟子悟入。而此二者，皆須以公案拈提之方式爲之，方易成其功、竟其業，是故平實導師續作宗門正義一書，以利學人。全書500餘頁，售價500元（2007年起，凡購買公案拈提第一輯至第七輯，每購一輯皆贈送本公司精製公案拈提〈超意境〉CD一片，市售價格280元，多購多贈）。

心經密意—心經與解脫道、佛菩提道、祖師公案之關係與密意。二乘菩提所證之解脫道，實依第八識心之斷除煩惱障現行而立解脫之名；大乘菩提所證之佛菩提道，實依親證第八識如來藏之涅槃性、清淨自性、及其中道性而立般若之名；禪宗祖師公案所證之眞心，即是此第八識如來藏；是故三乘佛法所修所證之三乘菩提，皆依此如來藏心而立名也。此第八識心，即是《心經》所說之心也。證得此如來藏已，即能漸入大乘佛菩提道，亦可因證知此心而了知二乘無學所不能知之無餘涅槃本際，是故《心經》之密意，與三乘佛菩提之關係極爲密切、不可分割，三乘佛法皆依此心而立名故。今者平實導師以其所證解脫道之無生智及佛菩提之般若種智，將《心經》與解脫道、佛菩提道、祖師公案之關係與密意，以演講之方式，用淺顯之語句和盤托出，發前人所未言，呈三乘菩提之眞義，令人藉此《心經密意》一舉而窺三乘菩提之堂奧，迥異諸方言不及義之說；欲求眞實佛智者、不可不讀！主文317頁，連同跋文及序文…等共384頁，售價300元。

宗門密意—公案拈提第七輯：佛教之世俗化，將導致學人以信仰作為學佛，則將以感應及世間法之庇祐，作為學佛之主要目標，不能了知學佛之主要目標為親證三乘菩提。大乘菩提則以般若實相智慧為主要修習目標，以二乘菩提解脫道為附帶修習之標的；是故學習大乘法者，應以禪宗之證悟為要務，能親入大乘菩提之實相般若智慧中故，般若實相智慧非二乘聖人所能知故。此書則以台灣世俗化佛教之三大法師，說法似是而非之實例，配合眞悟祖師之公案解析，提示證悟般若之關節，令學人易得悟入。平實導師著，全書五百餘頁，售價500元（2007年起，凡購買公案拈提第一輯至第七輯，每購一輯皆贈送本公司精製公案拈提〈超意境〉CD一片，市售價格280元，多購多贈）。

淨土聖道—兼評日本本願念佛：佛法甚深極廣，般若玄微，非諸二乘聖僧所能知之，一切凡夫更無論矣！所謂一切證量皆歸淨土是也！是故大乘法中「聖道之淨土、淨土之聖道」，其義甚深，難可了知；乃至眞悟之人，初心亦難知也。今有正德老師眞實證悟後，復能深探淨土與聖道之緊密關係，憐憫眾生之誤會淨土實義，亦欲利益廣大淨土行人同入聖道，同獲淨土中之聖道門要義，乃振奮心神、書以成文，今得刊行天下。主文279頁，連同序文等共301頁，總有十一萬六千餘字，正德老師著，成本價200元。

起信論講記：詳解大乘起信論**心生滅門**與**心眞如門**之眞實意旨，消除以往大師與學人對起信論所說**心生滅門**之誤解，由是而得了知眞心如來藏之非常非斷中道正理；亦因此一講解，令此論以往隱晦而被誤解之眞實義，得以如實顯示，令大乘佛菩提道之正理得以顯揚光大；初機學者亦可藉此正論所顯示之法義，對大乘法理生起正信，從此得以眞發菩提心，眞入大乘法中修學，世世常修菩薩正行。平實導師演述，共六輯，都已出版，每輯三百餘頁，優惠價各200元。

優婆塞戒經講記：本經詳述在家菩薩修學大乘佛法，應如何受持菩薩戒？對人間善行應如何看待？對三寶應如何護持？應如何正確地修集此世後世證法之福德？應如何修集後世「行菩薩道之資糧」？並詳述第一義諦之正義：五蘊非我非異我、自作自受、異作異受、不作不受……等深妙法義，乃是修學大乘佛法、行菩薩行之在家菩薩所應當了知者。出家菩薩今世或未來世登地已，捨報之後多數將如華嚴經中諸大菩薩，以在家菩薩身而修行菩薩行，故亦應以此經所述正理而修之，配合《楞伽經、解深密經、楞嚴經、華嚴經》等道次第正理，方得漸次成就佛道；故此經是一切大乘行者皆應證知之正法。平實導師講述，每輯三百餘頁，優惠價各200元；共八輯，已全部出版。

真假活佛—略論附佛外道盧勝彥之邪說：人人身中都有眞活佛，永生不滅而有大神用，但眾生都不了知，所以常被身外的西藏密宗假活佛籠罩欺瞞。本來就眞實存在的眞活佛，才是眞正的密宗無上密！諾那活佛因此而說禪宗是大密宗，但藏密的所有活佛都不知道、也不曾實證自身中的眞活佛。本書詳實宣示眞活佛的道理，舉證盧勝彥的「佛法」不是眞佛法，也顯示盧勝彥是假活佛，直接的闡釋第一義佛法見道的眞實正理。眞佛宗的所有上師與學人們，都應該詳細閱讀，包括盧勝彥個人在內。正犀居士著，優惠價140元。

阿含正義—唯識學探源：廣說四大部《阿含經》諸經中隱說之眞正義理，一一舉示佛陀本懷，令阿含時期初轉法輪根本經典之眞義，如實顯現於佛子眼前。並提示末法大師對於阿含眞義誤解之實例，一一比對之，證實唯識增上慧學確於原始佛法之阿含諸經中已隱覆密意而略說之，證實 世尊確於原始佛法中已曾密意而說第八識如來藏之總相；亦證實 世尊在四阿含中已說此藏識是名色十八界之因、之本—證明如來藏是能生萬法之根本心。佛子可據此修正以往受諸大師（譬如西藏密宗應成派中觀師：印順、昭慧、性廣、大願、達賴、宗喀巴、寂天、月稱、……等人）誤導之邪見，建立正見，轉入正道乃至親證初果而無困難；書中並詳說三果所證的**心解脫**，以及四果**慧解脫**的親證，都是如實可行的具體知見與行門。全書共七輯，已出版完畢。平實導師著，每輯三百餘頁，定價250元。

超意境CD：以平實導師公案拈提書中超越意境之頌詞，加上曲風優美的旋律，錄成令人嚮往的超意境歌曲，其中包括正覺發願文及平實導師親自譜成的黃梅調歌曲一首。詞曲雋永，殊堪翫味，可供學禪者吟詠，有助於見道。內附設計精美的彩色小冊，解說每一首詞的背景本事。每片280元。【每購買公案拈提書籍一冊，即贈送一片。】

鈍鳥與靈龜：鈍鳥及靈龜二物，被宗門證悟者說為二種人：前者是精修禪定而無智慧者，也是以定為禪的愚癡禪人；後者是或有禪定、或無禪定的宗門證悟者，凡已證悟者皆是靈龜。但後來被人虛造事實，用以嘲笑大慧宗杲禪師，說他雖是靈龜，卻不免被天童禪師預記「患背」痛苦而亡：「**鈍鳥離巢易，靈龜脫殼難**。」藉以貶低大慧宗杲的證量。同時將天童禪師實證如來藏的證量，曲解為意識境界的離念靈知。自從大慧禪師入滅以後，錯悟凡夫對他的不實毀謗就一直存在著，不曾止息，並且捏造的假事實也隨著年月的增加而越來越多，終至編成「鈍鳥與靈龜」的假公案、假故事。本書是考證大慧與天童之間的不朽情誼，顯現這件假公案的虛妄不實；更見大慧宗杲面對惡勢力時的正直不阿，亦顯示大慧對天童禪師的至情深義，將使後人對大慧宗杲的誣謗至此而止，不再有人誤犯毀謗賢聖的惡業。書中亦舉證宗門的所悟確以第八識如來藏為標的，詳讀之後必可改正以前被錯悟大師誤導的參禪知見，日後必定有助於實證禪宗的開悟境界，得階大乘眞見道位中，即是實證般若之賢聖。全書459頁，僅售250元。

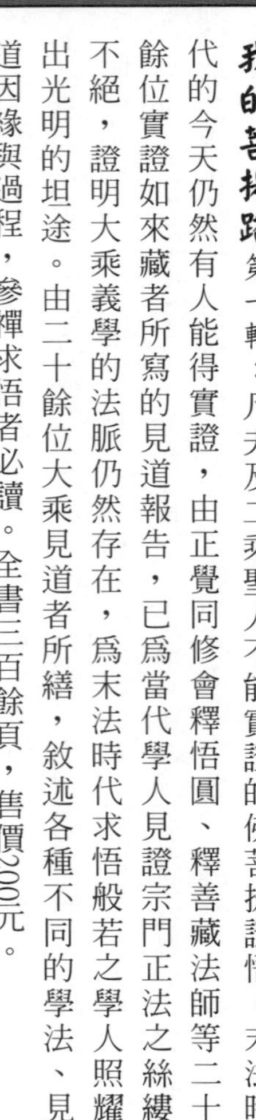

我的菩提路第一輯：凡夫及二乘聖人不能實證的佛菩提證悟，末法時代的今天仍然有人能得實證，由正覺同修會釋悟圓、釋善藏法師等二十餘位實證如來藏者所寫的見道報告，已爲當代學人見證宗門正法之絲縷不絕，證明大乘義學的法脈仍然存在，爲末法時代求悟般若之學人照耀出光明的坦途。由二十餘位大乘見道者所繕，敘述各種不同的學法、見道因緣與過程，參禪求悟者必讀。全書三百餘頁，售價200元。

我的菩提路第二輯：由郭正益老師等人合著，書中詳述彼等諸人歷經各處道場學法，一一修學而加以檢擇之不同過程以後，因閱讀正覺同修會、正智出版社書籍而發起抉擇分，轉入正覺同修會中修學；乃至學法及見道之過程，都一一詳述之。其中張志成等人係由前現代禪轉進正覺同修會，張志成原爲現代禪副宗長，以前未閱本會書籍時，曾被人藉其名義著文評論 平實導師（詳見《宗通與說通》辨正及《眼見佛性》書末附錄…等）；後因偶然接觸正覺同修會書籍，深覺以前聽人評論平實導師之語不實，於是投入極多時間閱讀本會書籍、深入思辨，詳細探索中觀與唯識之關聯與異同，認爲正覺之法義方是正法，深覺相應；亦解開多年來對佛法的迷雲，確定應依八識論正理修學方是正法。乃不顧面子，毅然前往正覺同修會面見平實導師懺悔，並正式學法求悟。今已與其同修王美伶（亦爲前現代禪傳法老師），同樣證悟如來藏而證得法界實相，生起實相般若眞智。此書中尚有七年來本會第一位眼見佛性者之見性報告一篇，一同供養大乘佛弟子。

維摩詰經講記：本經係 世尊在世時，由等覺菩薩維摩詰居士藉疾病而演說之大乘菩提無上妙義，所說函蓋甚廣，然極簡略，是故今時諸方大師與學人讀之悉皆錯解，何況能知其中隱含之深妙正義，是故普遍無法為人解說；若強為人說，則成依文解義而有諸多過失。今由平實導師公開宣講之後，詳實解釋其中密意，令維摩詰菩薩所說大乘不可思議解脫之深妙正法得以正確宣流於人間，利益當代學人及與諸方大師。書中詳實演述大乘佛法深妙不共二乘之智慧境界，顯示諸法之中絕待之實相境界，建立大乘菩薩妙道於永遠不敗不壞之地，以此成就護法偉功，欲冀永利娑婆人天。已經宣講圓滿整理成書流通，以利諸方大師及諸學人。全書共六輯，每輯三百餘頁，優惠價各200元。

真假外道：本書具體舉證佛門中的常見外道知見實例，並加以教證及理證上的辨正，幫助讀者輕鬆而快速的了知常見外道的錯誤知見，進而遠離佛門內外的常見外道知見，因此即能改正修學方向而快速實證佛法。游正光老師著 。成本價200元。

勝鬘經講記：如來藏為三乘菩提之所依，若離如來藏心體及其含藏之一切種子，即無三界有情及一切世間法，亦無二乘菩提緣起性空之出世間法；本經詳說無始無明、一念無明皆依如來藏而有之正理，藉著詳解煩惱障與所知障間之關係，令學人深入了知二乘菩提與佛菩提相異之妙理；聞後即可了知佛菩提之特勝處及三乘修道之方向與原理，邁向攝受正法而速成佛道的境界中。平實導師講述，共六輯，每輯三百餘頁，優惠價各200元。

楞嚴經講記：楞嚴經係密教部之重要經典，亦是顯教中普受重視之經典；經中宣說明心與見性之內涵極為詳細，將一切法都會歸如來藏及佛性—妙眞如性；亦闡釋佛菩提道修學過程中之種種魔境，以及外道誤會涅槃之狀況，旁及三界世間之起源。然因言句深澀難解，法義亦復深妙寬廣，學人讀之普難通達，是故讀者大多誤會，不能如實理解佛所說之明心與見性內涵，亦因是故多有悟錯之人引為開悟之證言，成就大妄語罪。今由平實導師詳細講解之後，整理成文，以易讀易懂之語體文刊行天下，以利學人。全書十五輯，2009/12/1開始發行，每二個月出版一輯，2012年4月全部出版完畢。每輯三百餘頁，優惠價每輯200元。

明心與眼見佛性：本書細述明心與眼見佛性之異同，同時顯示了中國禪宗破初參明心與重關眼見佛性二關之間的關聯；書中又藉法義辨正而旁述其他許多勝妙法義，讀後必能遠離佛門長久以來積非成是的錯誤知見，令讀者在佛法的實證上有極大助益。也藉慧廣法師的謬論來教導佛門學人回歸正知正見，遠離古今禪門錯悟者所墮的意識境界，非唯有助於斷我見，也對未來的開悟明心實證第八識如來藏有所助益，是故學禪者都應細讀之。游正光老師著　共448頁　成本價250元。

菩薩底憂鬱CD將菩薩情懷及禪宗公案寫成新詞，並製作成超越意境的優美歌曲。1.主題曲〈菩薩底憂鬱〉，描述地後菩薩能離三界生死而迴向繼續生在人間，但因尚未斷盡習氣種子而有極深沈之憂鬱，非三賢位菩薩及二乘聖者所知，此憂鬱在七地滿心位方才斷盡；本曲之詞中所說義理極深，昔來所未曾見；此曲係以優美的情歌風格寫詞及作曲，聞者得以激發嚮往諸地菩薩境界之大心，詞、曲都非常優美，難得一見；其中勝妙義理之解說，已印在附贈之彩色小冊中。2.以各輯公案拈提中直示禪門入處之頌文，作成各種不同曲風之超意境歌曲，值得玩味、參究；聆聽公案拈提之優美歌曲時，請同時閱讀內附之印刷精美說明小冊，可以領會超越三界的證悟境界；未悟者可以因此引發求悟之意向及疑情，眞發菩提心而邁向求悟之途，乃至因此眞實悟入般若，成眞菩薩。3.正覺總持咒新曲，總持佛法大意；總持咒之義理，已加以解說並印在隨附之小冊中。本CD共有十首歌曲，長達63分鐘，附贈二張購書優惠券。請直接向各市縣鄉鎮之CD販售店購買，本公司及各講堂都不販售。

禪意無限CD平實導師以公案拈提書中偈頌寫成不同風格曲子，與他人所寫不同風格曲子共同錄製出版，幫助參禪人進入禪門超越意識之境界。盒中附贈彩色印製的精美解說小冊，以供聆聽時閱讀，令參禪人得以發起參禪之疑情，即有機會證悟本來面目，實證大乘菩提般若。本CD共有十首歌曲，長達69分鐘，於2012年五月下旬公開發行，請直接向各市縣鄉鎮之CD販售店購買，本公司及各講堂都不販售。每盒各附贈二張購書優惠券。〈禪意無限〉出版後將不再錄製CD，特此公告。

金剛經宗通：三界唯心，萬法唯識，是成佛之修證內容，是諸地菩薩之所修；般若則是成佛之道（實證三界唯心、萬法唯識）的入門，若未證悟實相般若，即無成佛之可能，必將永在外門廣行菩薩六度，永在凡夫位中。然而實相般若的發起，全賴實證萬法的實相；若欲證知萬法的眞相，則必須探究萬法之所從來，則須實證自心如來—金剛心如來藏，然後現觀這個金剛心的金剛性、眞實性、如如性、清淨性、涅槃性、能生萬法的自性性、本住性，名爲證眞如；進而現觀三界六道唯是此金剛心所成，人間萬法須藉八識心王和合運作方能現起。如是實證《華嚴經》的「三界唯心、萬法唯識」以後，由此等現觀而發起實相般若智慧，繼續進修第十住位的如幻觀、第十行位的陽焰觀、第十迴向位的如夢觀，再生起增上意樂而勇發十無盡願，方能滿足三賢位的實證，轉入初地；自知成佛之道而無偏倚，從此按部就班、次第進修乃至成佛。第八識自心如來是般若智慧之所依，般若智慧的修證則要從實證金剛心自心如來開始；《金剛經》則是解說自心如來之經典，是一切三賢位菩薩所應進修之實相般若經典。這一套書，是將平實導師宣講的《金剛經宗通》內容，整理成文字而流通之；書中所說義理，迴異古今諸家依文解義之說，指出大乘見道方向與理路，有益於禪宗學人求開悟見道，及轉入內門廣修六度萬行。講述完畢後擇期陸續結集出版。總共9輯，每輯約三百餘頁，優惠價各200元。

空行母—性別、身分定位，以及藏傳佛教：本書作者為蘇格蘭哲學家，因為嚮往佛教深妙的哲學內涵，於是進入當年盛行於歐美的藏傳佛教密宗，擔任卡盧仁波切的翻譯工作多年以後，被邀請成為卡盧的空行母（又名佛母、明妃），開始了她在密宗裡的實修過程；後來發覺在密宗雙身法中的修行，其實無法使自己成佛，也發覺密宗對女性歧視而處處貶抑，並剝奪女性在雙身法中擔任一半角色時應有的身分定位。當她發覺自己只是雙身法中被喇嘛利用的工具，沒有獲得絲毫應有的尊重與基本定位時，發現了密宗的父權社會控制女性的本質；於是作者傷心地離開了卡盧仁波切與密宗，但是卻被恐嚇不許講出她在密宗裡的經歷，也不許她說出自己對密宗的教義與教制下對女性剝削的本質，否則將被咒殺死亡。後來她去加拿大定居，十餘年後方才擺脫這個恐嚇陰影，下定決心將親身經歷的實情及觀察到的事實寫下來並且出版，公諸於世。出版之後，她被流亡的達賴集團人士大力攻訐，誣指她為精神狀態失常、說謊……等。但有智之士並未被達賴集團的政治操作及各國政府政治運作吹捧達賴的表相所欺，使她的書銷售無阻而又再版。正智出版社鑑於作者此書是親身經歷的事實，所說具有針對藏傳佛教而作學術研究的價值，也有使人認清藏傳佛教剝削佛母、明妃的男性本位實質，因此洽請作者同意中譯而出版於華人地區。珍妮．坎貝爾女士著，呂艾倫 中譯，每冊250元。

霧峰無霧—給哥哥的信：本書作者藉兄弟之間信件往來論義，略述佛法大義；並以多篇短文辨義，舉出釋印順對佛法的無量誤解證據，並一一給予簡單而清晰的辨正，令人一讀即知。久讀、多讀之後即能認清楚釋印順的六識論見解，與真實佛法之牴觸是多麼嚴重；於是在久讀、多讀之後，於不知不覺之間提升了對佛法的極深入理解，正知正見就在不知不覺間建立起來了。當三乘佛法的正知見建立起來之後，對於三乘菩提的見道條件便將隨之具足，於是聲聞解脫道的見道也就水到渠成；接著大乘見道的因緣也將次第成熟，未來自然也會有親見大乘菩提之道的因緣，悟入大乘實相般若也將自然成功，自能通達般若系列諸經而成實義菩薩。作者居住於南投縣霧峰鄉，自喻見道之後不復再見霧峰之霧，故鄉原野美景一一明見，於是立此書名為《霧峰無霧》；讀者若欲撥霧見月，可以此書為緣。游宗明 老師著　成本價200元

藏傳佛教的神話—性、謊言、喇嘛教：本書編著者是由一首名叫「阿姊鼓」的歌曲爲緣起，展開了序幕，揭開藏傳佛教—喇嘛教—的神祕面紗。其重點是蒐集、摘錄網路上質疑「喇嘛教」的帖子，以揭穿「藏傳佛教的神話」爲主題，串聯成書，並附加彩色插圖以及說明，讓讀者們瞭解西藏密宗及相關人事如何被操作爲「神話」的過程，以及神話背後的眞相。作者：張正玄教授。售價200元。

達賴真面目—玩盡天下女人：假使您不想戴綠帽子，請記得詳細閱讀此書；假使您不想讓好朋友戴綠帽子，請您將此書介紹給您的好朋友。假使您想保護家中的女性，也想要保護好朋友的女眷，請記得將此書送給家中的女性和好友的女眷都來閱讀。本書爲印刷精美的大本彩色中英對照精裝本，爲您揭開達賴喇嘛的眞面目，內容精彩不容錯過，爲利益社會大眾，特別以優惠價格嘉惠所有讀者。編著者：白志偉等。大開版雪銅紙彩色精裝本。售價800元。

喇嘛性世界—揭開藏傳佛教譚崔瑜伽的面紗：這個世界中的喇嘛，號稱來自世外桃源的香格里拉，穿著或紅或黃的喇嘛長袍，散布於我們的身邊傳教灌頂，吸引了無數的人嚮往學習；這些喇嘛虔誠地爲大眾祈福，手中拿著寶杵（金剛）與寶鈴（蓮花），口中唸著咒語：「唵．嘛呢．叭咪．吽……」，咒語的意思是說：「我至誠歸命金剛杵上的寶珠伸向蓮花寶穴之中」！「喇嘛性世界」是什麼樣的「世界」呢？本書將爲您呈現喇嘛世界的面貌。當您發現眞相以後，您將會唸：噢！喇嘛．性．世界，譚崔性交嘛」作者：張善思、呂艾倫，售價200元。

末代達賴——性交教主的悲歌：簡介從藏傳僞佛教（喇嘛教）的修行核心——性力派男女雙修，探討達賴喇嘛及藏傳僞佛教的修行內涵。書中引用外國知名學者著作、世界各地新聞報導，包含：歷代達賴喇嘛的祕史、達賴六世修雙身法的事蹟，以及《時輪續》中的性交灌頂儀式……等；達賴喇嘛書中開示的雙修法、達賴喇嘛的黑暗政治手段；達賴喇嘛所領導的寺院爆發喇嘛性侵兒童；新聞報導《西藏生死書》作者索甲仁波切性侵女信徒、澳洲喇嘛秋達公開道歉、美國最大藏傳佛教組織領導人邱陽創巴仁波切的性氾濫；等等事件背後眞相的揭露。作者：張善思、呂艾倫、辛燕。售價250元。

第七意識與第八意識？「三界唯心，萬法唯識」是佛教中應該實證的聖教，也是《華嚴經》中明載而可以實證的法界實相。唯心者，三界一切境界、一切諸法唯是一心所成就，即是每一個有情的第八識如來藏，不是意識心。唯識者，即是人類各各都具足的八識心王——眼識、耳鼻舌身意識、意根、阿賴耶識，第八阿賴耶識又名如來藏，人類五陰相應的萬法，莫不由八識心王共同運作而成就，故說萬法唯識。依聖教量及現量、比量，都可以證明意識是二法因緣生，是由第八識藉意根與法塵二法為因緣而出生，又是夜夜斷滅不存之生滅心，即無可能反過來出生第七識意根、第八識如來藏，當知不可能從生滅性的意識心中，細分出恆審思量的第七識意根，更無可能細分出恆而不審的第八識如來藏。本書是將演講內容整理成文字，細說如是內容，並已在《正覺電子報》連載完畢，今彙集成書以廣流通，欲幫助佛門有緣人斷除意識我見，跳脫於識陰之外而取證聲聞初果；嗣後修學禪宗時即得不墮外道神我之中，得以求證第八識金剛心而發起般若實智。平實導師 述，每冊250元。

黯淡的達賴—失去光彩的諾貝爾和平獎：本書舉出很多證據與論述，詳述達賴喇嘛不爲世人所知的一面，顯示達賴喇嘛並不是眞正的和平使者，而是假借諾貝爾和平獎的光環來欺騙世人；透過本書的說明與舉證，讀者可以更清楚的瞭解，達賴喇嘛是結合暴力、黑暗、淫欲於喇嘛教裡的集團首領，其政治行爲與宗教主張，早已讓諾貝爾和平獎的光環染污了。　本書由財團法人正覺教育基金會寫作、編輯，由正覺出版社印行，每冊250元。

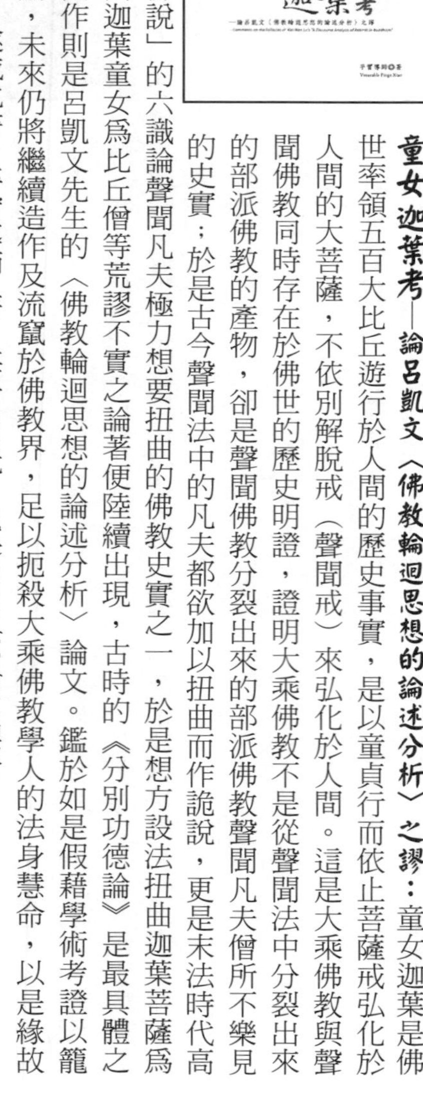

童女迦葉考—論呂凱文〈佛教輪迴思想的論述分析〉之謬：童女迦葉是佛世率領五百大比丘遊行於人間的歷史事實，是以童貞行而依止菩薩戒弘化於人間的大菩薩，不依別解脫戒（聲聞戒）來弘化於人間。這是大乘佛教與聲聞佛教同時存在於佛世的歷史明證，證明大乘佛教不是從聲聞法中分裂出來的部派佛教的產物，卻是聲聞佛教分裂出來的部派佛教聲聞凡夫僧所不樂見的史實；於是古今聲聞法中的凡夫都欲加以扭曲而作詭說，更是末法時代高聲大呼「大乘非佛說」的六識論聲聞凡夫極力想要扭曲的佛教史實之一，於是想方設法扭曲迦葉菩薩爲聲聞僧，以及扭曲迦葉童女爲比丘僧等荒謬不實之論著便陸續出現，古時的《分別功德論》是最具體之事例，現代之代表作則是呂凱文先生的〈佛教輪迴思想的論述分析〉論文。鑑於如是假藉學術考證以籠罩大眾之不實謬論，未來仍將繼續造作及流竄於佛教界，足以扼殺大乘佛教學人的法身慧命，以是緣故不得不舉證辨正之，遂成此書。平實導師 著，每冊180元，已於2013/08/31出版。

人間佛教：「大乘非佛說」的講法似乎流傳已久，卻只是日本人企圖擺脫中國佛教的影響，而在明治維新時期才開始提出來的說法；台灣佛教、大陸佛教的淺學無智之人，由於未曾實證佛法而迷信日本人錯誤的學術考證，錯認為這些別有用心的日本佛學考證的講法為天竺佛教的眞實歷史；甚至還有更激進的反對佛教者提出「釋迦牟尼佛並非眞實存在，只是後人捏造的假歷史人物」，也竟然有少數人願意跟著「學術」的假光環而信受不疑，於是開始有一些佛教界人士造作了反對中國佛教而推崇南洋小乘佛教的行為；在這些佛教及外教人士之中，也就有一分人根據此邪說而大聲主張「大乘非佛說」的謬論，這些人以「人間佛教」的名義來抵制中國大乘佛教，公然宣稱大乘佛教是由聲聞部派佛教的凡夫僧所創造出來的。這樣的說法流傳於台灣及大陸佛教界凡夫僧之中已久，卻非眞正的佛教歷史中曾經發生過的事，只是繼承六識論的聲聞法中凡夫僧依於自己的意識境界立場，純憑臆想而編造出來的妄想說法，卻已經影響許多無智之凡夫僧俗信受不移。本書則是從佛教的經藏法義實質及實證的現量內涵本質立論，證明大乘佛法本是佛說，是從《阿含正義》尚未說過的不同面向來討論「人間佛教」的議題，證明「大乘真佛說」。閱讀本書可以斷除六識論邪見，迴入三乘菩提正道發起實證的因緣；也能斷除禪宗學人學禪時普遍存在之錯誤知見，對於建立參禪時的正知見有很深的著墨。平實導師 述，定價300元，已於2013/11/30出版。

見性與看話頭：黃正倖老師的《見性與看話頭》已於〈正覺電子報〉連載完畢，即將出版；書中詳說禪宗看話頭的詳細方法，並細說看話頭與眼見佛性的關係，以及眼見佛性者求見佛性前必須具備的條件。本書是禪宗實修者追求明心開悟時參禪的方法書，也是求見佛性者作功夫時必讀的方法書，內容兼顧眼見佛性的理論與實修之方法，是依實修之體驗配合理論而詳述，條理分明而且極為詳實、周全、深入。敬請期待出版日期。本書內文375頁，全書416頁，定價300元。

實相經宗通：學佛之目的在於實證一切法界背後之實相，禪宗稱之爲本來面目或本地風光，佛菩提道中稱之爲實相法界；此實相法界即是金剛藏，又名佛法之祕密藏，即是能生有情五陰、十八界及宇宙萬有（山河大地、諸天、三惡道世間）的第八識如來藏，又名阿賴耶識心，即是禪宗祖師所說的眞如心，此心即是三界萬有背後的實相。證得此第八識心時，自能瞭解般若諸經中隱說的種種密意，即得發起實相般若——實相智慧。每見學佛人修學佛法二十年後仍對實相般若茫然無知，亦不知如何入門，茫無所趣；更因不知三乘菩提的互異互同，是故越是久學者對佛法越覺茫然，都肇因於尚未瞭解佛法的全貌，亦未瞭解佛法的修證內容即是第八識心所致。本書對於修學佛法者所應實證的實相境界提出明確解析，並提示趣入佛菩提道的入手處，有心親證實相般若的佛法實修者，宜詳讀之，於佛菩提道之實證即有下手處。平實導師述著，共八輯，每輯成本價200元。2014/01/31起開始出版，每二個月出版一輯。

修習止觀坐禪法要講記：修學四禪八定之人，往往錯會禪定之修學知見，欲以無止盡之坐禪而證禪定境界，卻不知修除性障之行門才是修證四禪八定不可或缺之要素，故智者大師云「性障初禪」；性障不除，初禪永不現前，云何修證二禪等？又：行者學定，若唯知數息，而不解六妙門之方便善巧者，欲求一心入定，極難可得，智者大師名之爲「事障未來」：障礙未到地定之修證。又禪定之修證，不可違背二乘菩提及第一義法，否則縱使具足四禪八定，亦不能實證涅槃而出三界。此諸知見，智者大師於《修習止觀坐禪法要》中皆有闡釋。作者平實導師以其第一義之見地及禪定之實證證量，曾加以詳細解析。將俟正覺寺竣工啓用後重講，不限制聽講者資格；講後將以語體文整理出版。欲修習世間定及增上定之學者，宜細讀之。平實導師述著。

解深密經講記：本經係 世尊晚年第三轉法輪，宣說地上菩薩所應熏修之唯識正義經典，經中所說義理乃是大乘一切種智增上慧學，以阿陀那識—如來藏—阿賴耶識為主體。禪宗之證悟者，若欲修證初地無生法忍乃至八地無生法忍者，必須修學《楞伽經、解深密經》所說之八識心王一切種智；此二經所說正法，方是真正成佛之道；印順法師否定如來藏之後所說萬法緣起性空之法，是以誤會後之二乘解脫道取代大乘真正成佛之道，亦已墮於斷滅見中，不可謂為成佛之道也。平實導師曾於本會郭故理事長往生時，於喪宅中從初七至第十七，宣講圓滿，作為郭老之往生佛事功德，迴向郭老早證八地、速返娑婆住持正法；茲為今時後世學人故，將擇期重講《解深密經》，以淺顯之語句整理成文，用供證悟者進道；亦令諸方未悟者，據此經中佛語正義，修正邪見，依之速能入道。平實導師述著，全書輯數未定，每輯三百餘頁，將於未來重講完畢後整理成文、逐輯出版。

佛法入門：學佛人往往修學二十年後仍不知如何入門，茫無所入漫無方向，不知如何實證佛法；更因不知三乘菩提的互異互同之處，導致越是久學者越覺茫然，都是肇因於尚未瞭解佛法的全貌所致。本書對於佛法的全貌提出明確的輪廓，並說明三乘菩提的異同處，讀後即可輕易瞭解佛法全貌，數日內即可明瞭三乘菩提入門方向與下手處。○○菩薩著 出版日期未定。

阿含講記——小乘解脫道之修證：數百年來，南傳佛法所說證果之不實，所說解脫道之虛妄，所弘解脫道法義之世俗化，皆已少人知之；從南洋傳入台灣與大陸之後，所說法義虛謬之事，亦復少人知之；今時台灣全島印順系統之法師居士，多不知南傳佛法數百年來所說解脫道之義理已然偏斜、已然世俗化、已非眞正之二乘解脫正道，猶極力推崇與弘揚。彼等南傳佛法近代所謂之證果者多非眞實證果者，譬如阿迦曼、葛印卡、帕奧禪師、一行禪師……等人，悉皆未斷我見故。近年更有台灣南部大願法師，高抬南傳佛法之二乘修證行門爲「捷徑究竟解脫之道」者，然而南傳佛法縱使眞修實證，得成阿羅漢，至高唯是二乘菩提解脫之道，絕非究竟解脫，無餘涅槃中之實際尚未得證故，法界之實相尚未了知故，習氣種子待除故，一切種智未實證故，焉得謂爲「究竟解脫」？即使南傳佛法近代眞有實證之阿羅漢，尚且不及三賢位中之七住明心菩薩本來自性清淨涅槃智慧境界，則不能知此賢位菩薩所證之無餘涅槃實際，仍非大乘佛法中之見道者，何況普未實證聲聞果乃至未斷我見之人？謬充證果已屬逾越，更何況是誤會二乘菩提之後，以未斷我見之凡夫知見所說之二乘菩提解脫偏斜法道，焉可高抬爲「究竟解脫」？而且自稱「捷徑之道」？又妄言解脫之道即是成佛之道，完全否定般若實智、否定三乘菩提所依之如來藏心體，此理大大不通也！平實導師爲令修學二乘菩提欲證解脫果者，普得迴入二乘菩提正見、正道中，是故選錄四阿含諸經中，對於二乘解脫道法義有具足圓滿說明之經典，預定未來十年內將會加以詳細講解，令學佛人得以了知二乘解脫道之修證理路與行門，庶免被人誤導之後，未證言證，干犯道禁，成大妄語，欲升反墮。本書首重斷除我見，以助行者斷除我見而實證初果爲著眼之目標，若能根據此書內容，配合平實導師所著《識蘊眞義》《阿含正義》內涵而作實地觀行，實證初果非爲難事，行者可以藉此三書自行確認聲聞初果爲實際可得現觀成就之事。此書中除依二乘經典所說加以宣示外，亦依斷除我見等之證量，及大乘法中道種智之證量，對於意識心之體性加以細述，令諸二乘學人必定得斷我見、常見，免除三縛結之繫縛。次則宣示斷除我執之理，欲令升進而得薄貪瞋痴，乃至斷五下分結……等。平實導師述，共二冊，每冊三百餘頁。

總經銷： 飛鴻 國際行銷股份有限公司

231 新北市新店市中正路 501 之 9 號 2 樓

Tel.02－82186688（五線代表號） Fax.02-82186458、82186459

零售：1.**全台連鎖經銷書局：**

三民書局、誠品書局、何嘉仁書店

敦煌書店、紀伊國屋、金石堂書局、建宏書局

2.**台北市：**佛化人生 羅斯福路 3 段 325 號 6 樓之 4 台電大樓對面

士林圖書 士林區大東路 86 號 人人書局 大直北安路 524 號

3.**新北市：**春大地書店 **蘆洲**中正路 117 號 明達書局 **三重**五華街 129 號

一全書店 **中和**興南路一段 10 號

4.**桃園市縣：**誠品書局 **桃園市**中正路 20 號遠東百貨地下室一樓

金石堂 **桃園市**大同路 24 號 金石堂 **桃園**八德市介壽路 1 段 987 號

諾貝爾圖書城 **桃園市**中正路 56 號地下室 金義堂 **中壢市**中美路 2 段 82 號

墊腳石文化書店 **中壢市**中正路 89 號 巧巧屋書局 **蘆竹**南崁路 263 號

來電書局 **大溪**慈湖路 30 號 御書堂 **龍潭**中正路 123 號

5.**新竹市縣：**大學書局 **新竹**建功路 10 號 聯成書局 **新竹**中正路 360 號

誠品書局 **新竹**東區信義街 68 號 誠品書局 **新竹**東區力行二路 3 號

誠品書局 **新竹**東區民族路 2 號 墊腳石文化書店 **新竹**中正路 38 號

金典文化 **竹北**中正西路 47 號 展書堂 **竹東**長春路 3 段 36 號

6.**苗栗市縣：**建國書局**苗栗市**中山路 566 號 萬花筒書局**苗栗市**府東路 73 號

展書堂 **竹南**民權街 49-2 號

7.**台中市：** 瑞成書局、各大連鎖書店。

詠春書局 **台中市**永春東路 884 號 文春書局 **霧峰**中正路 1087 號

8.**彰化市縣：**心泉佛教流通處 **彰化市**南瑤路 286 號

員林鎮：墊腳石圖書文化廣場 中山路 2 段 49 號（04-8338485）

9.**台南市：**宏昌書局 **台南**北門路一段 136 號

博大書局 **新營**三民路 128 號 藝美書局 **善化**中山路 436 號

宏欣書局 **佳里**光復路 214 號

10.**高雄市：**各大連鎖書店、**瑞成**書局

政大書城 **三民區**明仁路 161 號 政大書城 **苓雅區**光華路 148-83 號

明儀書局 **三民區**明福街 2 號 明儀書局 三多四路 63 號

青年書局 青年一路 141 號

11.**宜蘭縣市：**金隆書局 宜蘭市中山路 3 段 43 號

宋太太梅鋪 羅東鎮中正北路 101 號（039-534909）

12.**台東市：**東普佛教文物流通處 台東市博愛路 282 號

13.**其餘鄉鎮市經銷書局：**請電詢總經銷**飛鴻**公司。

14.**大陸地區請洽：**

香港：樂文書店（旺角 西洋菜街 62 號 3 樓、銅鑼灣 駱克道 506 號 3 樓）

廈門： 廈門外圖臺灣書店有限公司
商品部：范清潔
廈門市湖裡區悅華路 8 號外圖物流大廈 4 樓（郵編：361006）
電話：0592-2230177　0592-5680816　傳眞：0592-5365089
（臺灣地區請撥打 86-592-2230177　86-592-5680816）
網址：JKB118@188.COM

15.**美國：世界日報圖書部：** 紐約圖書部　電話 7187468889#6262
洛杉磯圖書部　電話 3232616972#202

16.**國內外地區網路購書：**

正智出版社 書香園地　http://books.enlighten.org.tw/
（書籍簡介、直接聯結下列網路書局購書）

三民 網路書局　http://www.Sanmin.com.tw
誠品 網路書局　http://www.eslitebooks.com
博客來 網路書局　http://www.books.com.tw
金石堂 網路書局　http://www.kingstone.com.tw
飛鴻 網路書局　http://fh6688.com.tw

附註： 1.請儘量向各經銷書局購買：郵政劃撥需要十天才能寄到（本公司在您劃撥後第四天才能接到劃撥單，次日寄出後第四天您才能收到書籍，此八天中一定會遇到週休二日，是故共需十天才能收到書籍）若想要早日收到書籍者，請劃撥完畢後，將劃撥收據貼在紙上，旁邊寫上您的姓名、住址、郵區、電話、買書詳細內容，直接傳眞到本公司 02-28344822，並來電 02-28316727、28327495 確認是否已收到您的傳眞，即可提前收到書籍。 2.因台灣每月皆有五十餘種宗教類書籍上架，書局書架空間有限，故唯有新書方有機會上架，通常每次只能有一本新書上架；本公司出版新書，大多上架不久便已售出，若書局未再叫貨補充者，書架上即無新書陳列，則請直接向書局櫃台訂購。 3.若書局不便代購時，可於晚上共修時間向正覺同修會各共修處請購（共修時間及地點，詳閱**共修現況表**。每年例行年假期間請勿前往請書，年假期間請見共修現況表）。 4.郵購：郵政劃撥帳號 19068241。 5.正覺同修會會員購書都以八折計價（戶籍台北市者爲一般會員，外縣市爲護持會員）都可獲得優待，欲一次購買全部書籍者，可以考慮入會，節省書費。入會費一千元（第一年初加入時才需要繳），年費二千元。**6.尚未出版之書籍，請勿預先郵寄書款與本公司，謝謝您！** 7.若欲一次購齊本公司書籍，或同時取得正覺同修會贈閱之全部書籍者，請於正覺同修會共修時間，親到各共修處請購及索取；**台北市讀者**請洽：103 台北市承德路三段 267 號 10 樓（捷運淡水線 圓山站旁）請書時間：週一至週五爲 18.00~21.00，第一、三、五週週六爲 10.00~21.00，雙週之週六爲 10.00~18.00 請購處專線電話：25957295-分機 14（於請書時間方有人接聽）。

關於平實導師的書訊，請上網查閱：

成佛之道　http://www.a202.idv.tw

正智出版社 書香園地　http://books.enlighten.org.tw/

★正智出版社有限公司售書之稅後盈餘，全部捐助財團法人正覺寺籌備處、佛教正覺同修會、正覺教育基金會，供作弘法及購建道場之用；懇請諸方大德支持，功德無量★

★ 聲　明 ★

本社預定於 2015/01/01 開始調整本目錄中部分書籍之售價，《金剛經宗通》、《優婆塞戒經講記》、《勝鬘經講記》、《楞嚴經講記》、《維摩詰經講記》、《起信論講記》等套書都以成本價 200 元出售，屆時將改爲每冊 250 元。《狂密與眞密》將改爲每冊 300 元。《我的菩提路–第一輯》及《鈍鳥與靈龜》將改爲 300 元，以因應各項成本的持續增加。

＊ 喇嘛教修外道雙身法、墮識陰境界，非佛教 ＊

＊ 弘揚如來藏他空見的覺囊派才是真正藏傳佛教 ＊

售後服務—換書啓事（免附回郵） 2012/09/24

《楞嚴經講記》第 14 輯初版首刷本免費調換新書啓事：本講記第 14 輯出版前因 平實導師諸事繁忙，未將之重新閱讀而只改正校對時發現的錯別字，故未能發覺十年前所說法義有部分錯誤，於第 15 輯付印前重閱時才發覺第 14 輯中有部分錯誤尚未改正。今已重新審閱修改並已重印完成，煩請所有讀者將以前所購第 14 輯初版首刷本，寄回本社免費換新（初版二刷本無錯誤），本社將於寄回新書時同時附上您寄書回來換新時所付的郵資，並在此向所有讀者致上最誠懇的歉意。

《心經密意》初版書免費調換二版新書啓事：本書係演講錄音整理成書，講時因時間所限，省略部分段落未講。後於再版時補寫增加 13 頁，維持原價流通之。茲爲顧及初版讀者權益，自 2003/9/30 開始免費調換新書，原有初版一刷、二刷書籍，皆可寄來本來公司換書。

《宗門法眼》已經增寫改版爲 464 頁新書，2008 年 6 月中旬出版。讀者原有初版之第一刷、第二刷書本，都可以寄回本社免費調換改版新書。改版後之公案及錯悟事例維持不變，但將內容加以增說，較改版前更具有廣度與深度，將更能助益讀者參究實相。

換書者免附回郵，亦無截止期限；舊書請寄：111 台北郵政 73-151 號信箱 或 103 台北市承德路三段 267 號 10 樓 正智出版社有限公司。舊書若有塗鴨、殘缺、破損者，仍可換取新書；但缺頁之舊書至少應仍有五分之三頁數，方可換書。所有讀者不必顧念本公司是否有盈餘之問題，都請踴躍寄來換書；本公司成立之目的不是營利，只要能眞實利益學人，即已達到成立及運作之目的。若以郵寄方式換書者，免附回郵；並於寄回新書時，由本社附上您寄來書籍時耗用的郵資。造成您不便之處，再次致上萬分的歉意。

正智出版社有限公司 啓

國家圖書館出版品預行編目資料

勝鬘經講記／平實導師述. – 初版. – 臺北市：
正智，2009.07-
冊；　公分
ISBN 978-986-83908-8-1（第 1 輯：平裝）
ISBN 978-986-83908-9-8（第 2 輯：平裝）
ISBN 978-986-6431-00-5（第 3 輯：平裝）
ISBN 978-986-6431-01-2（第 4 輯：平裝）
ISBN 978-986-6431-02-9（第 5 輯：平裝）
ISBN 978-986-6431-03-6（第 6 輯：平裝）
1.方等部
221.32　　　97021428

勝鬘經講記——第五輯

著述者：平實導師
音文轉換：劉惠莉
校　對：章乃鈞 陳介源 蔡禮政 傅素嫻 王美伶
出版者：正智出版社有限公司
電話：○二28327495 28316727（白天）
傳眞：○二28344822
111台北郵政73-151號信箱
郵政劃撥帳號：一九○六八二四一
正覺講堂：總機○二25957295（夜間）
總經銷：飛鴻國際行銷股份有限公司
231新北市新店區中正路501-9號2樓
電話：○二82186688（五線代表號）
傳眞：○二82186458 82186459
初版首刷：二○○九年七月三十日　二千冊
初版三刷：二○一四年三月　二千冊
定　價：二五○元